集人文社科之思 刊专业学术之声

集 刊 名：东南法学
主办单位：东南大学法学院
主　　编：刘艳红

SOUTHEAST LAW REVIEW

学术　顾问（以姓氏笔画为序）
　　　　　王利明　李步云　张文显　张卫平
　　　　　吴汉东　应松年　陈兴良　韩大元

编委会主任　周佑勇

主　　编　刘艳红

副　主　编　汪进元（常务）　熊樟林

编　　委（以姓氏笔画为序）
　　　　　于立深　叶金强　沈　岿　李　浩
　　　　　何海波　陈瑞华　欧阳本祺　赵　骏
　　　　　桑本谦　龚向和

编　　辑　冯煜清　叶　泉　刘启川　陈道英
　　　　　单平基　杨志琼

2019年　秋季卷　总第16卷

集刊序列号：PIJ-2018-355
中国集刊网：www.jikan.com.cn
集刊投约稿平台：www.iedol.cn

刘艳红 ◎ 主编

2019年
秋 季 卷
总第16卷

SOUTHEAST
LAW
REVIEW

社会科学文献出版社
SOCIAL SCIENCES ACADEMIC PRESS (CHINA)

目 录

理论前沿

苏联民事诉讼理论与立法对中国的影响

李　浩[*]

摘　要　新中国成立初期以及 1978 年至 1982 年前后，是苏联的民事诉讼理论、立法对中国产生重大影响的时期。新中国成立初期民事诉讼法学的教学，几乎是从苏联引进的。苏联学者关于诉权、关于国家干预、关于客观真实的学说，曾对中国民事诉讼法学的相关理论有过深刻的影响。1982 年制定的新中国第一部民事诉讼法，无论是在立法理念还是在结构、原则、程序上，都有不少地方借鉴、学习了《苏俄民事诉讼法典》。上述现象的出现，既具有历史的必然性，又具有现实的合理性。

关键词　民事诉讼　理论与立法　苏联　对中国的影响

苏联作为世界上第一个社会主义国家，在十月革命后所建立的政治、经济、法律制度为在其之后建立的社会主义国家提供了可资借鉴的经验，甚至可以说提供了至少其主要部分可以复制的样本。苏联所建立的法律制度不仅对东欧社会主义国家产生了巨大的影响，而且也对包括中国在内的亚洲社会主义国家产生了重大的影响。诚如张卫平教授所言："我国的民事诉讼理论曾受到苏联民事诉讼理论的影响，形成了与当时政治、经济社会观念相适应的民事诉讼理论，在继承的意

＊　李浩，南京师范大学法学院教授，中国法治现代化研究院研究员。

义上，也可以说我国的民事诉讼理论体系就是苏联民事诉讼理论的体系。"① 本文拟从民事诉讼制度的角度回顾这段历史。

一　历史的选择

从新中国成立初期一直到 1957 年以及从 1978 年至 20 世纪 80 年代中后期②，我国民事诉讼法学理论以及民事诉讼的立法深受苏联的影响，甚至可以说，在相当程度上学习、借鉴、参照了苏联。

（一）新中国成立初期

新中国成立前后，根据中国领导人的要求，苏联派出数百名专家援助中国的建设事业。③ 在所选派的专家中，也包括法律方面的专家。法律方面的专家除了在中央国家机关和企业担任法律顾问之外，主要是担任老师，援助新中国的法学教育。中国人民大学法律系是新中国成立后设立的第一所正规的高等法学教育机构，来华从事教育工作的苏联法学专家大多数在中国人民大学工作，只有少量专家在北京政法学院任教。④ 据老一辈民诉法学者江伟教授回忆，"人大的民事诉讼法学最早是学习苏俄民事诉讼法，所有的课程最先是由苏联老师给中国老师讲，中国老师再把苏联版的民事诉讼法教给学生。当时我们国家和其他西方国家没有建立外交关系，在民事诉讼法这一领域完全没有学习材料，

---

① 张卫平：《我国民事诉讼法理论的体系建构》，《法商研究》2018 年第 5 期。

② 1957 年 7 月开始反右派斗争后直至"文化大革命"结束，中国的法治建设基本上处于停滞状态。民事诉讼法的立法、民事诉讼法学的教学与研究也处于停滞状态。1978 年 12 月党的十一届三中全会召开后，中国进入改革开放的历史新时期，新中国第一部民事诉讼法就是在这一时期制定的，20 世纪 80 年代中后期，中国开始进行民事审判方式的改革，从那以后，中国的民事诉讼法较多借鉴、吸收西方元素。

③ 参见沈志华《对在华苏联专家问题的历史考察：基本状况及政策变化》，《当代中国史研究》2002 年第 1 期。

④ 参见唐仕春《建国初期来华苏联法学专家的群体考察》，《环球法律评论》2010 年第 5 期。

因此只有学苏联，这是当时的客观实际"。① 新中国成立初期，我国组建了北京政法学院、西南政法学院、华东政法学院、中南政法学院、西北政法学院五所政法类专门学校，"各高等法律院校虽然也开设了民事诉讼法学课程，但学生们使用的教材也是未经任何改编而直接从苏联照搬过来的，课堂上教授的内容绝大部分是苏联民事诉讼法学理论······"②

新中国成立初期，我国翻译了一批民事诉讼法学的教科书和著作，这些论著大都是苏联学者的作品。其中教材为《苏维埃民事诉讼》（阿布拉莫夫著，中国人民大学出版社，1954）、《苏维埃民事诉讼》（克列曼著，法律出版社，1957）、《诉讼当事人的辩解（苏维埃民事诉讼中的证据）》（学术专著有库雷辽夫著，中国人民大学出版社，1952）、《诉权》（顾尔维奇，中国人民大学出版社，1958）、《苏维埃民事诉讼中证据理论的基本问题》（克林曼著，西南政法学院诉讼法教研室翻印，原出版者、出版时间不详）等。

上述现象的出现，有深刻的历史原因。共同的意识形态和政治制度，决定了作为世界上第一个社会主义国家的苏联所建立的包括民事诉讼在内的各项法律制度必然会对在其后建立的各社会主义国家产生重大影响和示范效应，作为新兴社会主义国家的中国也不可能脱离这种影响。

同时，新中国的成立意味着与国民党政府旧法统的决裂，新中国成立前夕，中共中央于1949年2月22日发布了《中共中央关于废除国民党的〈六法全书〉与确定解放区的司法原则的指示》③，后来又针对国民党留下的旧司法制度进行了改革。"1952年的司法改革，要把所有旧法人员从新中国的司法系

---

① 江伟：《人大法学院民诉法六十年》，http://news.sina.com.cn/o/2010-03-03/0828171578 10s.shtml，最后访问日期：2019年7月27日。

② 常怡、田平安、黄宣、李祖军：《新中国民事诉讼法学五十年回顾与展望》，《现代法学》1999年第6期。

③ 国民党的六法有狭义和广义之分，狭义是指宪法、刑法、民法、刑事诉讼法、民事诉讼法、商法六部法典，广义则是指以这六部法典为核心的国民党政府制定的所有法律。

统中清理出去，包括在院校当中教授国民党法律的那些法学教授，即要把只懂'六法全书'旧法的教授悉数清理干净。所以，1952 年司法改革对法学教育带来的影响，就是重组中国的法学教育。旧法人员清理走了，但我们又没有自己的法学教师。"[1] 具体到民事诉讼法的教学而言，国民党政府时期的民事诉讼法理论和民事诉讼法教材自然不能再用，但同时，新中国成立之初还未准备好自己的民事诉讼理论，尽管在新中国成立前，中国共产党早已在部分区域建立了自己的政权并尝试创设彰显红色政权特色的包括民事诉讼制度在内的司法制度。[2] 为了迅速填补废除旧法统之后留下来的巨大的理论和制度的空缺，借鉴苏联的理论和制度可以说是唯一的选择，也是一种现实的选择。

虽然苏联的民事诉讼法学未必符合新中国民事诉讼的实际情况，但客观地说，当时采用的苏联教材——阿布拉莫夫著的《苏维埃民事诉讼》——也是苏联最新的教材。这本教材经苏联司法部学校管理局审查后确定为苏联的法律学校的教科书（国家法学书籍出版局，莫斯科，1952）。[3] 该教材分为 21 章，内容包括苏维埃民事诉讼法的概念、渊源和体系，苏维埃民事诉讼的基本原则，苏维埃民事诉讼的历史，苏维埃民事诉讼权利主体及其诉讼行为，当事人，第三人，诉讼代理人，主管与管辖，诉，诉讼证据，诉讼费用与诉讼罚金，案件的准备与审判员的其他准备活动，公开审判，法院裁判，民事诉讼中的特别程序，离婚程序，对法院判决和局部裁定的声明不服，对法院判决和裁定的合法

---

[1] 徐显明、黄进、潘剑锋、韩大元、申卫星：《改革开放四十年的中国法学教育》，《中国法律评论》2018 年第 3 期。

[2] 抗日战争时期，在革命根据地陕甘宁边区创设的马锡五审判方式就彰显了诉讼制度中的中国特色。一般认为，该审判方式的主要特点在于：（1）一切从实际出发，实事求是，客观、全面、深入地进行调查研究，反对主观主义的审判作风；（2）认真贯彻群众路线，依靠群众，实行审判与调解相结合，司法干部与人民群众共同断案；（3）坚持原则，忠于职守，严格依法办事，廉洁奉公，以身作则，对下级干部进行言传身教；（4）实行简便利民的诉讼手续。参见张希坡《马锡五审判方式》，法律出版社，1983，第 41—54 页。

[3] 我国法学教材一度实行的由司法部法学教材编辑部编审后确定为高等学校规划教材的做法或许是借鉴了苏联的这一做法。

性之审判监督，以新发现的事实为根据的法院判决再审，执行程序等。即使用今天的眼光看，这部教材也相当完整地阐释了现代民事诉讼的基本制度和基本程序。①

（二）1978 年 12 月—20 世纪 80 年代中后期

之所以将考察的时间确定为这一时期，是由于从 1957 年下半年开始，"左倾"思潮日益盛行、泛滥，尚处于起步阶段的新中国法治建设随之进入了停滞、倒退时期。这不仅严重影响了新中国民事诉讼立法，而且也对新中国民事诉讼法学教育造成了毁灭性的破坏。"在 1958—1966 年大专院校中完全取消了民事诉讼法课程，有的只在婚姻法中讲婚姻诉讼、人民调解和爱国公约，因此，民事诉讼专业人才的培养也处于停滞状态。"②

如果说 1958—1965 年法治建设和法学教育处于停滞状态，那么到了"文化大革命"期间，新中国的法治建设和法学教育可谓经历了毁灭性的破坏。在"文化大革命"期间，那些已经颁布的为数不多的法律被抛在一边，正常的社会管理秩序全面崩塌，立法、行政执法、司法各项工作处于停滞状态，包括政法院校在内的各类学校全部停课。

1976 年 10 月，"四人帮"被粉碎。1977 年 10 月，党的第十一次代表大会召开，在这次党代会上，党中央正式宣布"文化大革命"结束。1978 年 12 月，党的十一届三中全会在北京召开。正是在这次会议上，中国共产党实现了重大的历史转折，作出了改革开放的重大决策，提出了健全社会主义民主和加强社会主义法制。随着"文化大革命"结束后对该次灾难性事件的历史反思的不断深入，法治的重要性越来越得到社会各方面的认同。在这一背景下，中国开始

---

① 参见 C. H. 阿布拉莫夫《苏维埃民事诉讼（上）》，中国人民大学审判法教研室译，法律出版社，1956；C. H. 阿布拉莫夫《苏维埃民事诉讼（下）》，中国人民大学民法教研室译，中国人民大学出版社，1954。

② 常怡、田平安、黄宣、李祖军：《新中国民事诉讼法学五十年回顾与展望》，《现代法学》1999 年第 6 期。

走向法治。

"文化大革命"结束后，中央决定首先要制定七部法律，不过其中程序法只有刑事诉讼法。刑事诉讼法先于民事诉讼法制定在当时的历史背景下是必然的，但既然刑事诉讼法已经颁布，民事诉讼法的制定也就为期不远了。事实上，1979 年 9 月，全国人大常委会的法制委员会就成立了民事诉讼法起草小组，开始起草新中国第一部民事诉讼法。经过两年多时间，这部法律草案被制定出来。①

立法需要借鉴域外的法律。从当时翻译的域外法律看，主要有《苏联和各加盟共和国民事诉讼纲要》《苏俄民事诉讼法典》《罗马尼亚民事诉讼法典》《匈牙利民事诉讼法典》《蒙古民事诉讼法典》《法国民事诉讼法典》《日本民事诉讼法典》《英国证据法》。

1978 年，我国的法学教育开始恢复。出于法学教育，尤其是研究生教育的需要，我国又开始翻译、出版域外的民事诉讼法学教材和著作。这一时期公开出版的民事诉讼法方面的教材是《苏维埃民事诉讼》（多勃罗沃里斯基等著，法律出版社，1985），《经互会成员国民事诉讼的基本原则》（涅瓦伊著，法律出版社，1980），《匈牙利人民共和国民事诉讼法》（涅瓦伊、雷瓦伊著，法律出版社，1983），《美国民事诉讼》（B. K. 普钦斯基著，法律出版社，1983）。还有一些政法院系的内部出版物，如《外国民事诉讼法分解资料》（中国人民大学法律系民法教研室，1982），《德意志民主共和国民事诉讼》（克利纳等著，西南政法学院诉讼法教研室印，时间未注明），《波兰人民共和国民事诉讼》（沙弗丘克、文格列克著，徐冀鲁译，西南政法学院法律系诉讼法教研室，1982），《捷克斯洛伐克社会主义共和国民事诉讼》（施太格尔舍著，李衍译，西南政法学院法律系诉讼法教研室，1982），《苏联民事诉讼中的证据和证明》

---

① 参见刘家兴《民事诉讼法教程》，北京大学出版社，1982，第 21 页。

（特列乌什科夫著，李衍译，西南政法学院诉讼法教研室、翻译室印，时间未注明），《美国民事诉讼程序概论》（米尔顿·德·格林著，上海大学文学院法律系译，法律出版社，1988）。

不难看出，在上述域外的法律、教科书和专著中，绝大多数是苏联和东欧社会主义国家的。

二　对新中国民事诉讼理论的影响

苏联的民事诉讼理论、学说对中国民事诉讼的理论和学说曾经具有非常大的影响力，这种影响存在于诸多方面，本文仅就其中一些重要方面做些整理和分析。

（一）关于诉与诉权的理论

诉与诉权是民事诉讼制度的基本理论问题。苏联学者关于诉与诉权的学说对中国学者曾产生过非常大的影响。按照苏联学者的理解，民事诉讼中的诉具有双重属性，可以区分为程序意义上的诉和实体意义上的诉。即"诉是一个统一的概念，但是，它具有两方面的意义，向法院请求保护权利，构成诉的诉讼法方面的意义，它与具有实体法意义的原告人对于被告人的请求权是相联系的"。[1] 相应地，苏联学者也认为，诉权应当从民事实体法和民事程序法两个视角去分析和界定。"实体法意义上的诉权就是提起以审判的方法强制实现由民事法律关系中所生请求的权能。……程序意义上的诉权或起诉权是因主体民事权利或受法律保护的利益受到侵犯或发生争执时，向法院请求保护的一种权利。"[2] 顾尔维奇还专门写了一本研究诉权的著作，在这本著作中详细分析了诉

---

① 　克列曼：《苏维埃民事诉讼》，王之相、王增润译，法律出版社，1957，第196页。
② 　C. H. 阿布拉莫夫：《苏维埃民事诉讼（上）》，中国人民大学审判法教研室译，法律出版社，1956，第199页。

权概念的历史、起诉权（程序意义上的诉权）、实质意义上的诉权、积极认定诉讼资格意义上的诉权。这本著作也被翻译成中文于 1958 年由中国人民大学出版社出版，对当时中国学者学习民事诉讼法以及改革开放初期中国的民事诉讼法学研究产生了重大影响。①

苏联学者提出的双重诉权说对中国民事诉讼法学的发展曾产生过重大影响。当时我国学者在教科书中凡是论及这一问题的，采用的都是双重诉权的观点。如江伟教授认为，诉有双重含义，与之相适应，诉权也有两种含义，即是程序意义上的诉权和实体意义上的诉权。② 常怡教授、刘家兴教授在编写的民事诉讼法教科书中采用的同样是双重诉权说。③ 1983 年，由柴发邦教授主持编写的高等学校法学教材《民事诉讼法教程》出版，这本教材采用的也是双重诉权说。该教材指出，程序意义上的诉权，是法院在起诉与受理阶段面临的问题，如果查明当事人起诉时具有程序意义上的诉权，法院就应当受理诉讼，否则就不应当受理，即使错误受理了，也应当结束诉讼程序。至于是否具有实体意义上的诉权，则要到受理后的审理中，在全案终结时才能确定。④

当然，对于双重诉权说，也有人提出质疑，尚在西南政法学院读研究生的顾培东以初生牛犊不怕虎的精神对双重诉权说提出了批判，他主张对诉权应当从以下两方面把握：第一，诉权是一项程序权利，不包含实体意义上的权利；第二，诉权是一项程序权利，但同实体权利又有必然的联系。⑤

（二）关于处分原则、辩论原则与国家干预

在德国、日本等西方国家的民事诉讼中，处分原则和辩论原则被认为是反

---

① 西南政法学院于 1985 年 2 月翻印了这本著作，作为研究生教学的材料。
② 江伟编著《民事诉讼法学》，文化艺术出版社，1986，第 133 页。
③ 参见常怡主编《民事诉讼法教程》，重庆出版社，1982，第 116—118 页；刘家兴《民事诉讼教程》，北京大学出版社，1982，第 122—125 页。
④ 参见柴发邦主编《民事诉讼法教程》，法律出版社，1983，第 191 页。
⑤ 参见顾培东《诉权辨析》，《西北政法学院学报》1983 年第 1 期。

映民事诉讼特征的一项重要原则。

处分原则，是指当事人有权对诉讼标的进行处分，也就是有权决定是否向法院提起诉讼，向谁提起诉讼，提出什么样的诉讼请求，提起诉讼后是否变更诉讼请求，是否撤回诉讼或者放弃诉讼请求，是否与对方当事人和解、接受调解，有权决定是否提起上诉，是否提起再审之诉，是否申请强制执行，等。德、日等西方国家的处分原则，是从民法的私法自治原理中合乎逻辑地引出的一项适用于民事诉讼的原则，即"当事人的这种处分自由是与对私权的处分权相对应的（私法自治）。如果诉讼法要在诉讼中夺走当事人的这种自由，就会与私法自治产生矛盾"。①

辩论原则是与"调查原则"或"职权探知原则"相对称的一项诉讼原则。在德国民事诉讼法学理论中，由于该原则主要关涉事实和证据材料的提出，又被称为"提出原则"，即"人们将法院收集材料称为调查原则或者纠问原则，将当事人收集材料称为辩论原则或者提出原则"。② 根据德国、日本学者的解释，辩论原则具有三项内容：其一是只允许法院将其裁判建立在当事人提供的事实的基础上，不存在法院对案件事实主动阐明；其二是对当事人已经提出的事实是否需要收集证据，取决于当事人的行为，当事人存在争议的事实才需要收集证据材料，无争议的事实或当事人在诉讼中承认的事实，法院可以直接将其视为真实的并作为裁判的依据；其三是证明争议事实的证据材料原则上也要由当事人提供。③

《苏俄民事诉讼法典》并未规定处分原则和辩论原则，但苏联的民事诉讼

① 罗森贝克、施瓦布、戈特瓦尔德：《德国民事诉讼法（上）》，李大雪译，中国法制出版社，2008，第522页。
② 罗森贝克、施瓦布、戈特瓦尔德：《德国民事诉讼法（上）》，李大雪译，中国法制出版社，2008，第524页。
③ 参见奥特马·尧厄尼希《民事诉讼法》（第27版），周翠译，法律出版社，2003，第124—125页；新堂幸司《新民事诉讼法》，林剑锋译，法律出版社，2008，第305—311页。

理论是把这两项原则作为民事诉讼法的基本原则来看待的，当然，是经过重大改造的处分原则与辩论原则。苏联学者认为，在苏维埃民事诉讼中，当事人的处分权是与国家对民事诉讼的干预紧密地结合起来的，即"应该认为，苏维埃民事诉讼中的处分原则就是当事人在法律范围内有处分诉讼客体（主观民事权利）和对于诉讼客体的审判保护手段（诉讼权利）的自由，这种自由是和国家为了对于国家本身和劳动者进行民事法律关系的正当保护而实行对民事法律关系的干预相结合的"。①

在苏联学者看来，"处分原则就是当事人有权处分自己的实体权利和诉讼权利，检察长有权参加诉讼，同时，法院有权监督当事人处分权利的情形，以便发现真实和保护真正的权利"。② 具体而言，"国家对民事法律关系的干预意味着：第一，法院对当事人的各项处分进行监督；第二，法院的自由，即法院不受当事人的处分和他们请求范围的约束；第三，国家机关（法院、检察机关以及其他）、工会组织和个别公民有权以自己的名义使用审判保护的诉讼手段来保护不是自己的，而是依法委托由他们保护的他人的主体民事权利"。③

苏联学者也把辩论原则视为苏维埃民事诉讼的基本原则之一。不过，在苏联学者看来，该项原则"指的就是：双方当事人有权处理证据，有权向法院引证作为他们请求和答辩基础的某些实际情况。辩论原则是和下列的规定相结合的：检察长要积极参加证明案件的情况；法院有权不局限于双方当事人所提出的法律事实，并且可以调查对案件具有重大意义的其他事实，法院有权要求双方当事人提出补充证据和自行收集证据。双方当事人的权利和法院的权力的

---

① C. H. 阿布拉莫夫：《苏维埃民事诉讼（上）》，中国人民大学审判法教研室译，法律出版社，1956，第 52 页。

② 克列曼：《苏维埃民事诉讼》，王之相、王增润译，法律出版社，1957，第 70 页。

③ C. H. 阿布拉莫夫：《苏维埃民事诉讼（上）》，中国人民大学审判法教研室译，法律出版社，1956，第 52—53 页。

这种和谐结合，决定着苏维埃民事诉讼中辩论原则的特点"。[①]

　　苏维埃民事诉讼突出和强调国家干预的缘由在于，按照马克思列宁主义的经典理论，苏维埃国家在社会主义建设中起着保障公民权利的特殊作用，公民的权利和自由，在苏维埃国家、党的组织和工会的帮助下才能够真正实现。"国家的干预和帮助，是公民个人自由的保证，是公民的权利能够获得保护的保证。在各人民民主国家中，国家也具有这种重大的意义。"[②] 同时，在苏联学者看来，把国家干预与当事人的处分权结合起来，能够更好地将国家利益、集体利益与当事人的个人利益结合起来。

　　苏联学者的国家干预理论亦为当时中国的学者所认同，特别是被参与新中国第一部民事诉讼法起草的学者所认同。在由柴发邦、江伟、刘家兴、范明辛四人撰写并出版于1982年6月的《民事诉讼法通论》中[③]，对民事诉讼实行国家干预被作为民事诉讼法的一项基本原则来阐述。四位学者认为："对民事诉讼实行国家干预，是社会主义民事诉讼特有的原则，法院和检察机关对民事诉讼的开始、进行和终了，在特定情况下，代表国家进行监督，不依当事人的意志决定诉讼是否进行。"[④] 在论及国家干预与处分原则的关系时，他们指出："国家干预是和处分原则紧密联系的，实际上是一个问题的两个方面。处分原则给予当事人以处分自己的民事权利和民事诉讼权利的自由，划定了处分原则的范围。当事人的处分行为超出了法律规定的范围，国家就要进行干预。国家干预原则，就其本质来说，是国家干预公民和法人的民事法律关系，使之符合社会主义的要求。"[⑤]

[①]　克列曼：《苏维埃民事诉讼》，王之相、王增润译，法律出版社，1957，第69页。
[②]　克列曼：《苏维埃民事诉讼》，王之相、王增润译，法律出版社，1957，第75页。
[③]　在这四位学者中，有三位（柴发邦、江伟、刘家兴）是新中国第一部民事诉讼法（实行）起草小组的成员。
[④]　柴发邦、江伟、刘家兴、范明辛：《民事诉讼法通论》，法律出版社，1982，第109页。
[⑤]　柴发邦、江伟、刘家兴、范明辛：《民事诉讼法通论》，法律出版社，1982，第111页。

　　我国学者在论述国家干预原则的理论基础时，与苏联学者一样，也是以列宁于十月革命胜利后提出的国家干预民事关系和民事案件的指示为依据的。如刘家兴教授把对民事诉讼实行国家干预作为民事诉讼的主要的特有原则之一，他认为国家对民事诉讼的干预存在于立法和司法两个方面，"立法上的干预，就是在民事诉讼的立法中清除资产阶级私法观念的影响，坚持列宁所提出的'经济领域中的一切都属于公法的范围'的原则，贯彻社会主义民主法制的原则，将社会主义本质的东西，贯彻到诉讼法律规范中去"。①

　　（三）关于客观真实

　　强调法院在民事诉讼中的任务是发现客观真实，也是苏维埃理论的显著特点。苏联学者是在批判形式真实理论后提出客观真实学说的。他们认为："在资产阶级的民事诉讼中认为诉讼的目的是确定形式上的真实，认为确定客观真实是不可能的。这种观点在资产阶级民事诉讼的证据理论上打上了典型的资产阶级唯心主义的烙印。"②

　　苏联学者认为，社会主义国家的民事诉讼法，是要追求和实现实质真实、客观真实。为了查明实质真实，苏维埃民事诉讼制度应当采用与资产阶级民事诉讼制度相反的方法，如法院不受当事人主张的事实的限制，有权依职权讨论任何对案件有重大意义的事实；法院也不受当事人在诉讼中作出的承认的限制，有权对当事人承认的事实进行审查；③法院也不仅仅依赖当事人提出的证据材料，可以依职权调查收集证据；法官在对事实进行判断时，不是根据盖然性进行判断，而是根据内心形成的确信进行判断。

　　由于受到客观真实学说的影响，制定第一部民事诉讼法时期，我国学者

----

① 刘家兴主编《民事诉讼法教程》，北京大学出版社，1982，第 40 页。
② 克列曼：《苏维埃民事诉讼》，王之相、王增润译，法律出版社，1957，第 228 页。
③ 库雷辽夫：《诉讼当事人的辩解——苏维埃民事诉讼中的证据》，中国人民大学出版社，1952，第 124—125 页。

也强调法院在诉讼中要查明案件的客观真实。学者们指出："作为办案根据的事实，必须是客观真实的。为此，在审判实践中，采取了两条措施，以调动诉讼当事人和人民法院这两个诉讼主体的积极性。一方面，要诉讼当事人陈述案件事实，对他提出的诉讼请求，有责任提供证据，以证明其要求和主张的正确；另一方面，人民法院应当主动地调查事实，搜集和核实证据，客观全面地进行分析研究，透过案情的表面现象，抓住事实的本质。"① 人民法院审理民事案件，要尊重唯物辩证法，把案件事实查清楚，使人民法院认定的事实完全符合客观世界中确实发生的事实。②

三 对新中国民事诉讼立法的影响

我国在制定新中国第一部民事诉讼法时，虽然坚持了实事求是、一切从我国当前实际出发的原则，根据当下的国情，对民事诉讼中的重大问题作出规定，如只规定"人民检察院有权对人民法院的民事审判活动实行法律监督"，没有像苏联的立法那样规定检察院可以参加甚至提起民事诉讼，只规定支持起诉，而未规定机关、社会团体、企业事业单位可以替代受害者提起诉讼。③ 但如果因此而断言苏联的立法对新中国制定第一部民事诉讼法没有影响或者影响甚微，则是不真实的。至少在以下问题上，其受到的苏联立法的影响还是相当明显的。

（一）对法典体例、结构的影响

在制定新中国第一部民事诉讼法时，按照什么样的体例来制定这部法律

---

① 柴发邦、江伟、刘家兴、范明辛:《民事诉讼法通论》，法律出版社，1982，第88—89页。

② 参见赵惠芬《我国民事诉讼法的基本任务》，载杨荣新、叶志宏编《民事诉讼法参考资料》，中央广播电视大学出版社，1986，第401页。

③ 参见张友渔《论我国民事诉讼法的基本原则和特点》，载杨荣新、叶志宏编《民事诉讼法参考资料》，中央广播电视大学出版社，1986，第389—392页。

便成为首先需要解决的问题。在制定民事诉讼法时，难免要借鉴、吸收其他国家立法的经验。如本文第一部分所述，当时已经翻译和部分翻译的有六个国家的民事诉讼法典。在这六个国家的民事诉讼法典中，前四个都是社会主义国家的民事诉讼法典，并且苏俄的民事诉讼法典制定最早，在社会主义阵营国家中影响最大。因而，这部法律对我国制定第一部民事诉讼法产生了重大的影响是在情理之中的。苏俄、日本、中国民事诉讼法各编的内容见表 1。

表 1   苏俄、日本、中国民事诉讼法各编的内容

苏俄民事诉讼法典	日本民事诉讼法典	中国民事诉讼法（试行）
第一编 总则	第一编 总则	第一编 总则
第二编 第一审法院诉讼程序	第二编 第一审诉讼程序	第二编 第一审程序
第三编 上诉程序	第三编 上诉	第三编 第二审程序，审判监督程序
第四编 对已经发生法律效力的判决、裁定和决定的再审	第四编 再审	第四编 执行程序
第五编 执行程序	第五编 督促程序 第五编之二 关于票据诉讼及支票诉讼的特则	第五编 涉外民事诉讼的特别规定
第六编 外国公民和无国籍人的民事诉讼权利 向外国提起的诉讼、外国法院的司法委托和判决，国际条约和国际协定	第六编 判决的确定及执行停止	
	第七编 公示催告程序	
	第八编 仲裁程序	

就《民事诉讼法（试行）》的结构和各编的内容来看，其除了把第二审程序和审判监督程序合为一编外，与《苏俄民事诉讼法典》基本相同；与日本民事诉讼法相比，则存在较大的差异性。

《民事诉讼法（试行）》不仅在体系、结构上借鉴了苏联的民事诉讼法，而

且在各编的具体内容的安排上也有很多参照。这在"总则"这一编中尤为突出（见表2）。

表2　苏俄、日本、中国民事诉讼法"总则"的内容

苏俄民事诉讼法典	日本民事诉讼法	中国民事诉讼法（试行）
第一章　基本原则	第一章　法院	第一章　任务和基本原则
第二章　审判组织和回避	第二章　当事人	第二章　管辖
第三章　主管	第三章　诉讼费用	第三章　审判组织
第四章　案件参加人	第四章　诉讼程序	第四章　回避
第五章　诉讼代理		第五章　诉讼参加人
第六章　证据		第六章　证据
第七章　诉讼费用		第七章　期间、送达
第八章　诉讼罚金		第八章　对妨害民事诉讼的强制措施
第九章　诉讼期间		第九章　诉讼费用
第十章　法院的通知和传唤		

（二）对法典内容的影响

1. 关于民事诉讼法的任务的规定。《苏俄民事诉讼法典》第2条一方面把正确、及时审理和解决民事案件规定为民事诉讼法的任务，另一方面把捍卫苏联的社会制度、国家制度、社会主义经济体系和所有制与保护公民、国家机关、企业、组织、团体的合法权益规定为任务，还把防止违法行为、教育公民遵守法律规定为任务。我国《民事诉讼法（试行）》也在第2条中对民事诉讼法的任务作出规定，在任务中除了有查明事实、分清是非、正确适用法律、及时审理民事案件、确认民事权利义务关系外，也有制裁民事违法行为，保护国家、集体和个人民事权益，教育公民自觉遵守法律的内容。两者具有很大的相似性。

2. 关于国家干预的规定。国家干预作为社会主义国家民事诉讼制度的基本理念，在《苏俄民事诉讼法典》中打下了深深的烙印，《苏俄民事诉讼法

典》在诉讼程序的很多方面，都有体现国家干预理念的规定，主要反映如下：
（1）在起诉阶段，当事人有权决定是否提起诉讼，但同时法院也可以根据检察
长的申请受理案件，可以根据依法能够要求法院保护他人权利的国家机关、工
会、企业、集体农庄、其他合作社组织、社会团体或者个别公民提出的申请受
理案件。[①]（2）在上诉程序中，当事人和其他案件参加人有权提起上诉，检察
长（不论其是否参加该案件的审理）有权针对不合法或无根据的法院判决提出
抗诉。法院在审理上诉案件时，可以不受上诉范围的限制。[②]（3）在执行阶段，
法院不仅能够根据债权人的申请来开始强制执行，而且在追索抚养费、致残赔
偿或其他损害健康赔偿及因抚养人死亡所受损失赔偿等案件中，法院可以主动
将执行书交付执行。[③]

　　我国《民事诉讼法（试行）》在许多方面，也是秉承国家干预的理念对民
事诉讼制度和程序作出规定，主要表现如下：（1）在基本原则规定"机关、社
会团体、企业事业单位对损害国家、集体或者个人民事权益的行为，可以支持
受损害的单位或者个人向人民法院起诉"（第 15 条）。这一原则体现了对民事
诉讼的社会干预。[④]（2）在第一审程序中规定法院可以根据当事人的申请也
可以依职权作出诉讼保全裁定，法院对追索赡养费、抚养费、抚育费、抚恤金
等案件，必要时可以裁定先行给付。（3）对于上述案件，"第二审人民法院必
须全面审查第一审人民法院认定的事实和适用的法律，不受上诉范围的限制"
（第 149 条）。（4）对于执行程序的启动，规定"一方拒绝履行的，由审判员移
送执行员执行，对方当事人也可以向人民法院申请执行"（第 166 条）。

---

① 参见《苏俄民事诉讼法典》第 4 条、第 33 条、第 41 条、第 42 条。

② 参见《苏俄民事诉讼法典》第 282 条、第 294 条。

③ 参见《苏俄民事诉讼法典》第 340 条。

④ 常怡教授认为："社会支持原则是国家干预民事法律关系的补充，体现了依靠群众维护法制
的思想，它是由我国的社会主义性质所决定的。"参见常怡主编《民事诉讼法教程》，重庆
出版社，1982，第 66—67 页。

3. 关于证据制度的规定。对客观真实的追求，不仅反映在理论层面，更为重要的是，这一理念通过立法的形式予以表达。《苏俄民事诉讼法典》第 14 条第 1 款规定了这项原则：法院必须采取法律规定的一切措施，全面、充分和客观地查明真实案情以及当事人的权利和义务，而不受已经提出的材料和陈述的限制。客观真实原则在社会主义国家的民事诉讼中有着极高的地位，"在最足以说明民事诉讼的社会主义性质的那些基本原则中，首要的一条应当是客观真实原则，这条原则的内容在于：法院在审理案件的时候应当正确查明实际案情和由争议的法律关系中产生的当事人的权利和义务。社会主义国家的其他民事诉讼原则，目的都在于达到案件的客观真实"。[1] 在当时的苏联权威法学家维辛斯基看来，苏维埃证明的特点是，不仅双方当事人有义务提出证据，而且法院在一定的情形下也负有提出证据的义务。法院为了保护双方当事人的权利和合法利益，在必要时应当积极地协助双方当事人，主动收集证据。[2]

对客观真实的追求，被规定为民事诉讼的基本原则。客观真实原则虽然影响到民事诉讼的诸多方面，但是，直接服务于客观真实的则是辩论原则。为了实现客观真实，法律一方面责成原告证明作为诉讼请求依据的事实，要求被告证明答辩所依据的事实；另一方面也责成法院通过询问当事人、主动收集证据来查明事实。"如果法院没有依据职权设法查明当事人间的真实相互关系，那么法院就无权只因'原告人没有证明他的请求'而驳回诉讼，相反地，它也无权以被告人没有证明自己的答辩为由，而直接判处原告人胜诉。关于这一点，苏联最高法院全体会议不止一次地在它的指导性的指示中指明。"[3]

《民事诉讼法（试行）》在证据收集问题上明显受到客观真实原则的影响。

[1] 涅瓦伊等：《经互会成员国民事诉讼的基本原则》，刘家辉译，法律出版社，1980，第 37 页。

[2] 参见克林曼《苏维埃民事诉讼中证据理论的基本问题》，西南政法学院诉讼法教研室翻印，1984，第 48 页。

[3] С. Н. 阿布拉莫夫：《苏维埃民事诉讼（上）》，中国人民大学审判法教研室译，法律出版社，1956，第 60—61 页。

为了查明案件的客观真实，该法第 56 条分两款对证据作出规定，第 1 款规定"当事人对自己的主张，有责任提供证据"；第 2 款规定"人民法院应当全面、客观调查收集证据"。我国学者对这一规定的评价是："在我国民事诉讼中，当事人提供证据的积极性和法院主动收集、调查证据的积极性是结合在一起的。这种结合，同资产阶级民事诉讼中仅凭当事人提出的证据进行判决的作法，有着原则性区别。"① 我国民事诉讼法虽然也要求当事人承担举证责任，但正如有学者指出的："我国民事诉讼中的举证责任的履行与案件结果有一定的联系，但这种联系不是绝对的。我国民事诉讼从案件的客观事实出发，以案件的客观事实作为判决的唯一依据。"② 在司法实务中，最高人民法院十分重视法院依职权调查收集证据，规定"人民法院收集和调查证据，应当深入群众，依靠有关组织，认真查清纠纷发生的时间、地点、原因、经过和结果，不受当事人提供证据范围的限制"。③

4. 关于审判监督程序的规定。为了保证司法的公正，在满足一定条件的情形下，允许对已经发生法律效力的判决裁定进行再审是各国民事诉讼法的通例，在大陆法系国家的民事诉讼法中，这一程序被称为"再审程序"，我国民事诉讼法中虽然也有再审，但这一程序的名称为"审判监督程序"。

我国立法机关用"审判监督程序"这一称谓同苏联的民事诉讼立法有极大关系。《苏俄民事诉讼法典》不仅在第一章"基本原则"中规定了"上级法院对审判活动的监督""民事诉讼中的检察长监督"，而且在第三十六章中专门规定了"监督程序"，在这一程序中具体规定了苏联总检察长、副总检察长、最高法院院长、副院长等有权提出抗诉。这些规定表明"依照监督程序对法院

---

① 江伟编著《民事诉讼法学》，文化艺术出版社，1986，第 168 页。
② 顾培东：《浅析民事诉讼中的举证责任》，载杨荣新、叶志宏编《民事诉讼法参考资料》，中央广播电视大学出版社，1986，第 528 页。
③ 《最高人民法院关于贯彻执行〈民事诉讼法（试行）〉若干问题的意见》第 28 条。

判决的再审，只有根据由法律专门规定的法院公职人员和检察长的抗诉才有可能进行"。[①] 我国《民事诉讼法（试行）》将检察监督作为基本原则之一，规定"人民检察院有权对人民法院的民事审判活动实行法律监督"（第12条）；同时，在第十四章中专门规定了"审判监督程序"，规定各级人民法院院长发现本院裁判确有错误，有权提交审判委员会讨论决定启动再审，规定了最高人民法院发现地方各级人民法院、上级人民法院发现下级人民法院生效裁判确有错误的，有权提审或者指令下级人民法院再审（第157条）。1991年，我国对《民事诉讼法（试行）》作了全面修订，颁布实施《民事诉讼法》。此次修订，将再审程序的启动方式规定为三种——法院依职权、当事人申请加法院审查、人民检察院抗诉，更为全面地体现了审判监督的特点。

四　结语

自20世纪80年代中、后期以来，中、俄两国的民事诉讼理念和制度都随着本国社会政治、经济制度的变革和发展出现了相当大的变化。两国在经济上不约而同地走向了市场经济。在市场经济的作用下，民事诉讼制度的理念和制度也难免会发生重大的调整。1991年，在法院的民事审判方式改革已取得重大进展的基础上，中国对《民事诉讼法（试行）》进行了全面的修订，并重新颁布了《民事诉讼法》。这次修订在相当程度上是在对试行法进行反思甚至批判的前提下进行的，其显著特点是"去职权化"，经过这次修订，原先相当浓厚的职权主义色彩明显弱化。[②] 这其实表明中国的民事诉讼法在大幅度减少法律中的苏联元素。

[①]　阿·多勃罗沃里斯基：《苏维埃民事诉讼》，李衍译，法律出版社，1985，第416页。

[②]　参见陈桂明《民事诉讼中法院职权的弱化及其效应——兼对新旧民诉法典中几项制度的比较研究》，《法学研究》1992年第6期。

社会变革后的俄罗斯在 21 世纪初也对其民事诉讼法进行了重大修订，俄罗斯国家杜马于 2002 年 10 月 23 日通过了《俄罗斯联邦民事诉讼法典》，根据该法律，新的民事诉讼法典从 2003 年 2 月 1 日开始实施。俄罗斯新的民事诉讼法典在更新立法理念的同时，也对民事诉讼程序的许多重要制度进行了修订。例如，在新的法典中，《苏俄民事诉讼法典》第一章"基本原则"第 14 条关于"法院查明真实案情和当事人的权利义务"的规定不复存在。与此同时，新法第 12 条规定了"根据双方辩论制与平等原则进行审判"。《苏俄民事诉讼法典》第 50 条"证明和提供证据的责任"关于在当事人提供的证据不充分的情况下"或由法院主动收集补充证据"的规定，在新的法典中也由"证据由当事人和案件其他参加人提交。法院有权建议他们提交补充证据。如果这些人难以提交必要的证据，则法院根据他们的申请在搜集和调取证据方面给予协助"所取代（第 57 条第 1 款）。[①]

民事诉讼法是为解决民商事纠纷而设置的程序法，民商事纠纷在性质上为私权性质的纠纷，民事诉讼法所规定的原则、制度、程序，要与其主要是为解决民商事纠纷这一根本使命相适应。可以说，在改革大潮的冲击下，中、俄两国通过对民事诉讼法的修订，使各自的民事诉讼法更为符合其本来的属性。

（责任编辑：冯煜清）

---

① 这一规定与 1991 年中国《民事诉讼法》第 64 条第 2 款有很大的相似性。

困境及路径选择

——以微信"抢红包"聚赌为切入点

刘期湘　宋　凡[*]

摘　要　智能互联网时代呈现虚实同构的双层社会，在网络场域下开设赌场行为因空间虚拟性与行为隐蔽性而呈高发态势，微信"抢红包"聚赌现象尤为严重，虽然最高人民法院第105号指导案例对该行为进行了定性，但"赌场"、"赌资"及"情节严重"等要件在实务认定中仍存在争议。究其原因，一是双层社会下开设赌场罪制度设计存在"夹缝"领域；二是网络场域变迁过程中开设赌场罪理论发展滞后；三是传统物理空间开设赌场罪认定存在思维惯性。针对这些问题，应着力修正制度缺陷，对"赌场"概念进行再界定；回归传统物理空间赌场中"赌资"的认定方法，保证双层社会下赌资认定标准统一；坚持主观的客观解释方法认定"情节严重"，秉持刑罚谦抑性。

关键词　网络场域　开设赌场罪　微信　抢红包

信息革命推动着互联网飞跃发展，使得物理世界—数字世界、现实生

---

[*]　刘期湘，湖南商学院法学与公共管理学院院长，教授，硕士生导师；宋凡，湖南省教育法治研究中心学术秘书。

活—虚拟生活、物理空间—电子空间的双重构架得以确立，形成了虚实同构的双层社会。① 双层社会的到来，无形之中扩大了犯罪行为的空间范围，某一犯罪既可以是全部犯罪过程都发生于网络空间，也可以同时跨越网络空间和现实社会两个平台。② 网络在犯罪中的地位发生了媒介→对象→工具→空间四个阶段的演变③，赌博行为历经千年变迁也逐步进入虚拟空间。自1994年第一个网络赌场问世至今已 20 余年，网络赌场在数量上呈爆炸式增长，在形式上也不断"推陈出新"，而近年来的微信群"抢红包"聚赌问题频发且争议不断，引起了社会各界的高度关注。最高人民法院于 2018 年 12 月 25 日公布的 5 件涉及网络犯罪的指导性案件中有 2 件关于微信"抢红包"聚赌，其中，第 105 号指导性案例专门对利用微信平台聚赌行为进行定性。④ 但指导性案例制度乃是对现行法律不足或不当的一种补救措施，从这个意义上讲，在我国业已遵循的成文法体制建立了成文法体系的背景下，之所以还要呼唤建立判例制度，是因为现行成文法体系可能存在不足。⑤ 最高人民法院发布的第 105 号指导性案例也暴露了微信"抢红包"聚赌行为性质认定存在制度缺陷，且微信"抢红包"聚赌对传统开设赌场罪冲击的形式与内容呈多样化、复杂化，并非仅在行为定性上存在争议，网络场域中的"赌场"如何界定、"赌资"范围如何划定以及"严重情节"如何认定都是开设赌场罪理论发展过程中所面临的现实问题。从双层社会的视角来看，虚拟空间开设赌场行为对传统开设赌场罪认定产生了巨大冲击，需要反思网络空间中开设赌场罪认定困境的原因所在，审视传统开设

---

① 参见马长山《智能互联网时代的法律变革》，《法学研究》2018 年第 4 期。
② 于志刚、李怀胜：《杭州互联网法院的历史意义、司法责任与时代使命》，《比较法研究》2018 年第 3 期。
③ 于志刚、吴尚聪：《我国网络犯罪发展及其立法、司法、理论应对的历史梳理》，《政治与法律》2018 年第 1 期。
④ 最高人民法院依法严惩网络犯罪指导性案例新闻发布会，http://www.court.gov.cn/zixun-xiangqing-137121.html，最后访问日期：2019 年 1 月 8 日。
⑤ 谢晖：《法律哲学：司法方法的体系》，法律出版社，2017，第 303 页。

赌场罪在网络场域中所体现的规制准则，从而找出开设赌场罪在双层社会的发展进路。

一 网络时代微信"抢红包"聚赌对传统开设赌场罪的冲击

"技术常常比社会规则发展更快，而这方面的滞后效应往往会给我们带来相当大的危害"，[①] 网络信息技术迅猛发展推动了网络代际的演变，自网络 1.0 时代迅速跨越至网络 2.0 时代、网络 3.0 时代，而网络犯罪也以几何式倍增的速度发生转型和变异。[②] 为了加大对赌博犯罪的打击力度，2006 年第十届全国人民代表大会常务委员会通过的《刑法修正案（六）》将开设赌场行为独立成罪，[③] 目前对在现实物理空间开设赌场罪的认定标准渐趋成熟，但在网络时代，随着虚拟空间、电子货币的出现与发展，赌博行为在线上线下双层社会中穿梭，网络虚拟空间开设赌场行为认定面临着巨大挑战。2018 年 3 月 2 日，微信团队对涉赌问题采取措施，共计对 6000 多个微信群进行限制群功能处理，并对 4 万多个账号进行限制功能使用或限制登录等阶梯式处罚。[④] 微信"抢红包"聚赌现象泛滥，行为情节严重时便需要刑法规制，但在司法实务中对利用微信平台开设赌场行为的认定面临多种困惑。

（一）利用微信平台开设赌场的"赌场"难以认定

刑罚法规的内容必须清晰明确，必须让国民容易理解，这也是罪刑法定主

---

① 西奥多·A. 斯皮内洛：《世纪道德——信息技术的伦理方面·序言》，刘钢译，中央编译出版社，1999，第 6 页。

② 参见于冲《网络刑法的体系构建》，中国法制出版社，2016，第 17 页。

③ 参见刘艳红《〈中华人民共和国刑法修正案（六）〉之解读》，《法商研究》2006 年第 6 期。

④ 参见尚迪《微信出大招：发现赌博行为，请立即举报》，《河南法制报》2018 年 3 月 8 日，第 4 版。

义的实质性内容，事先明文预告刑罚法规在一定程度上体现了法律主义与禁止事后法的原则。① 但对虚拟空间中传统概念予以刑法角度再解读，必然涉及刑法解释问题，通说认为，在刑法解释中不允许进行类推解释，但允许扩张解释，网络场域下"赌场"概念解读便属于刑法解释范畴的问题。虽然最高人民法院对利用微信"抢红包"聚赌行为已做定性指导，但从目前相应规定来看，利用微信平台开设赌场的"赌场"认定方式仍不明确。将微信群认定为"赌场"在司法实践中主要分三种情况。第一种情况是将微信群认定为具备赌场性质的赌博网站。例如，2016 年 8 月，鲁某某、徐某等人建立"烟雨阁"微信群，以抢红包"斗牛"形式纠集多人赌博，参赌人员通过支付宝或微信转账、银行转账的形式从被告人刘某某处按 1∶1 购买分值，"机器人"自动统计参赌人员分值，组织人员分工明确，并制定一系列计算规则、奖励规则，至 2017 年 6 月 27 日，该群平均每天开盘 100—200 局，每天抽水少则几万元，多则 20 多万元。法院最终判决认定"在计算机网络上建立赌博网站，为赌博网站提供代理，接受投注，其行为已构成开设赌场罪"。② 第二种情况是将微信群解释为物理空间中赌场的延伸。例如，2017 年 3 月卢某某建立"40—200—9 包 1.2 倍"微信群，抽头获利 54000 余元，法院判定为"利用网络开设赌场，组织招引多人参与赌博，从中抽头渔利 5 万余元，属情节严重，其行为均已构成开设赌场罪"。③ 第三种情况是在判决书上不予明确微信群属于哪种"赌场"。例如，2015 年 11 月，谢某某、高某等人以营利为目的，建立微信群，邀请他人在微信群里以"抢红包"形式赌博，获利 56710 元。法院判决谢某某、高某等人伙同他人开设赌场，已构成开设赌场罪。④

---

① 参见西田典之《日本刑法总论》，刘明祥、王昭武译，中国人民大学出版社，2007，第 41 页。

② 参见湖南省郴州市中级人民法院〔2018〕湘 10 刑终 289 号刑事裁定书。

③ 参见浙江省台州市中级人民法院〔2017〕浙 10 刑终 1264 号刑事裁定书。

④ 参见浙江省杭州市中级人民法院〔2016〕浙 01 刑终 1143 号刑事判决书。

"赌场"需要吸纳赌博人员参与，因而具有半公开性，而微信"抢红包聚赌"发生在虚拟空间，且人员仅限于微信好友，其是否具有半公开性，与传统观念对"赌场"的认定有很大区别。司法实务中，有律师尖锐地提出微信群相对封闭，人员相对固定，与"赌场"公开性特征不符，[①]并且 2010 年 8 月 31日由公安部、最高人民法院、最高人民检察院颁布的《关于办理网络赌博犯罪案件适用法律若干问题的意见》（以下简称《网络赌博意见》）作为专门调整网络空间赌博犯罪类案件的司法解释，其以赌博网站为前提，而微信平台并非赌博网站，对"赌场"如何认定并无确切说法。第 105 号指导性案例虽进行了定性，但对微信群"赌场"属性的认定究竟是以其具有公开性为理由对《刑法》第三百零三条第二款的"在网络空间中"进行扩大解释或当然解释，还是将微信群"抢红包"聚赌行为归为建立赌博网站，抑或是以案例形式拟制规定，对于这些问题，目前从指导案例中无法得到确切的答案。

（二）利用微信平台开设赌场的"赌资"难以界定

赌资是指在赌博活动中作为赌注、换取相应筹码和通过赌博所赢取的财物。[②]传统开设赌场罪的赌资认定以赌场内能查到的现实金额计算，确定方式简单明了。而在网络空间中，开设赌场罪赌资的认定不能直接照搬在现实物理空间中的计算方法，不能将每个参赌人员微信钱包里的资金认定为赌资。主要理由如下：

其一，线上线下的双层社会转换自如导致很难统计出参与人员微信钱包内的金额。空间虚拟化是在网络空间开设赌场的重要特征之一，在传统物理环境下赌场一旦被发现，相关部门便可进入赌场执法，在控制参与人员之后，对其所携带的赌资以及赌场存在的现实金额进行统计，便可确定赌资额度。而在网络空间中即便发现赌场在运行，相关部门也无法及时采取有效措

---

① 参见浙江省杭州市中级人民法院〔2016〕浙 01 刑终 1034 号刑事裁定书。

② 参见杨毅《网络开设赌场犯罪审理难点及建议》，《法治论坛》2018 年第 2 期。

施对人员进行控制并统计赌资，并且微信群"抢红包"聚赌的人员一旦发现有相关部门介入便会立即退群。参与人员随时可由网络空间转回现实空间，虚拟空间独有的特性导致对赌博微信群中所有成员的微信钱包金额很难统计出来。

其二，网络空间中开设赌场人员与相关人员微信钱包内的资金不一定全为赌资。随着网络时代的发展，支付宝、微信钱包、QQ 钱包等一系列具有存储功能的软件逐步盛行，保管个人财产形式多种多样，根据《网络赌博意见》第一条第（一）项、第（二）项的规定，通常只有抽头渔利或赌资累积数额达到一定程度才须负刑事责任。但微信钱包可能存储着大量个人财产，在微信"抢红包"聚赌行为被查获时，一般以群主微信钱包内资金（除去可证明非获利部分）来计算最终获利。而微信钱包中可能含有通过其他途径获取的资金，这些资金来源有些可以举证证明，有些由于电子聊天信息已被删除而无法举证，最终导致个人财产被纳入赌资范围，司法实务中便存在微信钱包里系朋友发的钱因无法举证而被认定为赌资的情况。①

其三，赌资以红包数量乘以每局数额存在重复计算情况。微信"抢红包"聚赌认定赌资一般以红包个数乘以单个红包金额计算，例如在实务中，微信赌博群每次抢红包金额为 288 元，最终法院认定："该微信群共计发放红包 6300多个，赌资数额累计达到人民币 180 万余元。"② 这种计算方法并不妥当，在传统物理空间中对赌资计算以桌面上金额为准，桌面金额的统计事实上已经将赌资流转问题考虑在内，而在微信"抢红包"聚赌的赌资认定上却未考虑到赌资流转过程，仅是简单重复累加，会导致线上与线下赌资计算方式与结果产生巨大偏差，不利于司法公正。③

---

① 参见湖南省湘潭市中级人民法院〔2017〕湘 03 刑终 387 号刑事裁判书。
② 参见浙江省杭州市中级人民法院〔2016〕浙 01 刑终 1143 号刑事判决书。
③ 参见金果《网络赌博中赌资数额的计算》，《人民司法》2017 年第 2 期。

（三）利用微信平台开设赌场的"情节严重"难以确定

我国早期为了打击赌博行为将开设赌场罪独立成罪，该罪名本质上亦存在对赌博行为予以规制的内涵，但赌博类行为本来就是根据不同情况来榨取财物，只是它同时又是自己自愿的，把单纯赌博行为定义为违法，无非是从道义角度，认为赌博是不被允许的，要通过刑法进行保障。[①] 若开设赌场罪与赌博罪存在巨大差别，其究竟侵犯何种法益目前尚存在诸多争议，有观点认为其侵犯了社会的良好风俗，扰乱了社会秩序。也有观点认为开设赌场以获利为目的，吸纳他人参与赌博，侵犯了国民勤奋的生活方式。[②] 但从我国刑法将开设赌场罪规定于扰乱公共秩序罪来看，开设赌场罪侵犯的法益应当是良好的公共秩序。换言之，是否侵犯公共秩序是评价开设赌场行为的重要标尺。而"情节严重"作为开设赌场罪法定刑升格的具体适用条件，关乎着刑罚的宽和度，正如贝卡利亚所说："犯罪面临的恶果越大，也就敢于逃避刑罚。为了摆脱一次罪行的刑罚，人们会犯下更多的罪行。"[③] 要确保社会秩序良好，对于"情节严重"须以审慎态度视之。

《网络赌博意见》第一条第二款对"情节严重"的规定，获利（抽头渔利累积 3 万元以上）、赌资（赌资累计达到 30 万元以上）、参赌人数（参赌人数累计达到 120 人以上）等是主要的考量标准，也较为符合开设赌场罪侵犯的法益为社会良好公共秩序的观点，但微信群"抢红包"聚赌行为对该考量标准产生了两点冲击。第一，微信平台并非赌博网站，"情节严重"的相关规定能否适用于微信"抢红包"聚赌行为有待商榷。第二，即使可以适用该标准衡量情节严重，也必然面临多项挑战，比如，在微信中无法明确真实年龄，若未成

---

① 参见西原春夫《刑法的根基与哲学》，顾肖荣译，中国法制出版社，2017，第 86 页。

② 参见蔡圣伟《赌博罪保护法益之探讨》，载许玉秀、林山田编《罪与罚》，台北五南图书出版公司，1998，第 258 页。

③ 贝卡利亚：《论犯罪与刑罚》，黄风译，北京大学出版社，2017，第 62 页。

年人谎称自己成年参与赌博是否构成"情节严重"之情形;微信群中虽人数众多,但实际参与者不足 120 人能否认定为"情节严重";等等。另外,如前所述,还存在重复计算和将个人财产认定为赌资的问题,相较于传统开设赌场罪,更容易入罪和将刑罚升档。

二 网络场域下开设赌场罪认定困境的原因解构

"网络开设赌场犯罪已然成为我国赌博犯罪的最新趋势,开设网络赌场罪急剧提升了赌博犯罪的整体社会危害性,使赌博犯罪呈现全新的扩大化、复杂化、多样化趋势,并成为滋生其他网络犯罪的温床。"① 从传统开设赌场罪对微信"抢红包"聚赌行为的规制困境不难看出,网络生态变革过程必然伴随着网络犯罪的同步异化,倒逼着刑法思维的同步变革。② 申言之,网络犯罪的立法修订不应当继续停留在回应性立法的思维模式中,立法者一定要站在全局的高度,修订出具有前瞻性与包容性的立法。③ 由于"法律发现是一种使生活现实与规范相互对应,一种调适,一种同化的过程"④,这就需要对现有制度规定进行深刻反思,在理论的解构与重构过程中找到新的发展路向。

(一)双层社会下开设赌场罪制度设计存在"夹缝"领域

法律中的许多变化都是缓慢而渐进发生的,这些变化往往局限于法律制度的一些特殊方面,或局限于一个特定框架中的具体问题,在虚拟空间与物理空间并行不悖的今天,在传统刑法或司法解释等制度设计层面极易出现各种"夹缝领域",但大多数法律改革都具有非整体的或不完全的性质,即稳定与变

---

① 于志刚:《虚拟空间中的刑法理论》,社会科学文献出版社,2018,第 242 页。
② 参见于志刚《网络思维的演变与网络犯罪的制裁思路》,《中外法学》2014 年第 4 期。
③ 参见李本灿《拒不履行信息网络安全管理义务罪的两面性解读》,《法学论坛》2017 第 3 期。
④ 亚图·考夫曼:《类推与"事物本质"——兼论类型理论》,吴从周译,学林文化事业有限公司,1999,第 53 页。

化在法律生活中趋向于互相联结和互相渗透。① 这导致一些"夹缝领域"很容易被忽视。网络犯罪结构的不断异化与犯罪形式的不断更新便导致了立法建构存在滞后性，而开设赌场罪自 2006 年被正式确立后，理论发展与制度构建相对较缓，自 2015 年出现微信"抢红包"聚赌现象至 2018 年 12 月最高人民法院发布指导性案例，历经三年时间该行为才有了基本定性，并且认真审视案例定性仍存在诸多疑虑，究其原因是双层社会下开设赌场罪的刑法规定与相应司法解释规制范围存在夹缝领域——在非赌博网站的网络空间内开设赌场。

当下，对于开设赌场罪的规制以《刑法》第三百零三条第二款的规定以及《网络赌博意见》和 2014 年 3 月 26 日颁布的《关于办理利用赌博机开设赌场案件适用法律若干问题的意见》（以下简称《利用赌博机开设赌场案意见》）两个司法解释为主。其中《网络赌博意见》是在传统刑法基于网络空间挑战应对困难背景下出台的司法解释，应具有专门规制网络赌博犯罪的作用，但根据《网络赌博意见》第一条认定范围之规定，对开设赌场罪的认定以赌博网站为构成要件，换句话说，网络空间中只有开设专门赌博网站才能以开设赌场罪认定，② 这便存在依托正常网络商业平台实施开设赌场行为无法以《网络赌博意见》进行规制。而《利用赌博机开设赌场案意见》是针对具有物理实体的电子游戏设备设施的赌场进行规制，亦无法对正常的网络商业平台开设赌场的行为进行规制。这是司法解释难以回避的弊端，司法解释越具体化的场合，漏洞就越多，新奇的、疑难的案件就更加难以处理。

在两个司法解释都没有明确规定的情况下，对《刑法》第三百零三条第二款进行直接扩大解释成为另一种选择。但产生于物理空间时代的传统开设赌场罪能否直接适用于网络空间犯罪，对传统刑法开设赌场罪进行扩大解释能否

---

① 参见〔美〕博登海默《法理学——法律哲学与法律方法》，邓正来译，中国政法大学出版社，1999，第 339—341 页。

② 参见张明楷《刑法的私塾》，北京大学出版社，2017，第 837 页。

弥补物理空间时代与网络空间时代的"代沟"需要反复斟酌。对此，存在两种观点：一种观点认为传统刑法规定无法适用于网络空间，对于网络中空间的犯罪不应依靠刑法解释，而应依靠刑事立法。另一种观点认为网络空间作为现实空间的延伸，可以通过扩张解释将传统刑法规定运用于网络空间。^① "刑法特别敏感地应对社会构造上和社会意识上的变化。"^② 特别是面临着网络场域的"代际变迁"，传统刑法必然会显现严重的不适应现象。诚然，面对网络犯罪，需要刑事立法与刑法解释共同着力，但网络空间中开设赌场行为应属于网络犯罪"空间化"的典型，能否直接对刑法所规定的开设赌场罪进行扩张解释需要考量。而从颁布《网络赌博意见》这类专门应对网络赌博类犯罪的司法解释来看，网络空间赌博类犯罪是作为新类型犯罪而进行特别规制的，换言之，若出现了专门司法解释的漏洞问题，可以回归到刑法条文本身，通过双重途径获得新的使用价值。一是运用历史解释，探求立法者的真实意愿。具体而言，研究赌博犯罪条文设置时的相关历史资料，从对立法资料的解读中了解立法者设置赌博犯罪的基本立场，并重建立法者赋予法律规范的目的与意义，以形成对现实问题的判断。二是运用目的解释，探知立法者在制定法律规范时所表达的客观目的，并根据客观的目的进行价值重构，追求解释的正当化，以实现司法的公平与正义。两种解释方法无优劣先后之分，根据具体情况选择适用。如果有一类方法能够得到肯定的回答，就可以使用扩张解释的技巧，将利用社交平台开设赌场的网络行为这一夹缝领域纳入刑法规制范围。在运用这些传统刑法解释方法时，必须充分对利用社交平台开设赌场的网络行为与线下的开设赌场的犯罪行为进行等置性的价值判断，以此对利用社交平台开设赌场的网络行为

---

① 参见欧阳本祺《论网络时代刑法解释的限度》，《中国法学》2017 年第 3 期。
② W. Friedmann 语。转引自新谷一幸《一九世纪前半期ドイツにおける犯罪と刑罰に關する一考察》，《大阪市立大学法学杂志》1981 年第 1 号；张明楷：《网络时代的刑事立法》，《法律科学》2017 年第 3 期。

做出恰当的评价。① 详言之，首先，线上行为同线下行为之间等置性的价值判断实质上要辨别网络行为地点是否会影响行为的性质，即利用社交平台开设赌场的网络行为首先能不能满足"赌博"的构成要件，这是最基础的也是最根本的性质判断；其次，判断"社交平台"是否同现实犯罪场所或其他专门的赌博网站一样，为赌博提供场所空间，实现了他人赌博的目的。如果所起功效、发挥作用具备价值上的等同性、等置性，那么，即便利用合法的社交平台，但实现赌博这一非法目的，使合法的平台、途径、手段、方式基本上转为非法的范畴。双重路径的实践者基本上是从事刑事审判工作的法官，这就需要法官们提高法律素养与职业能力，正确使用裁判权，同时加强裁判文书的释法说理，才能让我国的刑事司法制度走向更加规范、完善的道路。

（二）网络场域变迁过程中开设赌场罪基础理论发展滞后

"双层社会"背景下，社会由传统单一的物理空间过渡到网络空间与物理空间交叉融合又并行不悖的阶段，同时也引发了传统刑法理论中的"场域"变迁。② 开设赌场罪的"场域"变迁历经物理空间赌场、专门的赌博网站、在合法的商业网络平台开设赌场三个阶段，近年来出现微信"抢红包"聚赌现象后，面对制度空白领域，理论研究的不深入导致司法实务部门无法对此类行为进行定性，以至于很多实务部门将此类行为定性为赌博罪。③

开设赌场罪在 2006 年《刑法修正案（六）》颁布后才陆续进行研究，相较于其他罪名，我国开设赌场罪理论研究起步较晚。"任何既定场所的法律都必须考虑其规制的空间的特殊性质以及人、物的特殊类型。"④ 双层社会背景下所出现的场域变迁必然会产生一系列连锁反应，适用于物理空间的开设赌场罪

---

① 参见米铁男《网络犯罪的形式评价问题研究》，《东方法学》2017 年第 5 期。
② 参见郭旨龙《"双层社会"背景下的"场域"变迁与刑法应对》，《中国人民公安大学学报》（社会科学版）2016 年第 4 期。
③ 参见冯瑶《如何认定微信红包赌博犯罪行为》，《检察日报》2016 年 8 月 13 日，第 3 版。
④ 刘艳红：《互联网治理的形式法治与实质法治》，《理论视野》2016 年第 9 期。

在社会危害性、行为模式、发生地点以及参与主体等方面都产生了新的变化，而从目前研究内容来看，其主要集中于赌博网站开设赌场、物理空间开设赌场以及微信"抢红包"聚赌定性问题。基础理论研究存在两点滞后：第一，缺乏对开设赌场罪由物理空间发展到双层空间的变量梳理。只有通过梳理才能明确在双层社会下开设赌场罪的哪些基础理论可以继续沿用，哪些基础理论需要进一步开拓。第二，网络空间作为新型场域，应当对出现的问题进行实质分析。例如，有很多研究利用微信平台聚赌行为定性，但利用微信平台开设赌场行为仅是利用合法的商业平台开设赌场行为的一种表现形式，在现实生活中还存在利用游戏平台、体彩平台以及网络直播间赌博等现象，这些行为本质上都是利用合法商业平台开设赌场，应当透过表面现象看到实质内容进而重点突破。

（三）传统物理空间开设赌场罪司法认定存在思维定式负效应

"思维定式"，最通常的理解是认识主体解决问题时具有的心理倾向。[1] 若从哲学层面上理解，思维定式是思维认识的结构、思维的传统习惯，它体现为思维从诸如灵感、顿悟的显著变动转为一种稳定、平和的态势、情势。[2] 思维定式作为认知的产物，必然以思维的模式、方式、范式、样式等具体形态展现出来。恩格斯在《反杜林论》的材料中提出："模式 = 死板公式。"[3] 是以，这些思维模式、范式等属于定型化的认知定式。思维认知定式能够产生稳定性、示范性、广众性等正效应，但其本身亦能衍生封闭性、依赖性、求同性、单向性的负效应。在负效应持续性的影响下，行为主体的思维逐渐受限、闭塞，乃至固化，以至于局限于惯常的、既定的思维框架中，使其难以用新的眼光与新的视角进入新的格局、新的场域，分析问题、解决问题。当开设赌场犯

---

[1] 参见张晋斌《突破思维定势是创造性思维的一种方法》，《科学、技术与辩证法》1988 年第 2 期。

[2] 参见刘怀惠《思维定势在认识中的地位和作用》，《中州学刊》1989 年第 4 期。

[3] 《马克思恩格斯全集》（第 20 卷），人民出版社，1971，第 663 页。

罪的犯罪地点由传统的物理场域时代进入物理场域网络场域同构并行的双层社会时代时,司法裁判人员如不及时转变思想观念、推进思维创新,其将不可避免地陷入思维定式的泥淖。由是,司法裁判人员难以认识到开设赌场犯罪现象变化发展的全貌,难以正确把控与运用出入罪调控机制,最终造成新型赌博犯罪司法认定标准的不统一、不一致,从而产生公众的认同危机与司法的信任危机。有学者提出:"网络代际差异演进是赌场由现实空间进入网络空间并不断蔓延的深层原因,而当网络开设赌场犯罪同网络因素紧密结合之后,迅速呈现出了传统开设赌场犯罪不具备的优势特性。"[1] 这些优势特性不是传统赌博犯罪所具备的,而是新型网络赌博犯罪独有的表现形式与特征属性。当然,不可否认的是,网络时代科技发展给人们的生活带来极大的便利,但是网络社会在赋予新型网络赌博犯罪以空间虚拟化、货币电子化、网络国际化优势特性的同时引发了司法实务中对开设赌场罪各种要素的认定困惑,特别凸显在赌场规模、赌资、利润认定等问题上。

1. 空间虚拟化。传统开设赌场犯罪受营业场地限制、交通地理限制以及营业时间限制,吸纳赌博人员能力有限,并且为了躲避、对抗查处与制裁出现了流动赌场,导致大部分人无法获悉赌场的位置,因而传统赌场规模较小且形式单一。[2] 而网络开设赌场犯罪最大的特点在于空间虚拟化,在虚拟空间中开放程度更大,表现形式更多样。例如,微信"抢红包"聚赌行为发生在微信群中,涉及人群仅局限于微信好友,具有相对封闭性,但赌博网站面向全部网络空间,2018 年便出现了参与人数达 75 万余名,各级代理达 1000 多名的网络开设赌场案件。[3] 赌场的规模有时直接决定能否构罪,能否构成情节严重,而虚

---

[1] 于志刚:《虚拟空间中的刑法理论》,社会科学文献出版社,2018,第 247 页。

[2] 参见于志刚《网络开设赌场犯罪的规律分析与制裁思路——基于 100 个随机案例的分析和思索》,《法学》2015 年第 3 期。

[3] 参见何志斌、蒋艳《一则广告牵出的赌球大案》,http://www.rmlt.com.cn/2018/0716/523247.shtml,最后访问日期:2019 年 1 月 13 日。

拟空间中开设赌场规模如何认定存在争议，例如，大量"潜水"人员① 在网络赌场中能否直接认定为规模大。另外，在虚拟空间中开设赌场形式多样，网络赌场逐步发展为定制化赌博业务，只要有赌客愿意对赌，任何概率性事件都可以作为赌博内容。② 这是传统物理空间中开设赌场犯罪所不具备的优势，因此，空间虚拟化导致对规模与形式认定存在困惑。

2. 货币电子化。随着互联网技术的发展，电子支付方式因具有快捷、便利、安全等特性，受到了大众青睐，货币电子化已然成为一种趋势，但同时也增大了犯罪治理的难度，根据《网络赌博意见》规定，对于开设赌场罪的赌资与利润主要以在网上投注的点数乘以每一点实际代表的金额认定。但这种方法对赌资与盈利的认定存在一定缺陷。2005 年 5 月 13 日最高人民法院、最高人民检察院出台的《关于办理赌博刑事案件具体应用法律若干问题的解释》（以下简称《赌博刑事案件解释》）第八条规定，用作赌注的款物、换取筹码的款物和通过赌博赢取的款物都应算作赌资。而大部分参赌人员不会一次将所有赌资用于购买虚拟点数，只按点数计算可能无法认定参赌人员未投注的虚拟点数。③ 另外，这种计算方法会导致与传统物理空间赌场的赌资与盈利计算总数产生巨大差别，从刑法解释角度来看，"赌博赢取的款物"不应当理解为每一局赌博赢取的款物，而是参赌人员停止赌博时所赢取的款物，传统赌资认定也不可能将在赌桌上的资金流转计算在赌资内，比如参赌人员拿 1000 元购买 1000 点虚拟点数，在这一局赢得 5000 元，又将 5000 元全部投进去购买点数，后来全部输光，赌资认定最终为 6000 元，远远超过其携带的赌资，在有些判决书中，法官最终以最低数额来维持刑法谦抑性。

---

① "潜水"是网络词语，即在赌场中从不参与赌博也不发表任何言论，仅存在于微信群之类的赌场之中的网络用户。

② 参见于志刚《虚拟空间中的刑法理论》，社会科学文献出版社，2018，第 248 页。

③ 参见于志刚《网络开设赌场犯罪的规律分析与制裁思路——基于 100 个随机案例的分析和思索》，《法学》2015 年第 3 期。

3. 网络国际化。每个国家具有独特的政治体系、经济结构、文化传统、宗教信仰,对传统犯罪的理解与处罚也各不相同,开设赌场行为在有些国家并不违法,甚至还可以颁发营业执照。"由于网络空间打破自然地理限制的虚拟性、一对多的面性和远程性,网络跨国跨境犯罪在信息网络时代变得极为突出。"[1] 网络赌场突破了传统的物理距离,境外赌场通过互相招募境内代理的形式向境内延伸发展,《网络赌博意见》中的"代理"行为是传统赌博方式所未出现过的,乃网络开设赌场所特有。但对于如何认定"代理",司法认定因缺少参考模式而出现诸多争议,例如,虽注册为代理,但不直接接受投注仅宣传赌博网站链接。[2] 而且近年来境内一些不法分子为了逃避法律责任,在境外建立赌博公司,拿到相应资格证书后,再转向境内开设赌场,如 2018 年 12 月来宾市审理的开设赌场案件,被告人 2016 年在柬埔寨开设管理了一家网络赌博公司,后在境内发展代理,被追诉时涉案金额已达 13.9 亿元。[3]

网络赌场因以上优势特征而出现泛滥趋势,表现形式与实质内容都在不断转型,并且当网络平台同时具备赌场、社交、借贷、视频等功能时,实际上已经跨越了刑法不同章节罪名体系,在网络赌场认定问题上,司法实务部门不仅需要转变在物理空间中所形成的思维定式,在既有的思维定式中催生蕴含动态性、开放性、灵活性特征的创造性思维,[4] 以创建出兼具公正性、合理性与实用性的认定逻辑体系,其还必须突破传统的"妨害社会秩序"的视角审视网络犯罪,[5] 进而应对当下及以后网络开设赌场的不同变化。

---

① 刘艳红:《论刑法的网络空间效力》,《中国法学》2018 年第 3 期。

② 参见戴长林《网络犯罪司法实务研究及相关司法解释理解与适用》,人民法院出版社,2015,第 71 页。

③ 佚名:《利用网络在国外开设赌场,涉案 13.9 亿元!》,https://xw.qq.com/guangxi/2018 1223003795/PGX2018122300379500,最后访问日期:2019 年 2 月 21 日。

④ 参见付俊英《论思维定势与创造性思维》,《科学技术与辩证法》2000 年第 5 期。

⑤ 参见于志刚、郭旨龙《网络刑法的逻辑与经验》,中国法制出版社,2015,第 33—45 页。

三 破解网络场域下开设赌场罪认定困境的路径选择

有观点认为："人类可以根除技术的负面效应，可以有效地操纵这一工具以改善人类的状况。"[①] 但当网络空间逐渐形成、发展、壮大时，开设赌场罪同其他犯罪一样具有攫取犯罪资源与把握犯罪机会的能力，迅速与网络空间结合而呈现新特点。"面对网络犯罪的汹涌浪潮，刑事法律体系的应对归结于两种选择——立法更新或者司法努力。"[②] 破解网络下开设赌场罪认定困境应当从修正双层社会下的制度缺陷、对"情节严重"进行合理延伸解释以及确保线上线下"赌资"标准统一等方面着力突破。

（一）范围界定：网络"赌场"的扩张解释

随着互联网的发展，不法分子以各种手段逃避法律责任，有些网络赌博平台以获得境外线上合法运营执照的形式改头换面逃避境内刑法制裁，[③] 有的不法分子利用社交平台、体彩平台、游戏平台等合法商业平台聚众赌博，抽取利润，"赌场"范围从形式到实质都发生了变化，而《网络赌博意见》仍以"赌博网站"为认定"开设赌场"的前提，暴露出周延性不足的问题。类似问题出现在新型的具有赌博性质的娱乐事项中，譬如"德州扑克"是竞技性赛事还是属于赌博范畴，这就需要明确赌博的概念、确定认定标准与方法，以弥补现行法律规定的不足。[④] 从逻辑层次上看，法律制度中"漏洞"与"错误"总括在

---

① 〔美〕理查德·斯皮内洛：《铁笼，还是乌托邦——网络空间的道德与法律》，李伦译，北京大学出版社，2007，第 8 页。

② 于志刚：《虚拟空间中的刑法理论·代前言》，社会科学文献出版社，2018，第 2 页。

③ 佚名：《这些手机竟是赌博平台，有的每天赌资 5000 万元》，http://news.cyol.com/content/2018-10/29/content_17729945.htm，最后访问日期：2019 年 1 月 14 日。

④ 参见王长斌《德州扑克是赌博吗？——一个比较法律与公共政策的考察》，《比较法研究》2016 年第 5 期。

"缺陷"概念之下，"漏洞"的缺陷通过"法律补充"来排除。在此，法官将起着"超越制定法""补充法律根据"的作用。相反，我们称为"错误"的缺陷，将通过"法律修正"来消弭，法官在此起着"违背法律""矫正法律根据"的作用。[①] 但我国作为成文法国家，法官不可能违背法律或者超越制定法，修正制度缺陷只能依靠制度更新。

自 2010 年《网络赌博意见》颁布至今，网络技术发展又迈上新台阶，网络在犯罪中的地位由媒介变为空间，司法解释更新尤为必要。"赌"的本质符合开设赌场的合目的性和合理性范畴。我们不应仅仅将其理解为具体的场所，更不能把赌场狭隘地理解为具体的地点，微信群虽然是一个网络空间，但其完全能够实现线下赌场可以实现的赌博活动。无疑，网络空间包含赌场也是其应有之义。因此，将我国刑法中"公共场所""商场""机场""赌场""战场"等概念中的"场"在网络时代做适度的扩张解释并没有超出国民预测的可能性。

第一，将"赌博网站"改为"在网络中开设具有赌场性质的特殊场域"。实务中依据《网络赌博意见》对于赌博网站的认定主要有两种分类：第一种是纯粹为赌博活动而建立的网站；第二种是部分网页从事赌博违法犯罪活动而建立的网站。[②] 第二种分类方式具有一定前瞻性，但忽略了"网站"本身含义的局限性。进入网络空间化时代，APP 软件开发技术逐渐成熟，犯罪也进入网络空间，赌博网站应当具有纯粹的赌博功能或至少包含赌博功能，但社交平台或者游戏平台并不具备该功能，不能直接认定为赌博网站，需要出台新的司法解释扩大适用范围，将"赌博网站"改为"在网络中开设具有赌场性质的特殊场域"，不仅要包含赌博网站与 APP，还应具有包容性以应对网络空间发展。

---

① 〔德〕卡尔·恩吉施：《法律思维导论》，郑永流译，法律出版社，2014，第 167 页。

② 参见高贵君、张明、吴光侠、邓克珠《〈关于办理网络赌博犯罪案件适用法律若干问题的意见〉的理解与适用》，《人民司法》2010 年第 21 期。

第二，增设关于境外赌场发展至境内或在境外取得合法证件在境内开设赌场的相关规定。当下，"互联网的泛在性、融合化与跨边界特点使传统的法律效力理论与管辖制度受到挑战，行为人、行为地、结果发生地、管辖地等发生分离，地域效力难以确定"。① 部分境外赌场利用虚拟空间突破了传统物理距离的优势在境内聚赌行为亦应受到刑法规制，而《网络赌博意见》仅在证据收集部分提到了"境外"，并且未涉及境外赌场发展至境内的认定问题。境外开设赌场在我国境内实施犯罪行为可分为三类。第一类是境内人员以营利为目的，承包或参赌境外其他赌场，组织、招揽境内人员前往其承包或者参与的赌场赌博的行为。第二类是国外开设的赌场在境内招募代理的方式。对于这种方式可以《网络赌博意见》对开设赌场行为进行认定。第三类是在境外开设管理网络赌博公司，利用国外网络平台开设赌场吸纳境内人员参赌。司法实践中对第一类行为常以开设赌场罪追究刑事责任，基本理由在于开设赌场行为是复合行为，应包含在境内实施组织、招揽参赌人员等行为，但单纯组织、招揽行为并非开设赌场罪的实行行为，也不符合开设赌场罪的构成要件。② 而第三类通过在境外开设管理赌博公司，在境内开设赌场吸纳赌博人员的行为，本质上是通过在境外改头换面后在境内实施开设赌场行为，应当在司法解释中加以明确。

（二）标准回归：保持线上线下"赌资"认定标准统一

《网络赌博意见》规定："赌资数额可以按照在网络上投注或者赢取的点数乘以每一点实际代表的金额认定"。司法实践也主要以这种方式认定"赌资"与"获利"。但这种认定并不科学，并且与境内相应研究机构的计算方法相差巨大，例如在境内有研究机构指出我国境内每年因赌博问题流出资金高达6000亿元，也有研究机构表明我国境内每年仅在网络赌球一项上流到境外的赌资

① 周汉华：《习近平互联网法治思想研究》，《中国法学》2017年第3期。
② 参见张明楷《刑法学》（第5版），法律出版社，2015，第1080页。

便超过 10000 亿元，而境外研究机构预估在 2015 年全球网络赌博产业规模才 1800 亿美元。[①] 在线下赌场中，赌资认定以司法人员当场缴获的资金数额为准，而在网络空间中只能根据数据痕迹进行统计，这种通过未经处理的数据计算赌资与线下赌场赌资认定关键区别在于：重复计算了赌场内的资金流转。开设赌场人员如果不参与赌博，赌资应为参赌人员全部的投入，若开设赌场人员参与赌博，则赌资为参与赌博人员投入的全部资金加赌场最初的预备资金。[②]

无论在网络空间开设赌场，还是在传统物理空间开设赌场，最终法律定性都为开设赌场罪，只是犯罪空间不同，对于"赌资"的认定应当寻求线上线下统一的计算方法。正如博登海默所提出的："法律规则把人、物和事件归于一定的类别，并按照某种共同的标准对它们进行调整。"[③] 回归线下赌场的赌资计算方式是为了寻求刑法的可预测性与稳定性。如何保持线上线下计算方式一致，关键问题在于参与赌博人员投入资金的计算方法，有学者提出对于赌资的认定应依照概括化方式进行计算[④]，赌资概括化方式计算制度的依据在于《网络赌博意见》规定："对于开设赌场犯罪中用于接收、流转赌资的银行账户内的资金，犯罪嫌疑人、被告人不能说明合法来源的，可以认定为赌资。"这种概括化方式有利于降低司法成本，提高司法效率，但以虚拟点数乘以实际代表金额会使赌资金额变大，例如，甲、乙两名人员各拿 10000 元在网络中购买虚拟点数赌博，每次赢的钱都重新购买新的虚拟点数，最终虚拟点数一定超过 20000 元所购买的虚拟点数，并且随着赌场人数增多与赌场开设时间延长，这种虚拟点数乘以实际金额的计算方式缺陷会越来越明显。

---

① 参见于志刚《虚拟空间中的刑法理论》，社会科学文献出版社，2018，第 282 页。

② 参见于志刚《网络开设赌场犯罪的规律分析与制裁思路——基于 100 个随机案例的分析和思索》，《法学》2015 年第 3 期。

③ 〔美〕博登海默：《法理学——法律哲学与法律方法》，邓正来译，中国政法大学出版社，1999，第 309 页。

④ 参见张平寿《刑事司法中的犯罪数额概括化认定研究》，《政治与法律》2018 年第 9 期。

以线下赌资计算方法认定网络中的赌资必须解决两个问题。第一，确保整体计算赌资，不能重复计算。参赌人员投入赌场的资金在认定为赌资前，必须排除参赌人员在赌场内赢取资金又重复投进去的那一部分。第二，不能将并非用于赌博的资金认定为赌资。在会员登记制的赌博网站中赌博，有专门的账号进行赌资计算，可以直接统计，但现在的商业平台很多具有存储功能，若在支付宝好友平台开设赌场，支付宝内的余额能否全部认定为赌资问题需要考量。对于这类问题可以适用概括化计算方法，即不能证明合法来源的，可以认定为赌资。另外，对赌资计算是以当场缴获金额作为赌资，还是需要累计叠加开设赌场期间的赌资，司法实务中做法不一，一般若能找到账本或者赌场股东供述一致便可以累计计算赌资，若无法掌握类似账本的其他证据材料，便只以当场缴获的资金作为赌资。

（三）合理延伸：以主观的客观解释方法认定"情节严重"

从性质上划分，"情节严重"属于规范的构成要件要素，需要立法者进一步明确其价值内涵。然而，我国刑法未对开设赌场罪的"情节严重"的内涵做出明确规定，直至 2010 年最高人民法院、最高人民检察院和公安部出台的《网络赌博意见》对"情节严重"作了系统性规定。该司法解释的具体规定，可以综合归纳为从涉赌资金、涉赌人数、违法所得数额、主体身份、组织结构层级等方面进行事实认定与法律认定，这是我国司法解释惯常采用的"混合认定模式"。由此，"情节严重"似乎成了一个杂糅不同性质要素的"乾坤袋"。"情节严重""混合认定模式"通常会产生诸如犯罪评价次序错位、缺乏内在的逻辑层次性、预防性刑法的过度扩张、司法实践认定的"避难就易"的问题。[①]因而，从犯罪论体系上定位"情节严重"的地位，并在此基础上采用适当、合理的解释方法，或许能获得较为妥当的适用语境与路径。我国传统刑法理论

---

① 参见石聚航《侵犯公民个人信息罪"情节严重"的法理重述》，《法学研究》2018 年第 2 期。

将"情节严重"纳入犯罪的客观方面，但实际上"情节严重"的评价对象包括主观与客观要素。从三阶层的犯罪论体系上看，"情节严重"应当属于"违法构成要件要素"，是包含主观违法要素（目的、内心倾向、故意等）的"违法构成要件要素"。那么，对"情节严重"的解释必须坚持"客观解释"的立场，以"主观解释"框定解释的范域，以限定"客观解释"的超限使用而出现过度犯罪化的倾向，这就是"主观的客观解释论"。

网络空间的延伸与发展对传统刑法理论提出了新的挑战，一系列的刑法概念都需要结合网络时代特点进行重新解释。于是，刑法对网络犯罪的多数规定基本突破了传统的立法模式，凸显了"打早打小"的预防性理念的立法意图。[①] 这类立法意图逐渐渗透到刑法解释领域，呈现为在所有刑法解释方法中，刑法客观解释轻易获得了优位权，但法律形式主义与概念主义固有的缺陷容易导致网络空间中"客观解释等同于扩大解释及入罪解释"。[②] 易言之，刑法的客观解释方法基本全面侵占网络领域的解释空间，且主要使用扩张解释技巧，致使入罪化成为刑法客观解释的演进方向，整个网络领域呈现犯罪扩大化的趋势。为了防止法律公权力对技术性网络空间自由的过度伤害，保障网络技术与人的全面自由发展，对网络空间中开设赌场罪"情节严重"的认定既要通过刑法解释的形式进行合理扩张，同时还应当维护刑法谦抑原则，而"主观的客观解释论"的解释方法与解释立场正好能满足这一需要。

以主观的客观解释方法认定网络空间开设赌场罪"情节严重"是指允许对传统概念中《网络赌博意见》规定的"情节严重"进行客观解释，但不得超出刑法条文之语言原意。《网络赌博意见》关于"情节严重"主要涵盖赌资数

---

① 参见高艳东《网络犯罪定量证明标准的优化路径：从印证论到综合认定》，《中国刑事法杂志》2019 年第 1 期。

② 刘艳红：《网络时代刑法客观解释新塑造："主观的客观解释论"》，《法律科学》2017 年第 3 期。

额、代理、未成年人参与以及参赌人数四个方面。2006 年确定的赌场罪构成要件以及 2010 年颁布的《网络赌博意见》规定,"赌资"的概念射程应当是通过货币购买的虚拟点数或者直接在银行卡上的货币,若以 QQ 币、游戏装备或者其他具有经济价值的虚拟财物作为筹码进行聚赌能否认定为开设赌场罪?"赌资"所涵盖的财物范围并不局限于货币,也包含了在网络空间中通过货币兑换的虚拟点数。从立法意图来看,以营利为目的,吸引他人以具有经济价值的物品作为筹码进行赌博的行为属于开设赌场罪的规制范围,即"赌资"本质上要具有经济价值,因此,将虚拟财物认定为"赌资"属于合理扩张,符合主观的客观解释方法。但超出立法原意的解释便不属于主观的客观解释,比如未成年人谎报年龄,开设赌场人员在不知情的情况下招揽其进入赌场参与赌博,这类行为是否属于"情节严重"?从立法意图来看,要严厉打击开设赌场行为,而开设赌场人员招揽未成年人参与网络赌博行为性质更恶劣,造成的社会危害性也更严重。将"招揽未成年人参与网络赌博"作为"情节严重"之一,要打击的是开设赌场人员招揽未成年人参与网络赌博的行为。因此,并非在网络赌场中发现未成年人就直接适用"情节严重",开设赌场人员对未成年人参赌不知情的,便不属于"情节严重"范畴。这就意味着,"主体身份"之一客观要素不能成为行为人违法性判断的唯一标准,"知情"或"明知"等主观违法要素也是违法性评价的对象,应从整体上判断开设赌场人员是否符合"违法性"之一犯罪构成要件,最终判定是否存在"情节严重"的情形。又如,网络赌场参赌人数统计已超过 120 人,但存在大量"潜水"人员,即统计人数达到了"情节严重"认定标准,但实质参赌人数未达到标准,能否认定为"情节严重"?根据《网络赌博意见》规定,赌博网站会员参赌人数认定查实多人使用一个账号或者多个账号一个人使用的,应当按照实际使用的人数计算参赌人数。[①] 对

---

① 参见曲新久《刑法学》(第 5 版),中国政法大学出版社,2016,第 509 页。

于未实质参与赌博的账户应当排除在"情节严重"认定的标准之外。

四　结语

"网络犯罪不仅会导致诸多新的威胁，同样导致一个犯罪的新环境以及刑法和刑事诉讼追诉领域的诸多新问题，更重要的是，网络犯罪的特性与传统法律的根本特征是完全对立的，刑法体系应当作出复杂而又全球化的改革方案。"[①] 网络空间化时代犯罪行为发生在线上线下双层空间，开设网络赌场作为依托"场域"实现的典型罪名，在网络空间中出现、发展并且泛滥，其相关要件的认定方式也遇到了前所未有的挑战，《网络赌博意见》重点针对赌博网站进行惩治，而当下网络开设赌场呈现由专门的赌博网站转向合法商业平台的趋势，所带来的变革亦是多样的，对"赌场"的认定司法解释如何发挥惩治与教育的双重机能，对"赌资"认定如何保证不重复计算且不将合法的虚拟财物认定为非法赌资，对"情节严重"认定如何界定有效参与、数额认定以及互联网中身份隐匿所导致的未成年人涉赌，同时，在网络空间超越了国界问题时，如何协调各国制度规定差异性，正确认定开设赌场罪，实现有效打击犯罪等一系列问题。面对网络场域下开设赌场罪的认定困境，需要制度更新与司法努力，保证司法解释的与时俱进，以主观的客观解释方法对刑法解释进行限缩，在赌资认定技术上回归传统物理空间的认定模式，保证线上线下标准统一，维护刑法的可预测性与稳定性，确保"网络空间并非法外之地"，实现依法治网、依法办网、依法上网，让互联网在法治轨道上运行。

---

① 〔德〕乌尔里希·齐白：《全球风险社会与信息社会中的刑法：二十一世纪刑法模式的转换》，周遵友、江溯等译，中国法制出版社，2012，第13页。

姓名登记条例学者建议稿及理由

刘练军 *

摘　要　姓名登记条例立法不但直接关系到公民个人公法姓名权之享有，而且与公安机关的姓名登记之行政管理工作息息相关，立法者不能不谨慎为之。现行户口登记条例相关规定相当简陋，给姓名登记实务造成了立法匮乏之困境。本建议稿就姓名登记条例基本原则、姓名设定、姓名变更、登记程序、法律责任及附则等事项，提出了系统化的立法建议，并针对每个立法建议条款阐明了详尽的立法理由。本建议稿分析了现行《户口登记条例》及2007年公安部《姓名登记条例》草案规定之优缺点，积极借鉴了过去的立法经验。与此同时，本建议稿还系统总结了近年来诸多姓名登记案例的争议焦点，对此提出了立法规制方案。

关键词　姓名登记条例　建议稿　立法理由

目　录

---

* 刘练军，东南大学法学院教授，江苏高校区域法治发展协同创新中心研究人员，研究方向为宪法学、监察法学。

第一章　总则

第一条　【立法目的】为了规范公安机关和公民的姓名登记行为，保障公民姓名权益，完善人口管理工作，根据宪法和有关法律，制定本条例。

立法理由：姓名登记，既是各地公安机关日常的工作内容之一，也是公民申报或变更姓名之行为。姓名登记条例不仅仅规范公民姓名登记行为，它同时亦必须规范公安机关的姓名登记行为。对于姓名登记条例来说，规范后者才是它最主要的目的——公安机关严格依据本条例实施姓名登记之行政行为就是依法行政。公民姓名登记行为有效还是无效，取决于公安户籍登记机关的认定。唯有公安机关姓名登记之行政行为严格依法依规，公民的姓名登记行为才能得到切实的保障。正是从这个意义上说，公安部的《姓名登记条例（初稿）》（以下简称"公安部初稿"）第一条"为了规范公民姓名登记行为"之规定，是不完整的，在规范对象上，它遗漏了更为重要的公安机关本身。

姓名登记条例主要是保障公民出生之后的初始姓名登记及之后的姓名变更登记能够顺利完成，因而它所维护的是公民姓名登记方面的权益，可简称姓名权益。公安部初稿第一条规定"保障公民合法权益"，此等规范面太宽泛，宜限缩为"保障公民姓名权益"。因为公民合法权益内涵太广，不是一部姓名登记条例立法所能全覆盖的。

公民姓名登记不仅仅是公民个人的"私事"，亦是与国家的人口管理工作息息相关的"公事"。公民个人的姓名不只是他自己在用，更有国家机构、社会组织及不胜枚举的他者在用。为了自己之外的他人能较为容易地使用自己的姓名，亦为了方便国家的人口管理工作，公民个人初始姓名的择取及之后的姓名变更，都不是不受任何限制的绝对自由。但公安部初稿第一条"加强社会管理"之规定，则有内涵过于模糊之嫌。姓名登记条例涉及的只是社会管理中非常小的人口管理工作中的一个方面，因而，将之改为"完善人口管理工作"较为适当。

申报姓名登记是公民行使姓名权的外部表征，是其民事法律上的姓名权的享有基础与前提。姓名权乃是人格权不可分割的有机组成部分。我国《宪法》第三十八规定"中华人民共和国公民的人格尊严不受侵犯"，在宪法解释学上，这意味着公民人格权乃是受宪法保障的基本权利。作为人格权组成部分的姓名权，由此具有了宪法根基，因而，姓名登记条例应该强调宪法是其规范效力之重要来源。同时，我国 1958 年颁布的《户口登记条例》等法律亦为其上位法，因而，其规范基础是宪法和有关法律。公安部初稿第一条"根据有关法律规定"的说明同样过于模糊，改为"根据宪法和有关法律"较为妥当。

第二条 【姓名定义】本条例所称姓名，是指经公民本人或者其监护人申请、登记机关依照本条例规定登记之公民正式称谓。

立法理由：本条例所称之姓名，为公民的正式称谓，区别于乳名、昵称、小名等非正式称谓。受国家立法规范并保障的称姓取名行为之客体仅为公民的正式称谓，非正式称谓不在此条例的规范调整范围之内。同时，本条例所称之姓名，仅为公民的正式称谓，不包括法人及其他组织的名称。

申请姓名登记的主体应为"公民本人"或"其监护人"，此为权利主体；在权利内容方面，则是称姓取名这一行为所包含的姓名归属主体的姓名权以及其监护人的亲权。关于未成年人的登记申请代理权限、未成年人与其监护人意见不一致等问题，本条例不予以规定，公安部应根据本条例制定"姓名登记工作细则"，由后者对此等问题予以详细规定。

对于公民的姓名登记申请，登记机关应当及时依法履行办理之法定职责。"登记机关依照本条例规定登记"，意味着登记机关如无视本条例之既有规定，而拒绝相对人的姓名登记申请即违法。登记机关受理姓名登记的具体行政行为，需严格遵循法律即1958年《户口登记条例》和本条例之规定，此乃姓名权对姓名登记防御权功能的基本要求，而姓名登记领域排除登记机关（公安机关）自行作用的法律保留之真谛亦在于此。

第三条 【适用范围】居住在中华人民共和国境内的中国公民应当依照本条例规定，申请姓名登记。

香港同胞、澳门同胞、台湾同胞迁入内地（或中国大陆）定居的，华侨回国定居的，以及外国人、无国籍人被批准加入或者恢复中华人民共和国国籍的，申请姓名登记，除法令另有规定外，适用本条例规定。

立法理由：《户口登记条例》第二条规定，"中华人民共和国公民，都应当依照本条例的规定履行户口登记"，而并未有限定条件"居住在中华人民共和国境内"。考虑到户口登记与姓名登记的区别，本建议稿认为，加上"居住在中华人民共和国境内"这一限定词是必要的。对于不居住在中华人民共和国境内的中国公民，应当允许其在中华人民共和国境外的国家或者地区进行姓名登记，而无须在境内重复姓名登记，这既方便他们开展姓名登记活动，又体现了法律管辖的空间范围。

问题在于，姓名登记条例作了"居住在中华人民共和国境内"的姓名登记条件限定，而其上位法《户口登记条例》对于户口登记并无此限定条件，两者在理解与适用上必定存在矛盾冲突，对此，本建议稿的"附则"规定，优先适用姓名登记条例之规定，毕竟，制定于计划经济时代的《户口登记条例》很多内容都过时了，如有抵触，旧法应该让位于新法。

"居住"一词并非严格的法律概念，是一种生活状态，不同于"经常居所""住所"等拥有特定构成要件的民事法律概念，"居住"所指代的内涵外延更加广泛。原则上说，只要是"居住"在中华人民共和国境内的中国公民，均应当向当地户口登记机关申请姓名登记。

关于第二款"定居"一词的理解，国务院侨务办公室曾发布了《关于对华侨定义中"定居"的解释》，在华侨概念下确定了"定居"的构成标准，可供参考。对于本款中的"定居"，应当联系我国《民事诉讼法》司法解释涉及"定居"之条文，以及其他有关涉外文件中的相关法条进行综合理解与判断。

公安部初稿第三条没有"除法令另有规定外"之规定，应该补上。一方面，是为了与其上位法《户口登记条例》中"居留在中华人民共和国境内的外国人和无国籍的人的户口登记，除法令另有规定外，适用本条例"之规定相一致；另一方面，也是尊重其他特别法既有之规定的需要。

第四条　【唯一姓名】公民只能登记一个姓名，依照本条例变更姓名的除外。

立法理由：每个公民拥有较为固定且唯一的正式称谓——姓名，这既是公民社会交往的需要，亦系国家人口管理工作的需要。公民在不同的情景之下可以拥有不同的多个称谓，如在写作时用"笔名"，在家庭中用"乳名"，等等，但正式的、对外具有法律效力的姓名，则只能有一个。因为公民有变更姓名的权利，因而，姓名的唯一性也是有时间限制的，即在某个时段内只能登记一个姓名，而非终生只能登记一个姓名。职是之故，"依照本条例变更姓名的除外"之规定不可或缺，亦与本条例关于姓名变更之规定相呼应。

第五条　【用字范围】姓名登记以规范化的汉字为之。姓名登记用字范围以《现代汉语词典》所收录的汉字为限。

立法理由：对于姓名用字范围不应严格限定为常用简化字，因为那些繁体字和异体字往往比简体字更能承载拥有千年传统的中国姓名文化。我国台湾地区"姓名条例"第二条规定，"户籍登记之姓名，应使用'教育部'编订之国语辞典或辞源、辞海、康熙等通用字典中所列有之文字"。借鉴此等立法例，姓名用字范围应放宽至《现代汉语词典》（中国社会科学院语言研究所词典编辑室编，商务印书馆出版）所收录的汉字。在众多汉语词典中，这个版本的权威性世所公认，它所收录的汉字即便是冷僻字、繁体字，也应该承认其具有作为姓名用字之法定地位。

公安部初稿第五条"姓名用字国家标准由国务院语言文字工作部门（或国务院标准化行政主管部门）制定"之规定，事实上将姓名用字的范围交由另一个国家机构去决定，此诚法律规定本身缺乏应有之明确性的表现。同时，将决定姓名用字范围的权力赋予国务院语言文字工作部门或者国务院标准化行政主管部门，有可能会使公民选取姓名的权利"服从"于行政机关基于方便行政管理的公权力，导致公民姓名用字范围遭到不当之限缩，影响公民公法姓名权实质上的享有程度。因而，姓名登记条例对姓名用字范围应当予以明文规定，把《现代汉语词典》所收录的汉字作为姓名用字范围较为合理，其立法明确性更是毋庸置疑。

第六条 【少数民族姓名】少数民族可以使用本民族文字或者选用一种当地通用的文字登记姓名，同时将其民族文字姓名或者通用文字姓名之汉语音译姓名予以并列登记。少数民族可以不使用民族文字或者通用文字登记姓名而仅登记汉字姓名。

立法理由：本条是关于少数民族公民登记姓名的特别规定。少数民族有与汉族不同的语言文字体系及不同的表意习惯。为了充分尊重少数民族语言文字习惯，本建议稿规定，"少数民族可以使用本民族文字或者选用一种当地通用的文字登记姓名"。但由于少数民族在总人口中占比过低，根据百度"中国人口"数据，当今少数民族人口仅占我国总人口的 8.49%。[①] 这就决定了少数民族的社会交往对象可能更多的是本民族之外的其他民族，尤其是汉族。同时，

---

① 数据来源：百度百科，https://baike.baidu.com/item/ 中国人口 /4417422?fr=aladdin，访问日期：2019 年 11 月 25 日。

汉语乃是我国经济文化交流与国家管理中唯一的通用语言，因而，少数民族在登记一个本民族语言的姓名的同时还应登记一个汉字姓名，实乃其个人生存与发展的需要，亦为国家人口管理工作所必需。

由于有本民族语言文字的少数民族其实不多，且绝大多数少数民族都将汉语作为其日常生活的主要语言，因而，本建议稿规定，"少数民族可以不使用本民族文字登记姓名而仅登记汉字姓名"。公安部初稿第六条规定，"也可以使用汉字登记姓名，但汉字姓名应当为少数民族文字姓名的译写（译写标准由国务院语言文字工作部门或国务院标准化行政主管部门制定）"，此等规定涉嫌对少数民族公民姓名登记权利的不当限制，尤其是没有顾及有些少数民族公民可能仅仅愿意登记汉字姓名而不乐意登记本民族语言姓名之特定情形。

第七条　【基本原则】公民择取姓名不得违背公序良俗。

立法理由：在法学上，公民姓名之择取属于个人的主观公权利，对其限制只能依照法律才能进行。我国《户口登记条例》对于公民姓名如何择取未作任何规定，也就是说，我国立法对于公民姓名之择取未予以明文限制。那是不是公民如何择取其姓名真的可以不受任何限制呢？当然不是。公民姓名如何择取尽管是个人的自由，但它终究不是像良心自由那样的绝对自由，其姓名之择取要"遵守公共秩序，尊重社会公德"（参见我国《宪法》第五十三条），简言之，要遵循公序良俗，任何违反公序良俗之姓名，登记机关都不得予以登记。

不能不指出的是，公序良俗乃是典型的不确定法律概念。各地姓名登记机关在理解和适用它时，要持中立与包容之价值立场。毕竟，随着社会经济文化的高度发达，我国业已进入了思想多元和文化多样的现代社会，对公序良俗的认定要坚持与时俱进，不能继续用二十世纪甚至中国古代的陈旧乃至腐朽的思想观念和道德标准来评断二十一世纪的公共秩序和善良风俗。那样的话，极有可能以公序良俗的名义对公民公法上的姓名权构成明显不当之限制。

第八条　【姓名使用】公民依照规定需要使用姓名时，一律使用依本条例登记之姓名，使用登记姓名之外的其他姓名时，相关国家机构及社会组织应当不予认可。

立法理由：公民姓名之所以要实施登记制，主要是为了维护登记姓名本身所产生的人格价值和财产利益，同时也是保障公民个人姓名具有公信力的内在需要。人在不同的环境中可能有不同的称谓，而登记姓名可能只是其中的一种称谓而已。为了便于人口和社会经济管理，同时强化登记姓名本身的权威性，本条例特规定登记姓名具有优先使用地位，要求在依照规定需要使用姓名时，必须使用登记姓名，使用登记姓名之外的其他姓名时，相关国家机构及社会组织应当不予受理。

本条规定借鉴了我国台湾地区的相关立法例。台湾"姓名条例"第三条规定"国民依法令之行为，有使用姓名之必要者，均应使用本名"，第四条规定"学历、资历、执照及其他证件应使用本名；未使用本名者，无效"，第五条规定"财产之取得、设定、丧失、变更、存储或其他登记时，应用本名，其未使用本名者，不予受理"。应该说此等有关登记姓名使用之规定为社会管理所必需，姓名条例应该予以规定。故而，本建议稿参照此等规定而制定本条之规定。公安部初稿及其他建议稿均无类似之规定。

第二章　姓名设定

第九条 【姓名构成】姓名由姓氏和名字两个部分组成。姓氏在前，名字在后。

少数民族可依本民族的文化传统设定姓名，其民族文字姓名之汉语音译姓名可以不区分姓氏与名字，其汉字姓名可以无姓氏与名字之分。

立法理由：姓名之构成应当遵照我国姓名文化传统，由姓氏和名字两个部分组成，且姓氏在前，名字在后。任何人都可以择取个性化的姓名，但姓名的基本构成及其顺序，不得随意变动。否则，可能会对姓名制度之本质特征造成极大的冲击与破坏，而难以为我们中国人所接受。因此，本建议稿对此予以明文规定。

　　关于姓名构成，我国少数民族亦有自己的传统，有的少数民族姓名并不区分姓氏与名字，因而，本条第二款对少数民族姓名作了特别之规定，以维护少数民族姓名本来的民族文化传统，尊重和保障少数民族公民的姓名权利。

　　第十条　【姓氏选择】除父姓、母姓外，公民还可以选择祖父母和外祖父母的姓氏作为自己的姓氏；可以将父母双方姓氏之组合作为自己的姓氏，但由父母姓氏组合而成的姓氏以两字为限。

　　立法理由：公民选择父姓或母姓作为自己的姓氏，此乃天经地义，无须论证。问题在于公民是否可以在父姓、母姓之外选择其他姓氏，以及能否像"'北雁云依'诉济南市公安局历下区分局燕山派出所拒不办理姓名登记案"中的当事人一样，独创"第三姓"。本案原告当事人败诉说明，我们的立法和司法机关至少还不接受独创的第三姓。不过，2014 年《全国人民代表大会常务委员会关于〈中华人民共和国民法通则〉第九十九条第一款、〈中华人民共和国婚姻法〉第二十二条的解释》第二款规定可以"选取其他直系长辈血亲的姓氏"，据此，本建议稿规定，公民可以将祖父母和外祖父母（即爷爷、奶奶、外公和外婆）的姓氏作为其姓氏。

　　鉴于重名现象在我国已然泛滥成灾，而重名现象出现的原因之一是我国的绝大多数姓氏都是单姓。有研究认为，创造更多的复姓有助于化解我国的重名问题（参见谭君久《同姓名现象的症结与改革我国姓名制度的思路》，《武汉大学学报》（社会科学版）2003 年第 6 期）。将父姓母姓组合而创造一个新的姓氏，并将之作为自己的姓氏，乃是最为适当的复姓创造方式，且日常生活中类似由父姓母姓组合而来的姓氏颇为常见。据此，本建议稿采纳此等复姓创造方法。不过，鉴于我国姓名文化中，姓氏一般以两个汉字为限，因而，对于这种复姓创造方法，也要予以限制，即只能是两个汉字的组合，不能再多。

公安部初稿第八条规定，"公民应当随父姓或者母姓。允许采用父母双方姓氏"，总体上此等规定值得肯定，但其条文设计得还是有点简略和粗糙，且第一句之规定涉嫌重复《婚姻法》第二十二条，此等重复立法现象理应避免。

第十一条 【弃婴姓名】被遗弃的婴儿和儿童的姓名，由县级以上民政部门或者儿童福利机构决定，并为之申报姓名登记。

立法理由：公安部初稿第九条规定，"公民姓名由父母或者其他监护人在申报出生登记时决定"。陋见以为，此乃多余之规定。父母或其他监护人当然会给新生儿选取姓名，这个根本不用立法来规定。但对于那些被遗弃的婴儿和儿童的姓名，由谁来定，并为之申报姓名登记，姓名登记条例则不能不予以明确，否则，被遗弃的婴儿和儿童，可能长大了连自己的姓名是什么都不知道。从这个意义上说，公安部初稿第十条"查找不到生父母和其他监护人的弃婴和儿童的姓名，由县级以上民政部门或者儿童福利机构决定"，就很有必要。本建议稿采纳之，并对其作"并为之申报姓名登记"之补充规定。县级以上民政部门或者儿童福利机构，不但要为被遗弃的婴儿或儿童择取姓名，而且还得到当地公安机关为之申报姓名登记，否则，其姓名就没有公信力，不具有法律上的效力。

第十二条 【外国人姓名】被批准入籍的外国人或者无国籍人和被批准恢复中国国籍的人，应当使用其原始姓名的汉语音译姓名申报姓名登记，也可以另外择取一个汉语姓名进行姓名登记。

立法理由：批准入籍的外国人或者无国籍人和被批准恢复中国国籍的人必须进行姓名登记，此点毋庸置疑。这既是他们在中国生存和发展的需要，也是我国人口管理工作有序开展的必然要求。对于其汉语姓名如何决定的问题，本建议稿提供了两种途径：一是其原始姓名的汉语音译；二是另外选取一个汉语姓名。

第十三条 【姓名内容限制】姓名中不得含有下列内容：

（一）损害国家或者民族尊严的；

（二）容易引起社会公众不良反应或者误解的；

（三）对特定人的人格尊严构成侵害的。

立法理由：姓名作为个人社会化和个性化的一项重要标志，它天然地成为个人人格的有机组成部分。致力于保障个人人格自由发展的现代宪法都无一例外地认可并保障每个人享有选取、使用及变更其姓名的权利，姓名权属于宪法上的一项基本权利。一个人的姓氏与名字如何选取，一般不会对国家利益和他人权益产生不利影响，因而基本属于个人自主领域，不受国家机关、社会团体和个人的干涉，公民人格尊严不受侵犯的宪法规定，其目的就在于排除可能的外部干涉。

然而，宪法上的姓名权同样不是一种绝对的主观权利，在称姓取名时既要受到公共秩序的制约，又不得逾越社会公德之篱笆，具有一定的相对性。公法上的姓名权同样有其边界，即公民行使姓名权时也应当顾及国家、民族、社会及他人的合法权益。为此，本建议稿设定了三种必须予以排除的情形，即：损害国家或者民族尊严的；容易引起社会公众不良反应或者误解的；对特定人的人格尊严构成侵害的。姓名中一旦含有此三种情形之内容，公安机关即有权不予办理姓名登记。即便成功登记了，相关的国家机构、社会组织或者个人，亦可以寻求司法救济，以消除此等姓名所带来的侵害。

对于"损害国家或者民族尊严的"和"容易引起社会公众不良反应或者误解的"这两种情形，比较容易理解，在此就不赘述。"对特定人的人格尊严构成侵害的"，这种情形可能很多人一时想不通，而公安部初稿中亦没有此项内容。然而，在现实生活中这种情形是有的，比如张三跟李四是同一个村庄的，或者住在同一个城市小区。由于某种原因，两家关系素来紧张，张三为了羞辱李四，而给自己新生的儿子或孙子选择的名字，跟李四的父亲或者爷爷的名字一模一样，从而在心理上把李四的父亲或者爷爷当作自己的儿子或者孙子。李四面对人格侮辱忍无可忍，而将张三告上法庭。这在现实生活中时有耳闻。姓名的择取不得对特定人的人格尊严构成侵害，指的就是这种情形。姓名登记条例必须对此等侵害情形说"不"。

第十四条 【姓名用字限制】登记姓名不得使用或者含有下列文字、字母、数字、符号：

（一）《现代汉语词典》未收录的汉字；

（二）自造的汉字；

（三）外国文字；

（四）汉语拼音字母；

（五）阿拉伯数字；

（六）各种符号；

（七）其他不宜作为姓名的字符。

少数民族使用本民族文字或者选用一种当地通用的文字登记姓名的，不受此限制。

立法理由：《现代汉语词典》未收录的汉字，如果作为姓名用字，不但会增加姓名登记机关的登记工作成本，对执法各个环节造成困扰，而且不利于社会大众对该公民姓名的辨识与使用。选取姓名时更不应当使用"自造的汉字"，这应该是社会各界的基本共识。不过，也有学者提出，美国的新生儿可以使用生造的英文单词，这在相当程度上解决了重名问题，中国也可以借鉴。但笔者对此持保留态度。英文单词无论如何变化、创造，都由24个字母组成，普通人按照读音基本都可以正确发音，美国姓名登记机关输入这种新创的姓名文字亦不存在任何障碍。但是，中国的汉字就不一样了，它的构造相当复杂，读音和字义也较为多变。任何的自造汉字，都会给社会和他人带来辨识上的困难，同时，也会给登记机关的行政登记造成不便。毕竟，自造的汉字在公安部的姓名登记系统里肯定是没有的。故此,自造汉字应当排除在姓名用字范围之外。

同样地,为了姓名容易被辨识,并注重人口管理的成本与效率,"外国文字""汉语拼音字母""阿拉伯数字""各种符号"等均不宜作为登记姓名所用的文字符号。汉语文字就是指方块字,中国人的姓名就应该用方块字,其他任何字符都不应用于正式登记之姓名,此点毋庸置疑。故而,第七项作为兜底条款,亦是为了彻底将方块字之外的其他所有文字符号排除在姓名登记所用文字之外,任何的列举都难以穷尽,因而,此等兜底条款不可或缺。

本建议稿第六条规定"少数民族可以使用本民族文字或者选用一种当地通用的文字登记姓名",大多数少数民族文字都不是方块字,所以,本条第二款将少数民族排除在第一款的规定之外,否则,第六条所赋予少数民族的姓名权利就被本条第一款给剥夺了。为排除此等剥夺,本条第二款必不可少。

第十五条 【姓名长度】姓名长度以四个汉字为限。

第六条和第十二条中的汉语音译姓名以六个汉字为限,超过六个汉字的,登记机关应当要求申请人予以简化。

立法理由:关于姓名长度,亦即姓名字数之限制问题,公安部初稿的规定是"姓名用字应当在二个汉字以上,六个汉字以下"。本条例将之减缩在四个字以内(含四个字)。现实生活中不要说六个字的姓名,就是五个字的姓名都较为罕见。我国姓名文化的传统一般是两到三个字,四个字所占比例并不高。但由于重名数量太多,为此我们鼓励用父姓母姓组合而创立新的复姓,因而,四个字姓名的比例未来可能会增长,但我们不应因此而将姓名长度扩张至六个字。不过,有很多少数民族姓名的汉语音译超过四个汉字,如果人为地将之限定在四个汉字范围内,那事实上对其公法姓名权构成了不当限制,因而,少数民族汉字姓名不应受四字之限制。但他们的汉语音译姓名也应以六个汉字为限,超过六个汉字的,登记机关应当要求申报人予以简化。毫无疑问,汉语姓名过长同样会给申报人及社会管理带来一定的困扰,选取和使用汉语姓名的价值功能就会因此而大打折扣。是故，六个字的限度对申报人来说可谓利大于弊。

第三章　姓名变更

第十六条　【变更原则】有正当理由，可以申请姓名变更登记。

立法理由：公法上的姓名权内在地包含着姓名变更权。如果父母给自己选取的姓名要使用一辈子，无论如何都不得变更，那事实上就剥夺了公民的姓名权。但正如初始姓名的选取不是不受限制的绝对自由一样，姓名变更也是要受到限制的，绝对不受限制的恣意姓名变更，只会给本人及社会造成不必要的麻烦，给个人交往和社会管理增加负担，因而，变更姓名，需要有正当理由。

然而，何谓正当理由，这个确实难以定义，完全列举亦不可能。总体上，对于"正当理由"在实践操作过程中应作一定程度上的扩大解释。对变更姓名应持宽容立场乃是个性化时代的基本要求。姓名登记机关应当允许基于个人价值观念、情感、偏好等主观化的私性原因变更姓名。如果仅仅因重名、名字中含有冷僻字等才能改名，而不允许基于情感等主观原因申请变更姓名，那几乎等于剥夺了个人变更姓名的权利，此举无疑不利于个人人格自由发展。

关于此条规定，公安部初稿使用的是否定式表达，即"无正当理由，不得变更姓名"。陋见以为，与这种运用否定句式规定禁止情形立法例相比，本建议稿所采用的肯定式表达更能够彰显对公民姓名变更权的确认与保障。对于公民申请姓名变更，作为登记部门的各地公安机关应当尽可能地予以理解和尊重。

第十七条　【变更类型】姓名变更包括姓氏变更、名字变更和姓氏与名字同时变更。

立法理由：本条明文列举姓名变更的三种情形，主要的考量是接下来的两个条款分别规定了姓氏变更和名字变更的情形，而没有规定姓氏与名字同时变更的情形。为避免姓名变更不包括姓氏与名字同时变更的误解，有必要将姓名变更的三种情形予以明文规定。由于姓氏与名字同时变更的要求与姓氏变更和名字变更是一样的，故而没有必要单独对姓氏与名字同时变更的情形予以重复性规定。

第十八条　【姓氏变更】有下列情形之一的，可以申请姓氏变更登记：

（一）父姓变更为母姓，或者母姓变更为父姓，或者变更为父母姓氏组合之姓氏的；

（二）因收养关系，变更为养父姓氏或者养母姓氏或者养父母双方姓氏组合之姓氏的；

（三）因收养关系终止，恢复收养前姓氏的；

（四）因婚姻关系，变更为冠以夫姓或者妻姓的；

（五）因婚姻关系终止，恢复婚前姓氏的；

（六）因夫妻一方死亡或者被宣告死亡，生存配偶恢复婚前姓氏的；

（七）因父母再婚，未成年子女变更为抚养一方的姓氏或者继父姓氏或者继母姓氏或者再婚父母双方姓氏组合之姓氏的；

（八）因入赘，男方变更为女方姓氏的；

（九）因入赘关系终止，男方恢复原姓氏的；

（十）出家人因还俗而恢复原姓氏的；

（十一）其他原因需要变更的。

立法理由：姓氏变更登记大致可分为两种情形，即因父母离婚再婚等出现的未成年人姓氏变更和由其他原因引起的姓氏变更，后者包括在父姓与母姓之间的变更以及变更为由父姓和母姓组合而来的第三姓。与第二种情形相比，第一种情形可谓姓氏变更登记中的主流。对于第一种情形，最高人民法院和公安部在相关批复中均要求获得父母双方的一致同意，各地公安部门在办理变更登记时，又常常对"一致同意"作严格解释，导致未成年人变更姓氏的登记申请常常被拒绝，迫使申请人诉诸法院以寻求救济。不幸的是，以往的案例表明，法院在更多的时候认可公安机关的解释，从而使得当事人姓氏变更的愿望无法实现。毫无疑问，父母离婚之后，未成年子女由谁抚养，那就应该赋予谁申请变更未成年子女姓氏及名字的权利，且这种变更权无须另一方同意。只有这样，才更有利于未成年子女的成长。是故，本建议稿认为，离婚后与未成年子女不生活在一起的一方不应当享有未成年子女姓名变更同意权。

跟公安部初稿等以往各种建议稿不同的是，本条明文规定了可以变更为由父母双方姓氏组合而来的新的姓氏。此等规定主要是为了创立更多新的姓氏，以解决现实生活中大量重名问题。

本条第十一项是个兜底条款。本条前面所列十项变更姓氏之情形，不可能穷尽所有变更姓氏之"正当理由"，故而，以第十一项作为一个兜底之规定。公安部初稿第十七条第十一项是"因其他特殊原因的"，本建议稿未采纳"特殊"二字，主要是担心在姓名变更实践过程中，"特殊"二字的存在将导致各地登记机关对此兜底条款作严格解释，结果导致能够申请姓氏变更的就只有本条款前面所列举的十种情形了。为了更充分地保障公民的姓氏变更权利，立法中的兜底条款用词更为中性柔和些为好。

第十九条 【名字变更】有下列情形之一的，可以申请名字变更登记：

（一）同一学校或者同一单位有重名的；

（二）名字谐音给本人造成困扰的；

（三）与被通缉的犯罪嫌疑人姓名相同的；

（四）与声名狼藉人员姓名相同的；

（五）名字粗俗、怪异的；

（六）名字难认、难写的；

（七）名字容易造成性别混淆或者误解的；

（八）出家人因还俗而变更名字的；

（九）其他原因需要变更的。

立法理由：本条前八项所列举的情形中，除第二项外，其余七项都是较为常见且得到姓名登记机关认可的名字变更情形，故其立法理由在此就不赘述。值得阐述理由的是第二项"名字谐音给本人造成困扰的"这种情形。笔者在研究过程中，发现有太多的姓名变更登记申请是因名字谐音而引起的，但有点不可思议的是，因名字谐音而申请变更的，极少得到姓名登记机关的认可，而他们诉诸法院寻求救济时，无一例外地败诉。在此就随机列举几个案例。

（1）开欣申请改名为开则程，原因是使用该姓名经常遭人嘲笑（开欣与开心同音），影响正常生活。当地公安局以不符合上海户口管理规定为由予以拒绝，上诉法院则被驳回诉讼请求（参见上海市浦东新区人民法院〔2013〕浦行初字第 178 号）。

（2）秦彦因其名字谐音使工作生活受到影响，而申请改名秦艺洋，未被准予，上诉法院，同样败诉（参见上海市徐汇区人民法院〔2010〕徐行初字第72 号）。

（3）高小妹以"小妹"不能作为正式名字，不管年龄大小的人都叫她"小妹"伤害其感情，申请改名高丽华，当地登记机关不予办理名字变更，上诉法院，两审皆败诉（参见上海市第一中级人民法院〔2010〕沪一中行终字第8 号）。

（4）肖政合名字谐音为"小真祸"，导致其精神饱受刺激及家庭关系紧张，而申请变更姓名为廖君默（廖姓为其外婆姓氏），当地姓名登记机关不予认可，上诉法院亦以败诉告终（参见四川省冕宁县人民法院行政判决书〔2017〕川3433 行初 6 号）。

（5）张成龙因其名字陋俗而在"工作中经常被同事、朋友调侃取笑和嘲讽"，故申请改名为张舜，但当地登记机关认为，张成龙的谐音没有违背公序良俗，原告申请名字变更的理由不充分进而拒绝办理，张成龙上诉法院被判败诉（参见安徽省泗县人民法院行政判决书〔2016〕皖 1324 行初 23 号）。

（6）祝姗来因名字谐音"作财来"，有从事不正当工作、意外的财产收入的含义，容易被他人误解、受到他人歧视，给自己的日常生活、工作带来很大的影响，遂申请变更姓名为刘妮娜，当地登记机关不予认可此等变更理由，上诉法院，同样败诉（参见上海市浦东新区人民法院〔2012〕浦行初字第238 号）。

新制定的姓名登记条例该如何面对以上六位申请名字变更的人呢？如果名字的谐音甚至名字本身给本人造成某种困扰，或者不符合其当下的价值观念、情感认知等等，那他们为什么不可以申请变更姓名呢？他们为什么就不能以此为由而择取一个他们更喜欢的名字或姓名呢？名字粗俗、怪异的都可以变更，为什么谐音难听的就不可以呢？笔者认为，名字变更最主要的理由在于姓名本身已经不符合姓名登记者本人的人格自由发展需要。人格自由发展乃是一种内在的价值观念和感情认知问题。对此，包括姓名登记机关在内的他者所抱持最佳的姿态是去充分地尊重，而不是去主观地评判和决断。故而，对于因名字谐音而申请变更姓名的，本建议稿认为应当予以支持，而不是像以往的登记申请实践那样，横加干涉，以致难以办理。

公安部初稿第十八条第二款规定"与社会知名人士姓名相同的"可以申请变更名字，笔者认为公开将此等理由作为变更名字的理由，有某些姓名只能由社会知名人士"独占"之嫌，其他任何人即便早已将此姓名成功登记并使用多年，那也不得继续使用。这无疑违反了最基本的法理和常识。姓名登记立法应当放弃某些姓名只能由社会知名人士独占的背离平等精神的特权观念。

本条第九项之规定，与上一条第十一项理由类似，就不重复展开论述了。

第二十条 【不得变更情形】有下列情形之一的，不准予姓名变更登记：

（一）因违法行为被判处有期徒刑以上刑事处罚，刑满释放未满两年的，但过失犯罪的除外；

（二）正在服刑的；

（三）正在接受刑事案件或者治安案件调查的；

（四）民事案件尚未审结或者尚未执行完结的；

（五）行政案件尚未审结或者行政处罚尚未执行完结的；

（六）个人信用有不良记录的；

（七）担任法定代表人（董事长、总经理、经理等）时，故意行为造成单位信用有不良记录的；

（八）县级以上公安机关认定有其他不得变更的情形的。

立法理由：有准予姓名变更的理由，自然就有不得准予变更的理由，不存在不得变更的情形，那可以变更的理由就没有存在的意义。本条之规定主要参考借鉴了公安部初稿第十九条之规定，但有几个地方作了较大限定，需要稍作阐述。

在以往的姓名登记实践中，过去受过刑事处罚的申请姓名变更一律都被登记机关否决。他们到法院寻求救济，但结果绝大多数的承审法官都不支持他们的姓名变更诉求，而肯定登记机关不准予变更的行政行为。笔者曾收集到四个相关案件，只有一个刑满释放人员的姓名变更得到了二审法官的认可（参见四川省遂宁市中级人民法院行政判决书〔2014〕遂中行终字第 21 号），其余三人皆被判败诉（参见四川省凉山彝族自治州中级人民法院行政判决书〔2018〕川 34 行终 45 号；参见河南省许昌市中级人民法院行政判决书〔2011〕许行终字第 23 号；参见辽宁省沈阳市中级人民法院行政判决书〔2018〕辽 01 行终 1934 号）。刑满释放人员一律不准变更姓名，绝对是非理性的，其侵犯到刑满释放人员公法上的姓名权自无可疑。出于对刑释人员的管理需要，刑释人员姓名变更权要受到一定程度的限制，不得立即申请姓名变更，但也不至于从此之后终生不得变更姓名。设置两年的过渡期限较为合理，刑满释放两年之后，其如果申请姓名变更就理应准予。同时，还应注意到不是所有的违法行为都"罪有应得"，现实生活中过失犯罪者所在多有。将过失犯罪者与故意犯罪者相提并论、"平等"对待，显失公平。两年的姓名变更禁止过渡期仅仅适用于故意犯罪者比较合适，过失犯罪者哪怕刑满释放当天申请姓名变更，登记机关也应当准予。

本条第二、三、四、五、六、七项所规定的不准予姓名变更情形，不难理解，就不展开分析了。值得解释一下的是作为兜底条款的第八项。众所周知，兜底条款一般都有它的局限性，那就是在解释和适用时自由裁量空间难以控制。而我国的姓名登记机关又主要是各个地方的公安派出所，如果此等禁止姓名变更的兜底条款任由各地派出所解释与适用，那必定会出现一县之内适用尺度都不统一之情形，更遑论一省之内和一国之内了。要使兜底条款的解释与适用全国统一，可能难以做到，但一县之内都不统一之情形，应当严厉杜绝。故而，本建议稿将兜底条款的解释与适用限定为县级以上公安机关，以保证一县之内可以做到对限制姓名变更之兜底条款统一适用。因为此等兜底条款乃是对公民姓名变更权的限制，它理应不被滥用，从而殃及公民姓名权的享有。准此，对于不宜变更的其他情形的认定，规定由县级以上公安机关作出较为合理。

第二十一条 【变更次数】不满十八周岁的未成年人的姓名变更以一次为限，已满十八周岁的成年人的姓名变更以两次为限。

立法理由：姓名变更次数的多与少直接攸关公法上的姓名权的享有程度。如果终生只能享有一次变更的机会，那姓名权的享有程度自然是比较低的。但姓名变更的次数也不能不受任何限制，不得无数次地恣意变更。因而，姓名变更的次数问题，姓名登记条例不能不予以明文规定。我国《户口登记条例》和《公安部三局关于执行户口登记条例的初步意见》均未规定姓名变更的次数，公安部初稿第二十条规定名字变更以一次为限。没有规定当然违反了立法明确性原则，而规定变更名字的机会只有一次，则又明显限制过度。同时，公安部初稿的此等规定还忽略了姓氏变更的次数限制问题。不管是变更姓氏还是变更名字还是姓氏与名字同时变更，都属于姓名变更，在计算姓名变更的次数时，无须考察具体是这三种情形中的哪一种变更。因为任何一种变更都属于姓名变更。所以，公安部初稿第二十条有关名字变更次数之规定不宜采纳。

关于姓名变更的次数，本建议稿认为，未成年人以一次为限、成年人以两次为限较为合理。未成年人改名更多的可能是来自其父母或其他监护人的意思，因而，对其限制可以更严厉些，控制在一次以内比较合适。但成年人的姓名变更可能更多的是源于个人人格自由发展的需要，因而为了充分满足其人格自由发展之需要，应将姓名变更的次数放宽至两次为宜。这样，人一生中就有三次变更姓名的机会，应该不少了。需要说明的是，2015 年 5 月，我国台湾地区"立法机构"修订其"姓名条例"时，将姓名变更的次数由原来的两次增加至三次。但台湾"姓名条例"并未区分成年与未成年。本建议稿以为应当对此予以区分，这样可以避免未成年人父母或其监护人非理性地多次为之变更姓名，结果导致其成年之后反而因变更姓名的次数用光而根本没有变更姓名的机会。

第四章　登记程序

第二十二条　【登记申请】公民应当向常住户口所在地的姓名登记机关申请姓名登记。

未满十八周岁的公民，由父母或者其他监护人代理申请姓名登记。

立法理由：姓名登记程序由公民本人或者其监护人申请而启动，无公民本人或者其监护人的申请，姓名登记机关不可能自行启动姓名登记程序。对于姓名登记，登记机关更多的是处于被动地位，而不可能主动地强制公民进行姓名登记。与之相对应的是，公民本人应该处于一种主动地位，即主动向当地公安机关申请姓名登记。本条第一款对公民的主动地位予以明确，第二款则强调了未成年人父母或其他监护人代为申请姓名登记之责任。

第二十三条 【出生登记材料】申报出生姓名登记时，应当出具下列证件和证明材料：

（一）本人的《出生医学证明》；

（二）父母或者其他监护人的居民户口簿和居民身份证；

（三）登记机关规定的其他证明材料。

被遗弃的婴儿和儿童，由县级以上民政部门或者儿童福利机构提交有关证明材料。

立法理由：本建议稿此条之规定主要参照了公安部初稿第二十三条的规定。本条对申报出生姓名登记时须提交的文书资料予以了明确规定。本条第一款第（一）（二）两项容易理解，就不展开阐述。需要稍作分析的是第一款第（三）项和第二款。"登记机关规定的其他证明材料"，这里的"其他证明材料"到底是指什么呢？众所周知，我国正处于城市化快速发展过程之中，大量的农民工涌入城市，不少农民工为了便利而向当地城镇派出所为子女申报出生姓名登记。但由于其父母可能没有取得当地城镇户籍，在其在为其子女申报出生姓名登记时，当地城镇派出所会设置一些门槛条件。应该说，当地城镇派出所有条件而非无条件地为农民工子女办理出生姓名登记是合情合理的。但具体的条件如何设置，各地都有不同的政策，且不同时期其政策会发生或松或紧的波动，因而难以一概而论。本条第二款中的"有关证明材料"同样存在这种不可一概而论之情形。这些都有待于公安部依据本条例制定具体的实施细则予以规范。

第二十四条 【外国人登记材料】被批准入籍的外国人或者无国籍人和被批准恢复中国国籍的人，申请姓名登记时，应当出具下列证件和证明材料：

（一）公安部门核发的入籍批准书等证明文件；

（二）公安部门核发的定居证明书；

（三）登记机关规定的其他证明材料。

立法理由：本建议稿此条之规定主要参照了公安部初稿第二十四条的规定。外国人、无国籍人和丧失中国国籍的人原本无须在中国办理姓名登记，但他们一旦加入中国国籍，那就应该有属于自己的汉语姓名，否则，会对他们自身的社会交往造成极大的不便，亦会给国家人口管理工作造成不必要的障碍。本条规定了被批准入籍的外国人或者无国籍人和被批准恢复中国国籍的人申请办理姓名登记时应当出具的证件和证明材料。其中第三项所规定的"其他证明材料"具体是指什么，未来公安部制定的"姓名登记条例实施细则"应当予以详细说明。

第二十五条 【成年人变更登记材料】已满十八周岁的公民和以自己的劳动收入为主要生活来源的十六周岁以上、不满十八周岁的公民申请姓名变更登记，应当出具下列证件和证明材料：

（一）本人的居民户口簿、居民身份证；

（二）本人签字的"姓名变更登记申请表"；

（三）登记机关规定的其他证明材料。

立法理由：已满十八周岁的成年人应当自己前往姓名登记机关办理姓名变更手续，以自己的劳动收入为主要生活来源的年满十六周岁的人，可以视同成年人，在法律上算具有完全民事行为能力的人，因而可以自己申请办理姓名变更登记。对于本条第一、二项所规定的证明材料，容易理解，无须多说。第三项所规定的"其他证明材料"具体是指什么，公安部将来制定"姓名登记条例实施细则"时应当予以详细说明。

第二十六条 【未成年人变更登记材料】未满十八周岁的公民申请姓名变更登记，应当由父母或者其他监护人代为办理，并应出具下列证件和证明材料：

（一）本人的居民户口簿、居民身份证；

（二）父母或者其他监护人的居民身份证件；

（三）父母或者其他监护人代为签字的"姓名变更登记申请表"；

（四）父母或者其他监护人协商同意变更子女姓名的书面声明；

（五）变更已满十六周岁的未成年子女姓名的，应当征得其本人同意，提供书面同意声明；

（六）变更十周岁以上的未成年子女姓名的，应当征求其本人意见，提供书面知情声明；

（七）登记机关规定的其他证明材料。

立法理由：未成年人（以自己的劳动收入为主要生活来源的已满十六周岁、不满十八周岁的公民除外）申请办理姓名变更登记，应当由父母或者其他监护人代为办理，此点毋庸置疑。本条规定了申请未成年人姓名变更须提交的证件和证明材料。第（一）（二）（三）项比较容易理解，在此仅对后面几项稍作解释。变更未成年子女的姓名可能更多的是父母或其他监护人的主意，一般会对家庭关系的稳定与和谐造成一定程度上的影响。因而，本建议稿此条要求变更未成年子女的姓名需要父母或其他监护人经协商一致同意，否则，不予办理变更登记。而为了充分尊重未成年子女在其姓名变更问题上的想法及意见，使之有机会参与本人姓名变更这一涉及其本人重大利益之事务，本条第（五）（六）两项特要求征得未成年子女的同意或征求其本人意见，以免未成年子女单纯被作为姓名变更之客体对待。至于第七项所规定的"其他证明材料"具体是指什么，公安部在制定"姓名登记条例实施细则"时应当充分调研，将其具体内容予以详细说明。

第二十七条 【父母离婚的未成年子女变更登记条件】父母离婚后申请变更未成年子女姓名的，除提交第二十六条第（一）（二）（三）（五）或（六）（七）项证件和证明材料外，还应当区分以下不同情形而分别满足其条件：

（一）未成年子女由父母双方共同抚养的，变更其姓名由父母协商决定；

（二）未成年子女由父亲或者母亲一方抚养的，变更其姓名由抚养方决定；

（三）未成年子女由父母之外其他人抚养的，变更其姓名由抚养方决定；

立法理由：现实生活中，父母离婚后一方独自申请未成年子女姓名变更登记，并由此引发矛盾纠纷，甚至夫妻双方为此对簿公堂的事例并不少见。《户口登记条例》和《关于执行户口登记条例的初步意见》对于离婚后未成年子女姓名变更未作任何规定，在实际操作和司法实践中，主要依据《最高人民法院关于变更子女姓氏问题的复函》（1981 年 8 月 14 日，〔81〕法民字第 11 号）和 2002 年 5 月 21 日的《公安部关于父母离婚后子女姓名变更有关问题的批复》（公治〔2002〕74 号）进行评判。而这两份文件均要求父母离婚后未成年子女姓名变更需要父母双方协商同意，否则，登记机关可以不予办理。此等双方一致同意之规定，仅仅考虑到父母双方在理论上享有"平等"变更未成年子女姓名的权利，而没有充分顾及离婚后未成年子女的抚养教育利益，而后者比前者重要得多。经验告诉我们，由没有承担抚养义务的一方和承担抚养义务的一方"协商"决定，绝对是次优方案，因为他们往往协商不成，最后，矛盾"上交"法院。由抚养一方单方面决定未成年子女的姓名变更，实乃最优方案。抚养方一般都是为了未成年子女更好地长大成人而为之变更姓名，由他／她单方面决定往往更能顾及未成年子女自身的利益。因此，本建议稿此条第（二）（三）项赋予实际抚养方单方面决定未成年子女姓名变更的权利。

第二十八条 【民族姓名变更】使用民族文字登记姓名的，变更其民族文字姓名时，应同时对其民族文字姓名之汉语音译姓名作相应的变更。

立法理由：少数民族当然也有权变更姓名。其变更姓名的程序与次数跟汉族一样，唯有一点需要注意，那就是本条所规定的，废弃其原来的民族文字姓名时，其原来的民族文字姓名之汉语音译姓名亦应随之作废，而使用变更之后的新的民族文字姓名之汉语音译姓名，以避免只变更民族文字姓名，而汉语音译姓名未随之发生变更。

第二十九条 【登记机关职责】对于公民申请出生姓名登记和姓名变更登记，登记机关应当当场审查核实申请材料。对符合法定条件、证明材料齐全的，应当当场受理并出具凭证；证明材料不齐全的，应当一次性地通知申请人补齐；经审查决定不予办理的，应当在十个工作日内向申请人送达不予办理通知书，并说明理由。

立法理由：本条主要参考公安部初稿第二十八条之规定。不过，在诸多细节方面，本建议稿更加注重行政行为绩效，如公安部初稿未规定当场受理时应当出具凭证，本建议稿认为，出于优化行政行为之目的，应当完善流程，当场出具凭证。公安部初稿第二十八条亦未规定"一次性"通知申请人补齐，在此，也应当加上"一次性"这一旨在提升行政效率之规定，以免当事人为了变更姓名"多次跑"。登记机关要更加便民利民，就应该使申请人"最多跑一次"，真正向服务行政转变。

第三十条 【公告变更】已满十八周岁的公民申请姓名变更登记被核准的，应当自接到核准通知后的七日内，在指定的报刊上自费发布姓名变更公告。自公告发布后的三十日内，申请人应当持公告到登记机关办理姓名变更登记手续。逾期不发布公告或者发布公告后逾期未办理变更登记手续的，视为自动放弃姓名变更登记，但因不可抗力逾期的，应当顺延。

立法理由：本条主要参考公安部初稿第三十一条之规定。在社会生活中，人是靠姓名予以区分辨别的，公民姓名应当具有相当的稳定性，以保障并维护其社会识别功能。所以，姓名变更必须特别严肃。为此，公民变更姓名需要在指定的报刊上自费发布姓名变更公告。公告公示，一方面可以监督申请人的姓名变更行为，另一方面也可以将申请人的姓名变更事实对社会公众公开。

公安部初稿并未就在报刊上发布公告的费用问题予以说明，本建议稿认为，由申请人自费较为合理。与此同时，公安部初稿并未规定"但因不可抗力逾期的，应当顺延"，本建议稿以为补上为宜。毕竟，因不可抗力事件逾期的情况在现实生活中经常发生，由此导致的逾期如果不能被顺延，那对申请人来说明显不公正，毕竟，他们主观上没有任何过错。故而，对于因不可抗力逾期的，应当允许顺延至既定期限届满。

第三十一条 【原姓名记载】公民姓名变更后，登记机关应当保留其原姓名资料，并将原姓名载入其常住人口登记表、居民户口簿等簿册"曾用名"栏目。

立法理由：人的姓名可以变，但人不会变。原来的姓名被变更之后，原来的那个人并未因此而改变。为了更好地管理人口，被变更的姓名应该记录在案，而不是随之永远消失。而记录在案的最好的方式，当然是将它加注到常住人口登记表、居民户口簿等簿册的"曾用名"栏目中，以备将来需要时查询、核实。

第五章　法律责任

第三十二条 【申请人责任】出具虚假证明材料申请姓名登记或者姓名变更登记，当场被发现并证实的，登记机关应当对申请人给予警告，并处三百元以上、六百元以下罚款。

立法理由：本条规定之目的主要在于警告不诚实的姓名登记或姓名变更登记申请者。出具虚假证明材料申请姓名登记或者姓名变更登记，乃是严重的失信行为，是申请人道德上不诚实的表现。作为国家行政机关的姓名登记部门当然应当对此等不诚实行为予以警告，并适当处以罚款，以促使申请人在今后的生活过程中吸取教训，诚实做事、踏实做人。

第三十三条 【撤销登记】出具虚假证明材料成功申报姓名登记或者姓名

变更登记，事后被发现并证实的，登记机关应当撤销该登记，同时在指定的报刊上发布撤销公告，并对申请人处于一千元以上、两千元以下罚款。

立法理由：本条之规定在规范旨趣上与第三十二条相同，即敦促姓名登记或者姓名变更登记申请人诚实做人，不要欺骗。因为业已成功登记，其造假行为已然造成了一定的后果，故而，对其的处罚力度应该要大些，罚款金额提高到一千元以上、两千元以下。

第三十四条 【登记机关违规责任】登记机关及其工作人员在受理姓名登记或者姓名变更登记申请过程中，有下列行为之一的，县级以上公安机关应当予以纠正，并根据情节轻重，给予责任人相应行政处分：

（一）对符合法定条件的申请，不予核准办理的；

（二）无正当理由不在法定期限内办理的；

（三）违反规定办理的。

立法理由：对于受理姓名登记的公安机关来说，姓名登记是一种行政行为。在这种行政行为的实施过程中，不但作为申请人的相对人可能要承担某些责任（如上述两个条款之规定），作为实施行政行为主体的公安机关同样可能要承担某些责任，如果他们不严格依法行政的话。对于本条所规定的三种情形，登记机关及其工作人员都应当承担相应的后果，县级以上公安机关除须及时纠正违法行政行为外，还应当对相关责任人给予相应的行政处分，否则，就不足以有效监督和规范公安机关的姓名登记之行政行为。本条的立法目的就在于以事后处罚的方式促使姓名登记机关及其工作人员严格依法处理公民的姓名登记申请，从而切实有效地保障人民公法上的姓名权。

第三十五条 【司法救济】对于姓名登记或者姓名变更登记申请，登记机关受理后决定不予办理的，申请人可以依法提起行政复议或者行政诉讼。

立法理由：如果说上一条是通过内部行政行为来保障人民公法上的姓名权的话，那本条有关行政诉讼之规定就是通过外部司法救济的方式来保障公民的姓名权了。法院只有对姓名登记机关不予办理姓名登记之行政行为实施司法审查，才能真正保障人民公法上的姓名权。法院对登记机关行政行为之司法审查，对于姓名权的保障而言，不是奢侈品，而是必需品。2014 年我国《行政诉讼法》修订，保障人民诉权、对规范性文件实施附带审查成为此次修订的最大"亮点"。新《行政诉讼法》的实施为公民通过行政诉讼寻求姓名权救济送来了"福音"。无论以公序良俗的名义还是以其他理由，公安机关拒绝办理出生姓名登记或姓名变更登记的，申请人都可以向法院提起行政诉讼，借助法院对姓名登记之具体行政行为的司法审查，来保障其姓名权不受不法侵害乃至剥夺。司法审查是制约姓名登记之行政行为、使之保持合法性的最后且最重要的一道防线。在有关姓名登记的行政诉讼中，对于登记机关拒绝登记之具体行政行为，承审法官是否开展合法性审查及其审查力度如何，此乃姓名权限制能否获得救济之关键，亦为衡量姓名登记法治化程度的重要标尺。

第六章　附则

第三十六条 【禁止收费】对于公民申请姓名登记，登记机关不得收取任何费用。

立法理由：公安部初稿第三十八条规定，"公民办理姓名变更登记应当交纳手续费，收费标准由国务院价格主管部门会同国务院财政部门规定"。本建议稿以为，登记机关对姓名登记不收取任何费用较为妥当。姓名登记制度形成于计划经济时代，当初对姓名登记收费，乃是"管理行政"理念下的产物。如今是社会主义市场经济时代，姓名登记已然变为"服务行政"理念下的公权证明，而非昔日的行政监督管理。如今姓名登记都实行互联网办公和电子化登记，运行成本相当低，因而，登记机关对公民的姓名登记申请，不应收取任何费用。

第三十七条 【表格定制】本条例规定的姓名变更登记申请表由国务院公安部门统一定制。

立法理由：我国是个大国，东西南北各方面的差距都相当大。如果任由各地登记机关自行制定姓名变更登记申请表，那结果很可能会出现表格栏目与内容完全不同的姓名变更登记申请表。为避免五花八门、各自为政之不良状况，由国务院公安部门统一定制姓名变更登记申请表为宜，而姓名变更登记申请表做到全国统一，亦更方便确有需要变更姓名的公民更加便捷地办理姓名变更登记。本条立法原因就在于此两点。

第三十八条 【名词解释】本条例规定的"以上""以下""以内"等均含本数在内。

立法理由：为避免在本条例的执行过程中出现不必要的理解与适用争议，本条特将本条例中的"以上""以下""以内"是否包含本数予以规定，以减少姓名登记过程中可能出现的适用争执。

第三十九条 【生效日期】本条例自××××年××月××日起施行。以往相关规定与本条例相抵触的，以本条例为准。

立法理由："以往相关规定"主要是指《户口登记条例》《公安部三局关于执行户口登记条例的初步意见》以及各地公安厅、局所发布的有关姓名登记的地方规范性文件。关于姓名登记，《户口登记条例》和《公安部三局关于执行户口登记条例的初步意见》之规定较为粗糙，难以适用，导致实际上规范各地姓名登记的主要是各地公安厅、局发布的地方规范性文件。根据新法优于旧法、上位法优于下位法的原则，以往的这些法律、法规及规范性文件，只要与本条例相抵触，自然应该适用本条例之规定。

笔者认为，本条例应当由全国人大常委会制定。关于姓名登记，我国台湾地区是由"立法机关"制定的"姓名条例"予以规范，而东邻日本则同样以国会发布的《户籍法》为依据。有鉴于此，更鉴于姓名登记不但攸关个人人格自由发展之宪制宏旨，而且是公民获得民法上的姓名权的前提基础，因而由实际主管姓名登记的公安部发布部门规章性质的"姓名登记条例"明显不合适。因为部门规章的法律秩序位阶较低，与姓名权的宪法权利属性明显不相称。甚至由国务院颁布行政法规性质的"姓名登记条例"亦难以彰显姓名权的宪法地位。因此，规范姓名登记的法律，理应由全国人大常委会制定，而这也是"以往相关规定与本条例相抵触的，以本条例为准"之规定合法性不受质疑的需要。

（责任编辑：陈道英）

政府对公益法律服务的有效应对与作为

石文龙 *

摘　要　公益法律服务是近年来使用得比较广的词语，受到了政府与司法行政部门的高度关注。公益法律服务与公共法律服务、社会法律服务有联系与区别。我们在此对公益法律服务做扩大解释，并将对公益法律服务的解释区分为广义的解释与狭义的解释。英国、美国、法国、新西兰以及我国香港、台湾地区政府扶持公益法律服务的经验值得借鉴。我国政府在推进公益法律服务时，应以审慎的态度进行司法行政工作的创新，在推动"公益法律服务"时，政府的定位应为引导与指导。

关键词　政府　公益法律服务　应对与作为

公益法律服务是近年来使用得比较广的词语，受到了政府与司法行政部门的高度关注。在我国，由政府牵头引导的公益法律服务时间并不长。2008 年广东省司法厅较早地出台了《关于律师参与公益性法律服务活动的意见》（粤司〔2008〕170 号），2016 年上海市司法局在《关于建立司法行政综合法律服务窗口的指导意见》中，提出要提供行政审批、法律援助、公益法律服务三大类"一门式、一条龙、一号通"的司法行政综合法律服务。考虑到政府类"公

---

*　石文龙，上海师范大学哲学与法政学院教授，法学博士。

益法律服务"无论在理论界还是在司法实践中都是比较新的领域，特别是政府与法律服务市场、政府与社会之间存在一定的边界，政府如何在理念上与制度上有效地应对"公益法律服务"值得我们探讨。

一 "公益法律服务"提出的背景与理论难点

（一）"公益法律服务"提出的背景

公益法律服务这一概念"最早由一名美国律师在 1969 年提出，其本质特征就是给强势群体施加一部分责任，保障社会困难群体，实现二者在法律面前的相对公正"。[①] 在我国，公益法律服务最初主要的含义就是指法律专业服务人员接受法人、公益组织或者自然人委托，为其提供非营利性的法律服务。2001 年 11 月 26 日，中华全国律师协会在《律师职业道德和执业纪律规范》（修订）中规定，"律师应当积极参加社会公益活动"，"提倡、鼓励律师、律师事务所参加社会公益活动"。[②] 2011 年 11 月 9 日，《律师执业行为规范》也有相关的规定，如第 10 条规定了"律师协会倡导律师关注、支持、积极参加社会公益事业"，第 20 条、第 101 条也有相关规定。[③] 在以往的实践中，律师、公证员等法律服务人员在诸多领域已经进行了一定的公益活动。近年来，随着服务型政府理论的提出，政府的社会服务功能凸显，成为国家治理的重要内容。党中央在《中共中央关于完善社会主义市场经济体制若干问题的决定》中首次

[①] 潘卫群：《首都公益法律服务体系构建方略——北京市司法局吴玉华局长访谈》，《中国律师》2008 年第 2 期。

[②] 《律师职业道德和执业纪律规范》第 12 条规定，"律师应当积极参加社会公益活动"；第 43 条第 2 款规定，"提倡、鼓励律师、律师事务所参加社会公益活动"。

[③] 《律师执业行为规范》第 20 条规定，"律师可以以自己或者其任职的律师事务所名义参加各种社会公益活动"；第 101 条规定，"律师应当积极参加律师协会组织的律师业务研究活动，完成律师协会布置的业务研究任务，参加律师协会组织的公益活动"。

提出服务型政府建设的明确要求，强调建设服务型政府，强化社会管理和社会服务职能 ① 。

在政府职能从"全能型"转向"服务型"的背景下，公共法律服务体系建设成为政府开始关注的问题。几乎与此同时，各地方司法行政部门也对公益法律服务体系建设进行了积极的探索，具有代表性的地方单位主要有北京市司法局与广东省司法厅。2006 年 6 月，北京市司法局提出在未来的 5 年内，争取构建一个相对完善的公益法律服务体系。2013 年 10 月 30 日，北京市律师协会（简称"北京律协"）成立了公益法律服务中心，该中心是通过整合业内公益服务机构，在北京律协公益法律咨询中心的基础上组建而成的。公益法律服务中心是北京律协为社会提供专业法律服务的公益性志愿服务机构，有专业律师近600 名。② 2009 年 2 月 9 日，广东省司法厅制定了《关于深入广泛开展公益法律服务活动的意见》，探索建立广东公益法律服务体系，以充分发挥律师服务经济社会发展、服务民生的职能作用。

2014 年 2 月 18 日，为加强公共服务体系建设，贯彻落实《国务院关于印发国家基本公共服务体系"十二五"规划的通知》（国发〔2012〕29 号）精神，《司法部关于推进公共法律服务体系建设的意见》出台，就推进公共法律服务体系建设提出意见。该文件对公共法律服务作了专门的界定，值得注意的是司法部在该份文件中同时提出了公益法律服务的概念。

目前，对于公益法律服务的界定国际社会还没有形成被普遍认同的定义，有些国家界定了大致的范围，如《美国律师协会职业行为示范规则》第 6.1 条（ABA Model Rule of Professional Conduct 6.1）的表述为：每个律师都有向没

---

① 2012 年 8 月 19 日，十六届三中全会发布《中共中央关于完善社会主义市场经济体制若干问题的决定》，提出："增强政府服务职能，首要的是深化行政审批制度改革，政府职能从'全能型'转向'服务型'，政府决策建设突出规范化，增强透明度和公众参与度。"

② 周斌：《记者探访北京市律师协会公益法律服务中心》，《法制日报》2014 年 1 月 27 日。

能力付费的人提供法律服务的职业责任。一个律师每年至少提供 50 个小时的无偿法律服务。在履行这一职责时,律师应当将 1.5 个小时中的绝大部分时间用于向下列人士提供免费或没有收费期待的法律服务:其一,财力有限的人;其二,主要工作目的是满足财力有限的人的需求的慈善、宗教、公民、社会、政府和教育组织。

(二) 政府"公益法律服务"研究中的难点问题

单独地理解与解释"公益法律服务"并无困难,律师或者律师事务所进行公益法律服务也是容易理解的,如所谓公益法律服务是具备公益性的法律服务活动,即指法律专业服务人员接受法人、公益组织或者自然人委托,为其提供非营利性的法律服务。[①] 但是如果在与政府机关相联系、与其他相关概念进行辨析等情况下,就会出现研究上的困难。这些难点问题主要如下。

第一,什么是公益法律服务,公益法律服务与公共法律服务、社会法律服务之间存在何种区别与联系,中外学术界对公共法律服务、公益法律服务等基本概念的解释。

第二,公益法律服务的主体?由于各国的政治体制、司法体制的不同,各国进行公益法律服务的主体不同。在我国,政府推进公益法律服务的主体主要是司法行政部门,但是否仅仅局限于司法行政部门,例如在我国各级法院减免诉讼费用是否具有公益性等等,我们认为这一主体不应仅仅局限于司法行政部门。同时,我国政府在公益法律服务中如何定位与理念等同样值得思考。

第三,作为司法行政机关如何面对与介入公益法律服务。在公益法律服务中政府的司法行政机关活动的合理边界在哪里。这一问题涉及政府、市场、社会三者的关系这一重大理论问题。

第四,法律援助属于公共法律服务还是公益法律服务。

---

① 王超莹、蔡俊敏:《公益法律服务体系构建》,《中国司法》2009 年第 1 期。

第五，国外政府在公益法律服务方面的经验、具体做法以及对我们有什么启示。

二　公益法律服务的概念界定以及与相关概念的辨析

随着司法行政部门以及政府对公共法律服务与公益法律服务的介入，公益法律服务的内容也逐渐有了发展，那么，在这一背景下我国应如何界定公益法律服务呢？为准确把握公益法律服务，也需要对公益法律服务等相关概念进行辨析。

（一）公共服务与公益服务

一方面，公益法律服务概念源之于公共法律服务与社会法律服务，因此对公益法律服务概念的认识离不开公共服务、公益服务、社会服务这组基础性概念；另一方面，这些概念之间的区别又是很大的，因为法律服务不同于其他服务，例如在法律服务领域上不存在"顾客是上帝"的说法，其中律师服务强调的是"律师应当维护当事人合法权益，维护法律正确实施，维护社会公平和正义"[1]，不是一味地迎合他人。

公共服务这一概念源自西方，我国自1992年10月党的十四大提出建立社会主义市场经济体制之后，关于政府职能的定位成为政府与学界一直在探索的重要问题。目前，公共服务已经成为21世纪公共行政和政府改革的核心理念，"公共服务这一措辞已被相当广泛地使用，但是，对什么是公共服务，却有不同的见解，在很多情况下是含糊不清的，而概念上的混乱又助长了实践中的混乱"。[2]

2011年，党中央、国务院制定的《中共中央国务院关于分类推进事业单

---

[1]　《中华人民共和国律师法》第2条第2款。
[2]　赵黎青：《什么是公共服务》，《学习时报》2008年7月17日。

位改革的指导意见》明确要求到 2020 年"形成中国特色公益服务体系"。其中，中国特色的"公益服务"概念的英语翻译一般用 social service 或 public service，即社会服务或公共服务。在相关政策、法规与理论研讨中公益服务与社会服务、公共服务三个概念常常交叉使用，权威工具书《辞海》也未收录上述三个词条。迄今，相关立法与政策未对公益服务进行定义，有学者提出："现有学术研究成果中还没有对公益服务进行明确界定。"[1]

值得注意的是，公共服务等概念的内涵本身也在变化中。例如公共服务的主体就呈现多元化的趋势。在传统意义上，无论在理论上还是在实践上，政府是公共服务的主体，甚至是唯一的主体……但是，随着经济和社会的发展，政府作为公共服务的唯一主体的地位和合法性受到了前所未有的挑战，公共服务主体出现了多元化趋势。除了政府之外，私人企业、社区、社会第三部门和国际组织也参与到了公共服务活动中，成为公共服务的重要主体。[2]

因此，无论是对公益服务、社会服务、公共服务，还是对公益法律服务、社会法律服务、公共法律服务的界定与区分都具有一定的难度，其相互之间存在一定的模糊性。这一难度源自对政府与市场、政府与社会两者之间合理边界的划分，当然也部分反映了中外学者对这一问题的审慎态度。此外，在"公共服务"概念的基础上，增加任何词语，都存在难度，会形成完全不同的含义，如我们所探讨的公共法律服务，该词语还可以增加词语形成基本公共法律服务、公共法律服务业、公共法律服务体系等词条。

（二）公共法律服务

从境内现有的资料来看，什么是公共法律服务存在多种解释。例如《公共法律服务体系建设的理论与实践》将其解释为：政府或者法律公益性组织、

---

[1] 张海、范斌：《我国政府购买公益服务偏好问题分析》，《华东理工大学学报》（社会科学版）2014 年第 1 期。

[2] 王语哲：《公共服务》，中国人事出版社，2006，第 11 页。

政府组织的法律服务人员为全体公民或者符合一定条件的公民提供的免费或者廉价的法律服务。[①] 这里我们认为司法部的解释更具合理性。《司法部关于推进公共法律服务体系建设的意见》对公共法律服务作了专门的界定，这一解释具有一定的指导意义以及相应的权威性。该意见提出公共法律服务是由司法行政机关统筹提供，旨在保障公民基本权利，维护人民群众合法权益，实现社会公平正义和保障人民安居乐业所必需的法律服务。其在内容上具体包括："为全民提供法律知识普及教育和法治文化活动；为经济困难和特殊案件当事人提供法律援助；开展公益性法律顾问、法律咨询、辩护、代理、公证、司法鉴定等法律服务；预防和化解民间纠纷的人民调解活动等。" [②]

（三）公益法律服务

根据上述情况以及制度建设的实际需要，我们建议对公益法律服务做扩大解释。为此，我们将对公益法律服务的解释分为广义的解释与狭义的解释。

在广义上，任何带有公益性的法律服务均为公益性的法律服务，在这一语境下，公益性的法律服务基本可以囊括公共法律服务与公益法律服务，等同于社会法律服务。[③] 这样的解读并不是想当然，事实上，《司法部关于推进公共法律服务体系建设的意见》就是这样使用的。该份文件指出："要引导广大律师、公证员和基层法律服务工作者积极参与公益性法律服务，引导律师积极参与信访、调解、群体性案（事）件处置和社区工作等公益法律服务；进一步放宽法律援助经济困难标准，积极推动地方政府将就业、就医、就学、社会保障等与民生问题紧密相关的事项，纳入法律援助补充事项范围；拓展司法鉴定业务范围和服务领域，及时将与保障和服务民生密切相关的鉴定事项纳入统一

---

① 许同禄、刘旺洪：《公共法律服务体系建设的理论与实践》，江苏人民出版社，2014，第 11 页。

② 《司法部关于推进公共法律服务体系建设的意见》，2014 年 1 月 20 日。

③ 潘文群：《首都公益法律服务体系构建方略——访北京市司法局局长吴玉华》，《中关村》2008 年第 9 期。

登记管理的范围，积极为交通事故、保险理赔、医疗损害、职工工伤、房屋拆迁等争议解决提供公益性司法鉴定服务。"该文件大量地使用了公益性法律服务的概念，而且也几乎在同一个意义上使用公益法律服务与公益性法律服务。我们注意到广东省也出台了相关制度，其使用的名称也是公益性法律服务，即《广东关于律师参与公益性法律服务活动的意见》。

狭义上的公益法律服务即指公益性的法律服务活动，即指法律专业服务人员接受法人、公益组织或者自然人委托，为其提供非营利性的法律服务。特别需要注意的是，公益法律服务与公益性法律服务之间的关系，二者一字之差，大相径庭。事实上，很多人是在公益性法律服务的意义上使用公益法律服务。

同时，还有一个"公益事业"的概念，我们认为可以用公益事业来替代公益法律服务或者公益性法律服务。

（四）公共法律服务与公益法律服务两者的区别

第一，在传统意义上，公共法律服务主要由政府统筹提供，狭义上的公益法律服务主要由私人或者私人组织提供。

第二，我们提出公共法律服务是硬性任务，是不能放弃的政府责任，而公益法律服务是软性的任务，政府可以根据自身的能力、实力选择性地承担。因此，成立行政服务中心虽然具有公益性，但其仍然属于公共法律服务，而不是公益法律服务。

第三，尽管如此，司法行政机关可以利用其特有的资源与平台，推进公益法律服务，发展国家的公益事业。

（五）社会法律服务

社会法律服务的内涵可以从服务社会来解读，即服务于社会的法律服务。因此，社会法律服务包括公共法律服务与公益法律服务。

此外，在该领域还存在其他相关概念的解读。如法律志愿者、律师志愿者的使用。除了司法行政机关外，红十字会、公会、妇联等部门可以就法律服务建立召集法律志愿者、律师志愿者，包括组织法律志愿者、律师志愿者队伍。近年来，也有不少地方的司法行政机关组织律师法律服务志愿团的律师深入社区和各行业，广泛开展志愿活动。

三　政府扶持公益法律服务的域外经验与启示

当今世界，许多国家都积极扶持专事公益法律服务的组织，并形成了各个国家特殊的制度。英国与新西兰的"公民咨询局"、法国的"司法和法律之家"等都属于这类机构。美国有制定强制性公益法律的立法趋势，发达国家的制度建设值得我们予以关注。

（一）英国：在社区设立公民咨询局

二战时，英国为了协助民众找寻失散的亲友以及帮助民众了解战争期间的法令和规定（这些法令和规定也属于非常时期的特别法），设立了公民咨询局（Citizens Advice Bureau，简称"CAB"）。二战结束后，公民咨询局转型为帮助民众熟悉和平时期日益繁复的法令和了解自身权益的民间服务机构。公民咨询局属于由政府免费提供法律咨询的机构，其人员构成具有知识专业性与人员广泛性的特点，公民咨询局的工作人员大多是具有专业知识的志愿者，他们来自社会的各个不同领域。而且公民咨询局本身与政府、议会等各方面联系密切，因此能保证咨询局提供的咨询具有一定的权威性。对于民众而言，通过公民咨询局其能够更直接地找到有关部门，这一举措提高了民众与有关部门的沟通效率，扩大了知情权。可见，公民咨询局对维护社区和谐、社会稳定起到了积极作用。

（二）美国：强制性公益法律

在美国，有很多律师在为当事人提供免费的法律服务。有时这是出于良知而作出的决定，律师将自己的时间奉献于公益工作。较大的律师事务所通常会建立正式机制，接受公益案件并分配给本所律师。经过数十年的发展，公益法律服务已成为美国法律行业最珍视及认同的核心价值观之一。例如，许多顶级律师事务所指派律师为各个公益组织中的临时工人、移民、低收入租房者、残障人士等弱势群体长期免费提供法律咨询及诉讼代理服务，以保障他们的合法权益。2012 年 9 月，纽约州首席大法官 Jonathan Lippman 裁定，自 2015 年起，首次申请在纽约州执业的律师必须在申请前完成 50 个小时的无偿公益法律服务。该裁定进一步将行业价值观塑造为具有强制力的法律规定，在美国历史上是第一次。[1]

公益性法律援助已经成为美国法学教育的组成部分之一。2012 年，纽约州律师协会通过了提案，规定将 50 个小时的公益性法律服务作为法律毕业生考取律师资格的硬性条件。该规定于 2015 年正式实施。此后，美国的各州相继效仿。[2] 同时，公益援助成为法学院必修课。在美国的法学教育中，公益性法律援助作为重要组成部分。在一些学校，提供公益性法律服务已经成为学生取得学位的要求之一。[3]《美国律师协会关于法学院的批准标准》明文规定，法学院应鼓励学生继续提供减免收费的公益性法律服务，同时还要为学生完成这种服务创造条件。

（三）法国：司法与法律之家

法国的公益法律服务具有自己的特点，有关亲民司法的主题今天已成为法国司法现代化讨论的中心。1995 年 1 月 6 日，为矫正传统司法的正式、烦琐、冷漠等问题，有关司法的法律草案报告首次明确"亲民司法"理念。"亲民司

---

[1]《美国劳动法专家访问君泽君交流公益法律服务及劳动法问题》，http://www.junzejun.com/cn/news.asp?id=220，最后访问日期：2017 年 7 月 1 日。

[2] 参见吴琼《美国法学院或推强制性公益法律援助》，《法制日报》2013 年 9 月 3 日。

[3] 如哥伦比亚大学法学院规定，每个学生都应在毕业前完成 40 个小时的公益性法律服务；已经完成 40 个小时要求的学生，则被校方鼓励继续提供志愿性的减免费法律服务。在宾夕法尼亚大学法学院，学生若想顺利毕业，则需完成 70 个小时的减免费法律服务。转引自吴琼《美国法学院或推强制性公益法律援助》，《法制日报》2013 年 9 月 3 日。

法的出现是调和法官和法院资源的有效利用以适应案件繁简分流的需求",简而言之,"亲民司法"就是亲近于人民的司法。[①] 2002 年 9 月 9 日,经议会批准正式通过了创设亲民法院的法律。其后,又通过一些法律和法令,确立了亲民司法的法官任命制度、组织制度及亲民法院的职能范围等。如从市民中选近民法官等。

在这种背景下,出现了以城市为单位的司法政策,其具体体现就是"司法与法律之家"(la Maison de justice et du droit,以下简称为"MJD")。[②] 第一批 MJD 早在 20 世纪 90 年代初就开始向民众开放,它最早由共和国检察官创立。MJD 的使命与性质大体上可以定义为一种亲民司法机构,这种机构是为了便于权利的实现,发展一种由书记官负责管理并处于法院院长权威领导下的可选择的纠纷解决途径。[③]

因此,MJD 是一种同样以"和谐司法"为理念的亲民司法机构。它一般由一个书记官管理,并设有一个接待处,接待并引导人们转向合适的办事机构。它的职能主要有两个主轴:一方面,检察官代表会组织开展一些可选择的刑事纠纷解决途径,如调解、诉讼等;另一方面,MJD 是一些律师、执行人员、公证员等司法辅助人员进行活动的场所。同时它也是一些专业权利组织,如有关居住权、妇女及家庭权益的组织等进行活动的场所,此外,还有弱势人群帮助、民事调解,尤其是家庭纠纷等方面的职能,等等。

MJD 的职能主要集中于权利救济。2005 年,近 80% 的人曾经接受过 MJD 相关人员的服务,其中 4.5% 由律师服务,7% 接受的是专业性权利组织的服

① 周建华:《法国民事司法改革论纲》,《北京理工大学学报》(社会科学版)2013 年第 6 期。
② Aude Lejeune, *Justice institutionnelle, Justice démocratique, Clercs et profanes: Maison de Justice et du droit comme révélateur de tensions entre des modelès politiques de justice*, Droit et Société, 2007, n.66, pp.361-381.
③ 奥德·勒热内:《制度化司法与民主化司法——"司法与法律之家"所揭示的不同司法政治模式之间的矛盾:内行与外行》,杨帆译,《司法》2013 年第 8 辑。

务，还有 4% 受到了司法调解员的接待。有关刑事方面的工作大部分是由法院来完成的，这就是为什么在 2005 年，有关刑事调解与矫正方面的工作只占到了 MJD 工作量的 3.5%。[①]

（四）新西兰的公民咨询局

新西兰借鉴了英国的经验，设立了公民咨询局（简称"CAB"），这一制度在新西兰得到了进一步的发展。该机构的基本理念是："作为公民，你有权利知道一切你应该享受的义务和权利是什么。"[②] CAB 是一个民间的非营利组织，无偿从事咨询服务。自 1970 年在 Grey Lynn 地区成立了新西兰第一家公民咨询局以来，现在已经发展到遍布全国的 91 家分局为民众服务。全国分为四个大区，分别是：North，Waikato-Bay of Plenty，Central 和 South，仅负责联络辖下的分局但无隶属关系。"公民咨询局以助人为乐的精神提供多元信息免费服务全国大众，其多元语言信息服务中心以华语、粤语、闽南语及二十多种他国语言，对所有移民、持有工作签证者、难民及国际留学生，提供免费且保密的资询服务。"[③]

与英国的情况不同，新西兰公民咨询局业务更加广泛，涉及签证、入籍、政府福利、就业、学习英文、公共卫生系统、社团、人权、地方政府、消费者权益及纠纷等问题。咨询局设有专门电话，咨询局一般都坐落在每个社区的图书馆旁边，为社区居民提供免费和保密的咨询服务。同时，公民咨询局还为社区内的居民提供了一个十分重要的服务项目，这一项目是为各类证书或文件（如护照、签证、学位证书、毕业证书、雅思成绩单等）做公证。公证后的复

---

① 〔法〕奥德·勒热内：《制度化司法与民主化司法——"司法与法律之家"所揭示的不同司法政治模式之间的矛盾：内行与外行》，杨帆译，《司法》2013 年第 8 辑。

② 《带你了解新西兰公民咨询局》，牛骨网，http://www.niugebbs.com/gstx1314/704191.html，最后访问日期：2017 年 10 月 3 日。

③ 《带你了解新西兰公民咨询局》，天维网，http://d.skykiwi.com/wiki/view/101162，最后访问日期：2017 年 7 月 1 日。

印件与原件具有同等法律效力。在新西兰，这些公证人员被称为 JP（Justice of the Peace），汉语为非常中国化的"太平绅士"。CAB 的下一步计划是开设在线聊天室，以便于咨询者与工作人员进行直接对话。[①]

（五）我国香港地区与台湾地区的相关做法

香港特区政府有律政司，兼具内地司法部和检察院的职能。香港特区政府有法律援助计划，通过政府购买的方式，为无力支付律师费用的当事人，包括刑事案被告安排律师，提供律师服务。大律师公会有当值律师（Duty Lawyer）服务，大律师每年有一定的公共法律服务时间要求，事务律师没有此要求。也有律师自愿帮助当事人进行诉讼或提供法律意见。法院没有提供公益法律援助的义务，但是有相关部门指引当事人获得政府的法律援助。法律援助只提供给刑事案件被告和极少数民事案件当事人（有收入限制），主要是为其安排律师。

台湾主要有一个行政机构资金支持的法律扶助基金会，属于行政机构投资的非营利性财团法人。当事人若符合条件，可免费接受律师服务，包括委任律师出庭，这些律师都是有律师执业证的合格律师。其中刑案犯法定刑 3 年以上的罪，在台湾属于律师强制辩护案件，一定要有合格律师代为到庭辩护，否则程序就不合法。民事案件，如为低收入户，亦可免费申请这类服务。当事人可免费请法律扶助基金会代为聘请适合的受任律师，也可以自己选择适合的律师，由国家付费给律师。虽由国家付费，律师亦独立办案，不受任何其他人或机构的指挥监督。

综上，我们可以得出如下启示。

第一，政府在公益法律服务中有其应有的地位与作用。在该领域，政府不仅仅局限于司法行政机关，还包括其他相关组织。国外的司法体制不同于我

---

① 《公民咨询局上网了！新网站周点击率过万 将开设在线聊天室》，天维网，http://news.skykiwi.com/na/zh/2010-12-21/114094.shtml，最后访问日期：2017 年 7 月 1 日。

国，即使是美国司法部也不同于我国的司法部。但是，政府的多方参与对于推进公益法律服务具有积极意义。

第二，公益法律服务经验告诉我们，公益法律服务与公共法律服务可以相互促进。政府可以通过扶持公益法律服务的方式推进和完善公共法律服务，补充公共法律服务之不足，使得两者相互促进，共同发展。不仅如此，在公共服务领域有一个常用词语是"优化"，如已有学者出版名为《社会管理创新与公共服务优化》[①] 的专著等等，以公益服务优化公共法律服务也是重要的方法之一。

第三，政府发展与推升公益法律服务的形式多种多样。上述国家采取多种形式推进公益服务，这些形式也基于该国家或地区的历史、文化等多种因素，我国如何开拓适合自己的形式，值得深入思考。

四　政府在推进公益法律服务时应该注意的问题

（一）以审慎的态度进行司法行政工作的创新

传统意义上而言，司法行政机关所提供的服务属于典型的公共法律服务，虽然近年来服务型政府的提出以及社会发展促进了司法行政工作同步发展，但是司法行政机关为社会提供公共服务的政府职责不能放弃，对司法行政机关而言，提供公共法律服务也是政府的重要职能之一。况且目前我国司法行政工作还有很多改进的空间以促进公共法律服务体系建设。如梳理法律权威、大力塑造公民对法律的信仰等。

（二）法律援助是公共法律服务还是公益法律服务？

对司法行政机关而言，其需要明确的是法律援助是不是公益法律服务。

---

① 　郑德涛、欧真志：《社会管理创新与公共服务优化》，中山大学出版社，2012。

我们认为从狭义而言，法律援助属于社会救济，不是公益法律服务。对司法行政机关而言，提供公共法律服务也是政府的重要职能之一。因此，法律援助对政府而言是公共法律服务，而不是单纯意义上的公益法律服务，因为发展与完善法律援助事业是政府的责任，同样也是律师的义务，正如学者所言："在法律援助的实践中，政府和律师基于不同的根据承担法律援助的责任和义务。对律师提供法律援助义务的强制性规定有可能导致政府责任虚化或为政府转嫁其责任提供根据。倡导律师的职业伦理，建立人权律师制度，有助于强化律师法律援助的义务。"[1] 但是从广义上而言，法律援助是公益性的法律服务，在这一意义上可以说是"公益法律服务"。我们注意到司法部的文件对法律援助与公益法律服务是作了区分的。关于司法行政机关所提供的司法行政综合法律服务窗口等内容同样属于政府提供的公共法律服务。

（三）政府在公益法律服务中的定位：引导与指导

作为政府的司法行政机关能够制定法律服务人员进行公益法律服务的政策，整合、发动公益法律服务平台，故司法行政机关能够引导公益法律服务的发展。所谓"搭平台、整资源、强辐射"的思路，能够克服公益法律服务散兵游勇、单兵作战的不足。因此，司法行政机关能够对公益法律服务进行有效的组织与引导。我们注意到《司法部关于推进公共法律服务体系建设的意见》也大量使用了"引导"一词，如引导广大律师、公证员和基层法律服务工作者积极参与公益性法律服务，积极探索建立乡村（社区）法律顾问制度，深化政府法律顾问工作，引导律师积极参与信访、调解、群体性案（事）件处置和社区工作等公益法律服务。广东省司法厅《关于律师参与公益性法律服务活动的意见》使用的是"主导"，提出"司法行政部门主导、律师行业实施、社会支持参与、个人志愿奉献"指导思想。我们认为使用"引导"比使用"主导"要

---

① 贺海仁：《法律援助：政府责任与律师义务》，《环球法律评论》2005 年第 6 期。

好，因为企业有自己的经营自主权，政府与市场、政府与企业无论在理论上还是实践中边界都是客观存在的。

就现代行政法而言，政府具有行政指导的职能。当前中国政府的职能面临转变，这一转变的方向包括引导型政府职能模式的兴起，对此，我国已有相关专著予以专门论述。①

总之，我们应本着审慎而积极的态度面对公益法律服务，以公益法律服务为抓手，以"搭平台、整资源、强辐射"为举措，发展政府的公益事业。一方面，公益法律服务对转变政府职能、提升政府形象、打造政府的公信力等均具有极好的社会效果；另一方面，应该注意到其中的难度，表现为政府与法律服务市场、政府与社会之间存在边界，这一边界比较难以把握，所以，我们应当在综合平衡之中把握公益法律服务。

（责任编辑：熊樟林）

---

① 参见郑家昊《引导型政府职能模式的兴起》，中国社会科学出版社，2013。

医事法专论

临床研究、人体实验与德国法 *

〔日〕甲斐克则 著

高 翔 译 **

一 序言

在德国，以刑法学者 Ludwig von Bar 的研究 ① 为开端，从 20 世纪初到第二次世界大战前有关临床研究（试验）、人体实验存在若干讨论，在 1913 年帝国保健委员会提议的基础上，帝国内政大臣对各州政府颁布"关于对人体实施的新型医疗及科学性试验的指令"② （Richtlinien für neuartige Heilbehandlung und für die Vornahme wissenschaftlicher Versuche am Menschen）这样的事件也曾经出现过。但是，众所周知，纳粹在奥斯维辛等假借"政策性人体实验"或"安乐死"的名义，实施的所谓"无生存价值的生命的毁灭"使得医疗伦理

---

* 本文原载于甲斐克则教授所著《被験者保護と刑法》（成文堂，2005），在 1997 年召开的第 27 届日本医事法学大会报告的基础上修改而成，并登载于《年報医事法学》第 13 号（1998 年）。

** 甲斐克则，早稻田大学法务研究科教授，日本医事法学会前理事长；高翔，东南大学法学院副教授。

① Ludwig von Bar, Medizinsche Forschung und Strafrecht, in : Festgabe für Regelsberger, 1901, S. 299 ff.

② 关于原文请参照 Paul Held, Strafrechtliche Beurteilung von Humanexperimenten und Heilversuchen in der mediyinischen Diagnostik, 1990, S. 129 ff。

被瓦解。二战后，纽伦堡审判（1947 年）对纳粹的恶行进行了"清算"①，根据所谓纽伦堡原则而生的法上的讨论，例如通过海因里希·格鲍尔（Heinrich Gebauer）、恩斯特·海尼茨（Ernst Heinitz）、弗里德黑尔姆·布特（Friedhelm Böth）等人的讨论，虽然说其在法学界逐渐地被展开②，但是与"安乐死"相同，仍然具有某种禁忌的强烈色彩，在一段时期内冷静的理论性分析还不充分。在进入 20 世纪 70 年代后，特别是以美国的相关讨论和《东京宣言》（1975 年）为契机，君特·格拉尔曼（Günter Grahlmann）、埃尔文·德意志（Erwin Deutsch）、阿尔宾·埃泽尔（Albin Eser）、马丁·芬克（Martin Fincke）、阿道夫·劳夫斯（Adolf Laufs）、盖尔福瑞德·费舍尔（Gerfried Fisher）等学者终于开始了冷静的理论性分析③，促进了受试者保护立法的发展。尤其是在刑法学领域，不仅是原本对于治疗行为问题的讨论有一定的积累④，并且在关于临床研究（试验）〔klinischer Versuch——为了获得新的一般化可能的知识而

---

① 对于其中一系列的历史过程，参照 George J. Annas/Michael A. Grodin, The Nazi Doctors and the Nuremberg Code, 1992。

② Vgl. Heinrich Gebauer, Zur Frage der Zulässigkeit ärztlicher Experimente, unter besonderer Berücksichtigung der für die Heilbehandlung entwickelten Grundsätze, 1949；Ernst Heinitz, Ärztliche Experimente am lebenden Menschen, 1951, S. 333 ff; Friedhelm Böth, Das wissenschaftlich-medizinische Humanexperiment, NJW 1967, S. 1493 ff.

③ Vgl. Hans-Günter Grahlmann, Heibehandlung und Heilversuch, Zur strafrechtlichen Problematik von Neulandoperationen und experimentellen Heilmethoden, 1977（作为本书的介绍，可见《真鍋毅·判例タイムズ》第 373 号（1979 年）第 31 页以下）；Erwin Deutsch, Medizin und Forschung vor Gericht, 1978；Albin Eser, Das Humanexperiment Zu seiner Komplexität und Legitimität, in Gedächtnisschrift für Horst Schröder, 1978（作为此论文的日译，可参见甲斐克则《広島法学》21 卷 2 号（1997 年）第 239 页以下、3 号第 239 页以下〔本书〈付录 1〉所收〕；Martin Fincke, Arzneimittelprüfung Strafbare Versuchsmethoden, 1977；Adolf Laufs, Arztrecht, 2.Aufl.1978（作为本书该部分的介绍，可见ドイツ医事法研究会（山川和雄）《民商法雑誌》95 卷 6 号（1987 年）。此外，对同书第 4 版的介绍，可见 植木哲＝山本隆司编《世界の医事法》（1992 年·信山社）第 198 页以下（岡林伸幸＝山川和雄 笔部分）；Gerfried Fischer, Medizinische Versuche am Menschen, 1979。

④ 对于这一问题，参照町野朔《患者の自己決定権と法（患者的自我决定权与法）》（1986 年·東京大学出版会）第 36 页以下。

附带进行的治疗，对本人来说其利益享受将与之后产生（间接性利益）]、人体实验从法的角度进行的讨论中刑法学者的研究也颇为引人注目。

　　本文主要介绍、探讨关于 20 世纪 70 年代以来，德国围绕临床研究（试验）、人体实验进行的讨论及相关法律制度，希望能为今后日本进行的讨论提供素材。① 自纽伦堡原则诞生到现在已经 50 周年的本年（1997 年），日本医事法学会以"临床研究"为题举行的研讨会，的确具有深刻意义。之所以这样说，是因为这一问题，包括知情同意权的问题在内，被认为是医事法的原点。以下部分，首先对在德国临床研究（试验）的法律规制体制进行阐述，而后对德国关于临床研究（试验）、人体实验的法律层面的讨论进行介绍并加以探讨。

二　德国的临床研究（试验）的法律规制体制

　　首先，让我们来了解德国对于临床研究（试验）的法律规制体制。② 如前所述，德国在进入 20 世纪 70 年代之后受到了美国的研究及《东京宣言》的影响，为保护受试者而进行的法律环境整备首先是以药事法的改正为中心开始的。也就是说，原本自 1971 年 6 月 11 日以来以保护受试者、患者为目的，青少年、家族、卫生署的指导方针已被公布，但 1976 年 8 月 24 日制定（1978 年 1 月 1 日施行）的新药事法（Arneimittelgesetz=AMG），在第 6 章"临床试验

---

①　笔者对于此问题到目前为止的研究，有以下论稿。甲斐克则：《人体実験と日本刑法（人体实验与日本刑法）》，《広島法学》14 卷 4 号（1991 年）第 53 页以下（本书第 2 章），同《医薬品の臨床試験とインフォームド・コンセント（医药品的临床试验与知情同意）》，《年報医事法学》7 号（1992 年）第 86 页以下（本书第 3 章），甲斐克則＝梶原麻佐路，《"医薬品"規格外の薬剤による薬物療法とその法的問題性（使用"医药品"规格外药剂的药物疗法与其法上的问题性）》，《年報医事法学》10 号（1995 年）第 37 页以下。

②　对于这一内容，请参照石原明《人体実験に対する西ドイツのコントロール体制（西德对人体实验的管理体制）》，《神戸学院法学》13 卷 1 号（1982 年）第 1 页以下，同《医療と法と生命倫理（医疗、法与生命伦理）》（1997 年）第 145 页以下。

的场合下对人的保护"（Schutz des Menschen bei klinischen Prülfung）中的第
40 条对一般性条件、第 41 条对特别条件进行了详细规定，考虑了对受试者的
保护。即使是在德国，通过具体的法律形式保护受试者的规定也并不多见，因
此对其内容进行分析实属必要。①

其第 40 条由 4 款构成。第 1 款规定，"针对人进行的医药品的临床试验，
仅在下述情形可被允许实施"，具体通过 8 项内容规定了其条件：（1）经过该
临床试验的对象产生的各种危险，与对医学来说医药品的预期的重要性相比
较从医学上被认为是正当的；（2）被实施该临床试验的对象，对于临床试验的
性质、意义以及射程范围在接受了医师的说明之后进行承诺；（3）被实施该临
床试验的对象，并非因法院或当局的命令被保护在某设施内；（4）临床试验，
应当由能够证明具有至少 2 年的医药品临床试验经验的医师负责监督；（5）应
当进行与在各个阶段的科学性认知的水平相适应的药理学、毒理学上的试验；
（6）向所辖的联邦当局提出有关药理学、毒理学上的试验的必要资料；（7）对
药理学、毒理学上的试验负责的科研人员，应向临床试验的监督人提供有关
该药理学、毒理学上的试验结果以及该临床试验所伴生危险的信息；（8）在临
床试验的实施过程中，为了应对试验对象被杀害、身体或健康遭受侵害的情
形，按照第 3 款的标准，应加入即使在没有人对该损害负责的情况下也支付损
害保险金的保险。

此外，作为上述承诺（第 2 项）的有效要件，第 2 款列举了受试者（1）
具有行为能力，并且理解该临床试验的性质、意义以及射程范围，在此基础
上能够决定自己的意思；（2）应自己通过书面表示承诺（无论何时都可撤回承
诺）。而第 3 款规定，"第 1 款第 8 项之保险，为了接受临床试验的受试者，必

---

① 对于德国药事法的理解，Albin Eser, Kontrollierte Arzneimittelprüfung in rechtlicher Sicht
Zu den Zulässigkeitsvoraussetzungen des Arzneimittelgesetzes, Der Internist,（1982）23, S.
218 ff 是有益的资料。

须在此法律适用范围内取得营业许可的保险商处进行投保。保险的范围，必须是临床试验所伴生危险相对应的比例，死亡或永久性丧失生活能力的情形，最少不得低于 50 万德国马克。只有保险已经被支付的情况下，损害赔偿请求权才消灭"。另外，作为与此相关联的受试者的事后救济措施，存在 1978 年 1 月 25 日根据联邦监察局通知被承认的《对于医药品的临床试验的一般性保险规定（受试者保险）》[①]［Allgemeine Versicherungsbedingungen für klinische Prüfungen von Arzneimitteln（Probandenversicherungen）］这一点也需要引起注意。

那么，未成年人的情形又是怎样呢？第 4 款规定，"对于未成年人的情形的临床试验，从第 1 款到第 3 款，适用以下标准"，再通过 4 项进行具体规定。首先，第 1 项 "医药品以未成年人的疾患的诊断或预防为目的的必须进行指示" 的规定非常重要。如果不存在这样的前提，未成年人可能会轻易被作为试验对象。承接着前项，第 2 项规定 "医药品的使用，参照医学知识，诊断未成年人疾病或从诊治疾病的角度保护未成年人时必须是适当的"，第 3 项规定 "参照医学知识，对于成年人的临床试验，不能期待充分的临床效果"。这样的规定考虑了对未成年人的具体的保护。而作为被实施情形下的程序，第 4 项规定 "承诺，应当会由法定代理人或监护人进行。该承诺，只有在法定代理人或监护人接受了医师关于临床试验的性质、意义及射程范围的说明的情形方为有效。未成年人理解了临床试验的本质、意义及射程范围，并基于此能够决定自己的意思之情形，以未成年人的书面承诺为必要"。

除以上的一般性条件之外，第 42 条规定了特别条件。即 "罹患以除去疾病为目的而使用待试验医药品的疾患之患者，对于此种临床试验，第 1 款到第 3 款适用以下的标准"，有 7 项进行了具体规定。第 1 项规定 "临床试验，待

---

① 此规定的原文，刊登在 Fischer, a.a.O.（Anm.5），S. 126 ff. 此外，石原明《医療と法と生命倫理（医疗法与生命伦理）》（1997 年）第 149 页以下有对此内容的介绍。

试验的医药品参照医学的知识，只有适用于救助患者生命、恢复其健康、或者减轻其痛苦的情形，才被许可进行实施"。并且第 2 项规定"临床试验，同样可以被许可对无生活能力或生活能力受到限制的人实施"，此外，引人注目的是，第 3 项规定，"无生活能力或生活能力受到限制的人，在理解临床试验的性质、意义及射程范围后，并基于此能够决定自己的意思之情形下，临床试验，除必要的本人的承诺之外，法定代理人或监护人的承诺亦为必要"。在此，对于"生活能力"究竟如何理解这一问题，虽然可能被认为有些暧昧，但为避免处于此状态的人容易成为受试者而出于对其进行保护的考虑，这一点是重要的。

此外，对于无意思决定能力者，第 4 项规定"如果患者不能理解临床试验的性质、意义以及射程范围，并基于此决定自己的意思，法定代理人或监护人的承诺足以"，第 5 项规定"法定代理人或监护人的承诺，只在其接受了医师对于临床试验的性质、意义以及射程范围的说明之情形下有效。对于承诺的撤回，适用第 40 条第 2 款第 2 句，"法定代理人或监护人的承诺，只有在救助患者生命、恢复其健康、或是减轻其痛苦时需要紧急的治疗，并且不能进行关于承诺的说明之情形，方非为必要"。并且第 6 项规定，承诺方式不拘泥于书面，"患者、法定代理人或监护人的承诺，在证人的见证下对主治医师口头进行的情形同样有效"，而作为特殊规定的第 7 项明确了"说明以及患者的承诺，第 1 项的治疗效果因说明而处于危险中，并且在无法承认患者的反对意思这样的特别困难之情形，非为必要"。此外，为了确保实效性，对于违反规定的，第 96 条第 10 款规定了 1 年以下的自由刑或罚金。

并且，第 42 条设置了例外规定，"第 40 条以及第 41 条，不适用医药品只有在进行了许可或被免除了许可的情形，或第 2 条第 2 款第 3 项及第 4 项所指的医药品的情形"。

上述第 40 条与第 41 条的关系，如果先借用后述的概念区别，可以认为前者属于一般性的人体实验（临床试验）的范畴，而后者可以归入治疗性实验（Heilversuch——带来对本人的治疗、改善及其他利益的期待可能性但尚未确立的疗法）的范畴。无论怎样，在此所列举的各要件都是不可或缺的，基本上可以评价为合理的内容。同样、日本于 1997 年制定了新的 GCP（医药品的临床试验的实施标准）[①]，药事法原本是将在市场上出现的医药品作为规制对象的，不能应对规格外使用或标识外使用的药品的检查。与日本的情况相对，德国法对上述问题亦有应对这一点，无疑具有重要参考价值。但是，即使在德国法中，对于如何应对所谓的单盲实验与双盲实验，在与知情同意的关系上也存在不明确的部分。[②]

接下来，在 1976 年成立（1989 年改正）的辐射危害预防规定[③]（Strahlens-chutzverordnung）中，特别是第 41 条（医学研究对于人体的放射性物质或放射线的使用）与第 42 条（医学或牙医学中放射性物质或放射线的使用），设置了详细的受试者保护的规定。在此，因为字数的限制只好割爱。

此外，将比重放在伦理委员会的作用上，这一点也非常重要。1976 年在哥廷根大学设置了伦理委员会之后，德意志联邦共和国医师会在 1979 年提示了伦理委员会的模型（只是并未公开）。在受到此影响之后，各大学或设施产生并发展了关于临床试验、人体实验的伦理性的、法律上的各种问题在伦理委员会中进行讨论的倾向。[④] 但是，是否被进行统一的管理，并不明确。

① 关于新的 GCP，参照《臨床評価》25 卷别册（1997 年）。
② Vgl. Eser, a.a.O.（Anm. 9），S. 222 ff.，bes. S. 224 f.
③ 这一规定的原文，刊登在 Held, a.a.O.（Anm. 2），S. 149 ff。对于旧规定的内容，参照石原明《人体実験に対する西ドイツのコントロール体制（西德对人体实验的管理体制）》，《神戸学院法学》13 卷 1 号第 19 页以下。
④ 关于德国的伦理委员会，参照 Erwin Deutsch, Ethik-Kommisionen für medizinische Versuche am Menschen: Einrichtung, Funktion, Verfahren, NJW 1981, S. 614 ff. Albin Eser/Hans-Georg Koch, Zum rechtlichen Wert von Ethik-Kommissionen, DMW 1982, S. 433ff. Reihard Bork, Das Verfahren vor den Ethik-Kommissionen der medizinischen Fachbereiche, 1984（以及本书第 6 章）。

三　德国围绕临床研究（试验）、人体实验的法律讨论

接下来，让我们看一下德国围绕临床研究（试验）、人体实验而进行的法律上的讨论。如前所述，德国在 20 世纪 70 年代之后，在上文所提到的药事法改正的前后，不仅限于对医药品的问题的讨论，广泛地涉及临床研究（试验）、人体实验的法律上的讨论也在持续。特别是 Grahlmann 检查官在 1977 年将治疗行为与人体实验的中间领域设定为"治疗性实验"这一缓冲地带，扩大了独自的正当化事由的讨论以来[①]，或许也存在"人体实验"这一强烈的影响被缓和的原因，从而摆脱了禁忌的世界使从法律角度进行的辩论变得活跃。这一"治疗性实验"的概念，受到了 Eser、Laufs、Fischer 等学者的支持。[②] 正如 Peter Schimikowski 论述的那样[③]，虽然治疗行为是临床医师设定具体的治疗目的，具备医学的适应性且遵守医学标准（Lege Artis）的行为，但是治疗性实验未必遵循医学标准，而是以最终确立医学标准为目的之过程的一环。与此相对，在人体实验的场合，既有具体的以患者的治疗为目的的情况，也包括与此毫无关系的情形。

以上区别，在本章开头部分提到的 1931 年帝国内政大臣所颁布的指导方针中也能发现其萌芽，就像 Laufs 所指出的那样[④]，1956 年的联邦普通法院民事判决（BGHZ20，61=NJW 1956，629）同样意识到了这一点。

[①]　Vgl. Grahlmann, a.a.O.（Anm. 5），S. 22 ff.

[②]　Vgl. Eser, a.a.O.（Anm. 5），S. 199；Laufs, a.a.O.（Anm. 5），Rdnr. 231; Fischer, a.a.O.（Anm. 5），S. 42 ff. 最近的情况, Dieter Hart, Heilversuch, Entwicklung therapeutischer Strategien, klinische Prü und Humanexperiment, MedR 1994, S. 94 ff.

[③]　Peter Schimikowski, Experiment am Menschen Zur strafrechtlichen Problematik des Humanexperiments, 1980, S. 8.

[④]　Laufs, a.a.O.（Anm. 5），Rdnr. 231.

关于这一问题，提供了法解释论的基本视点并促进了相关讨论的学者，正是 Eser。Eser 指出，人体实验（包括临床试验）的内容，第一是手术与投药的临床试验（也包括医药品的临床试验），第二是心理学上的试验，第三是社会科学的观察，除此之外，第四是基因操控这样的生物医学的试验，强调了其极其复杂的特性并在此之上对其内容进行整理，对人体实验的合法性进行了研究。① 而且，作为立法上的解决，（1）为了与人体实验有关的全部法律问题而设置详尽的特别规定的方法，与（2）一定的部分规定的创设（一方面是以特别的保障为必要的受试者人群的保护构成要件与对于特别是危险种类的研究的保护构成要件之创设，另一方面是为了被许可的研究极为重要的正当化的各原则之明确化）可以被考虑，但无论采取哪种方法，作为前提，如若应当问及"人体实验是否在最初被认为是正当的，如果是正当的在多大程度上是正当的呢"，那么可以提供三个基本的视点。② 即研究者研究的自由、受试者的自我处分权（承诺）以及利益与风险的衡量。这些视点可以说在日本同样重要，我们接下来就对其内容做一概览。

根据 Eser 的主张，首先，学问、研究的自由在德国是由其基本法第 5 条第 3 款提供保障的，但是并非毫无限制的自由，从内在的制约或是更高层次的宪法上的价值中，我们可以看出其限制范围。因此，从结果上来看，人体实验的合法性最终归结于特别的正当化事由这一问题。③ 在此情境下，自然而然，受试者的承诺、自我处分权就具有了重要意义。诚然，无论是纽伦堡原则（第一原则），抑或是世界人权公约 B 公约第 7 条，都将受试者的任意性同意视为绝对这一点并无错误，但如果考虑到，认可无承诺能力者的情况下（儿童或无意思决定能力的人等）其法定代理人而为的承诺（也可以说他人处分），将承

---

① Eser, a.a.O.（Anm. 5），S. 197 ff.

② Eser, a.a.O.（Anm. 5），S. 205 ff.

③ Eser, a.a.O.（Anm. 5），S. 206 ff.

诺作为唯一的合法化根据，并不是非常有说服力。[①] 如 Knut Amelung 指出的那样[②]，原本对承诺能力进行一刀切的规定并不妥当，应根据治疗内容或试验（实验）内容进行个别的理解。况且还有如婴幼儿的情形以及不具备意思决定能力或意思决定能力受到限制的成年人，对此慎重应对实属必要。

在这里，更不得不考虑利益与风险的衡量。根据 Eser 的主张，受试者不得被贬低其品位成为对实验者言听计从的客体，不得被暴露在其（风险的）范围与大小不能通过具有期待可能的知识的获得而被填充的风险之下。[③] 对于其他方面，Eser 认为，也要考虑"被许可的危险"或"正当化的紧急避险"，但对于"正当的（研究）利益的承认"〔Wahrnehmung berechtigter (Forschungs-) Interessen〕这一 Grahlmann 主张的正当化事由（最初是由 Eser 倡导的），在此情形下适用具有困难。[④] 无论怎样，临床试验、人体实验的正当化，通过哪一个单独的正当化事由来作为基础都是困难的，正如 Grahlmann 和 Eser 所主张的那样，不得不将其作为累积的（东西）来考虑。[⑤] 正是沿着这样的方向，其在此后同样得到了 Schimikowski 以及 Held 的支持。[⑥] 作为笔者自身，正经由"正当化事由的竞合"这一观点对此问题进行思考。[⑦]

此外，更值得注目的是，最近对于利用无承诺能力者及限定承诺能力者进行的研究，马堡大学提出了所谓"马堡指针"〔Marburger Richtlinien zur Forschung mit einwilligungsunfähigen und beschränkt einwiwilligungsfähigen

---

① Eser, a.a.O.（Anm. 5），S. 207 ff.

② 参照 Knut Amelung（甲斐克则译）《承诺能力について（关于承诺能力）》，《広岛法学》18 卷 4 号（1996 年）第 209 页以下。Vgl. Auch Schimikowski, a.a.O.（Anm.17），S. 19 ff.

③ Eser, a.a.O.（Anm.5），S. 210.

④ Eser，a.a.O.（Anm.5），S. 211 ff.

⑤ Vgl. Grahlmann, a.a.O.（Anm.5），S. 22 ff.；Eser, a.a.O.（Anm.5），S. 210 ff.

⑥ Vgl. Schimikowsk, a.a.O.（Anm.17），S. 18 ff.；Held, a.a.O.（Anm.2），S.48 ff. u. S. 80 ff.

⑦ 参照甲斐克则《人体実験と日本刑法（人体实验与日本刑法）》，《広岛法学》14 卷 4 号（1991 年）第 85 页（本书第 2 章第 61 页）。

Personen（vom 27.3.1996 in der Passung vom 22.1.1997）]。^① 这一指针由 6 个条文构成，将侵袭行为分为①治疗；②治疗性实验；③临床试验；④比较临床试验（vergleichender klinischer Versuch——该临床试验，尤其是还未确立的治疗或是在与安慰剂治疗的比较后实施的情况下，只是间接性利益）；⑤狭义的知识性实验（Wissensversuchen——在研究的时候，对本人来说无治疗、改善及其他利益的期待可能性的情况）；⑥广义的知识性实验（对本人来说有治疗、改善及其他利益的期待可能性，但不超过危险等其他不利益）。对②至⑥分别规定了各自的可接受要件（第 3 条）。根据其规定，无承诺能力者以及限定承诺能力者的情形，对于②治疗性实验和③临床试验与①的治疗作同样的考虑，充其量考虑法定代理人的承诺（第 4 条），在④比较临床试验中，直接性或间接性的利益，只有在优于业已确立的治疗的期待可能性之情形下，可以被纳入试验群（第 5 条）。与此相对，⑤狭义的知识性实验和⑥广义的知识性实验原则上不被认可（第 5 条第 1 款），尤其是对于受试者存在巨大不利益的情形历来不被认可，但如果是事先在具有承诺能力的状态下对参加研究进行了承诺的情形，认可因受试者的自由决定而生的正当化（同第 2 款）。此外，对本人来说不存在有利或不利的情形，或是不利益与直接、间接利益之间保持平衡的情形下，广义的知识性实验，其研究计划即使对于有承诺能力者不能被实施也是可以被接受的（同第 3 款）。在此时，保护者或监护人，在某些情形下监护，法院的同意也是必要的（同第 2 条、民法第 1904 条）。

这一指针，在考虑对不具有或被限制承诺能力的对象之保护或临床研究、实验的合理控制之上，对于在日本进行的讨论同样是有益的。

然而，这一问题只依靠实体法层面上的解释论无法得到圆满的解决。Eser 较早地察觉到了这一点，极力主张程序性保障的重要性，伦理委员会的设置、

---

① Georg Freund/Friedrich Heubel, Forschung mit einwilligungsunfähigen und beschränkt einwilligungsfähigen Personen, MedR 1997, S. 347 ff.

研究协议的制作、对于潜在性损害为了受试者投保险以及虽然是双刃剑从伦理性、法律性上不被接受的人体实验的公开禁止，以上的各点都已经提及。① 伦理委员会的设置和研究协议的制作，即使现在看来已经是理所当然的，但在 20 世纪 70 年代是划时代的提议。对于伦理委员会，Deutsch 在接下来也出于使受试者保护的实效性得以保持而进行了各种提案②，Eser 同样在稍后对这一思想进行了发展。③ Eser 主张的要点可以归结为以下几点：扩大伦理委员会人员构成的范围、对充分的事实的把握、决定结果以及理由的告知等的提案。此后，对于伦理委员会应有的存在形式直至法律责任的论点都包括在内，经由 Borg 与 Deutsch 等人进行了各种各样的提案④，但由于文章内容的限制只能割爱。

对于医药品的临床试验，即使在新的药事法成立之后对此问题的讨论仍在继续。尤其是对于安慰剂（Placebo）的问题，Fincke 先人一步，主张安慰剂的使用或双盲实验违反了知情同意权而构成犯罪。⑤ Eser 对此观点进行了批判，认为通过不真正不作为犯的构成而导出其可罚性这一点，是对欠缺相应的保障义务的误解。"之所以这样认为，是由于原则上治疗义务，只有在使用经过测试的有效药剂的时候才有可能被面对，并且事先经过预测的安全性，恰恰是应当通过试验首次被确认。"⑥ 此外，Laufs 也抱有与 Fincke 同样的疑问，主张与其说应当禁止此类试验，还不如给予试验组的构成人员在研究上的信息及选择

---

① Eser, a.a.O.（Anm. 5），S. 213 ff.; vgl. Auch ders., Heilversuch und Humanexperiment Zur rechtlichen Problematik biomedizinischer Forschung, Der Chirung 1979, S. 215 ff., bes. S. 221.

② Vgl. Deutsch, a.a.O.（Anm. 14），S.614 ff.

③ Vgl. Eser/Koch, a.a.O.（Anm. 14），S. 443 ff.

④ Vgl. Borg, a.a.O.（Anm. 14）; Erwin Deutsch, Verkehrssicherungspflicht bei klinischer Forschung-Aufgabe der universitären Ethik-Kommissionen? MedR 1995, S. 483 ff. Vgl. Auch Claus Dieter Classen, Ethikkommissionen zur Beurteilung von Versuchen am Menschen: Neuer Rahmen, neue Rolle, MedR 1995, S. 148 ff.

⑤ Fincke, a.a.O.（Anm. 5），S. 29 ff.

⑥ Eser, a.a.O.（Anm. 5），S. 203, Anm. 40.

权。[①] 在认可使用安慰剂的同时，究竟如何对受试者进行保护，不得不考虑一定的制度设计，从这一点上可以说无论是在德国还是在日本都是相同的。

在其他方面，针对胎儿实验，或是因艾尔兰格（Erlanger）事件而著名的对于脑死亡的孕妇的实验[②]，对早期胚胎的基因操作等生物医学实验等的对应也在进行讨论。利用早期胚胎进行的实验，虽然在 1990 年成立的胚胎保护法中通过刑罚被禁止，但针对上述其他的实验，却没有明文规定。

四　结语

以上，对德国有关人体实验、临床试验的法律体制与法上的讨论进行了概观，对于医药品的临床试验，在受试者的保护这一环节进行得相当深入。作为法律体制，到现在还未摆脱个别单独对应的情况，这一方面做的并不充分。为了实现从个别单独的对应到对受试者一般的保护，应当努力制定如法国的受试者保护法[③]这样的基本法。

此外，较其他更为重要的是，作为其理论性基础，有必要确立受试者保护的医学正当程序（Medical due process）的法理。也就是说，对于诸如人体实验、临床试验、治疗性实验这类的实（试）验，同样从社会性的观点考虑，难道不可以认为如果没有医学的正当程序的保障，此实验或治疗是违法的吗？医

---

① Laufs, a.a.O.（Anm. 5），Rdnr. 239; vgl. Auch Gerfried Fischer, Rechtsprobleme der Trendbeurteilung bei der klinischen Prüfung von Arzneimitteln, MedR 1987, S. 77 ff. 此外，作为讨论围绕癌症治疗的有关药事法的新问题的文献，可见 Dieter Hart, Arzneimittel- und haftungsrechtliche Aspekte neuer Krebstherapien, MedR 1997, S. 51 ff.

② Vgl. Eric Hilgendorf, Forum: Zwischen Humanexperiment und Rettung ungeborenen Lebens—Der Erlanger Schwangerschaftsfall, JuS 1993, S. 97 ff.

③ 参照樋岛次郎《人体実験と先端医療——フランス生命倫理政策の全貌（人体实验与先端医疗——法国生命伦理政策的全貌）》，《Studies》No.3（1995 年）第 3 页以下，同《先端医療のルール——人体利用はどこまで許されるのか（先端医疗的规则——人体利用被允许到何种程度）》（2001 年·講談社現代新書）第 37 页以下。

学正当程序的内容，不仅包括从实验阶段开始，确保每个受试者、患者的同意知情权，在此之前的阶段是否给予了他们深思熟虑的时间（包括提供咨询），对于安全性等是否经过了伦理委员会恰当的审查，对于给人类带来巨大影响的，在不侵害隐私权的范围内公开信息，在某些情况下检查是否获得了社会性共识或承认，欠缺该其中之一的基本程序，该行为即违法，禁止依此违法行为获得的数据发表学术论文或冻结此后的研究经费等行政处分，或是根据侵害的程度接受民事、刑事的制裁。固然在尊重研究自由的同时，现今不正需要如此这般全面的受试者保护体系吗？正如在欧洲出现的一些动向 ①，面向将来根据具体情况也许不得不考虑制定国际统一的规则。在本文中，因内容受限的关系存在论述不充分的部分，只能通过其他论稿进行补充。

（责任编辑：熊樟林）

---

① Vgl. Richard Giesen, Internationale Maßstäbe für die Zulässigkeit medizinischer Heil- und Forschungseingriffe. Das Vorhaben einer europäischen Bioethik-Konverntion, MedR 1995, S. 353 ff.

替代诊疗方案的说明义务

——日本最高裁判所相关案例考察

夏 芸[*]

摘 要 自《侵权行为法》规定医务人员在诊疗活动中对替代医疗方案应承担说明义务以来，相关司法诉讼屡见不鲜。然而，由于法律对替代医疗方案之概念无明确定义，故司法实践中对相关说明义务的处理较为困惑。针对这一问题，本文做了以下探讨：(1) 梳理及分析我国对替代医疗方案之概念的理解分歧点，论证替代医疗方案之定义；(2) 对近年日本最高裁判所相关判例展开逐一考察、分析及归纳；(3) 阐述日本法对替代医疗方案之说明义务的处理要点——大致依照替代医疗方案是否为临床标准治疗方案进行分类，对各类情况下的说明义务的产生、说明义务的范围及说明程度做不同处理；(4) 论述对我国的借鉴意义。

关键词 替代医疗方案 说明义务 知情同意

一 问题及考察对象

（一）提出问题

自我国《侵权行为法》第55条规定"替代医疗方案"之说明义务以来，

---
* 夏芸，东南大学法学院教授。

以未告知"替代医疗方案"为由提起的医疗纠纷诉讼极为常见。然而,"替代医疗方案"无相关司法解释,也非我国医疗临床习惯用语,导致司法实践中法律界和医学界对其理解分歧较大。

概观法律界认识现状:首先,对"替代医疗方案"概念,理解为"以甲换乙,能起到乙的作用""能够取代现有医疗计划,并起到相同效果的另一医疗计划"的不在少数,换句话,即指具有相同疗效的医疗方案。其次,对"替代医疗方案"的范围,有说"跨科室或跨学科的医生实施的另一套完整治疗计划",也有说"依据具体标准(法律法规明文规定的)和抽象标准(法律法规未明文规定的,依据医疗水平)认定",还有说"不限于西医、不限于治疗方案的公认医疗方案",等等。最后,对"替代医疗方案"说明程度,有追求面面俱到之严格说明义务之倾向。①

然而,医疗界及相关人士多认为,(1)在概念上,因为"即使从国际医疗临床范围看,也很难找到疗效完全相同的治疗方案",所以法律界的解释脱离临床实际;(2)对说明范围,医学界主流观点认为,应限制在"诊疗技术规范中明确规定的、可用于治疗某些疾病的几种治疗方案,凡目前学术界正在研究讨论的,或医学专家个人习惯用于治疗某种疾病,但未得到行业认可的治疗方法,都不属于替代医疗方案"(以下简称"标准诊疗方案论");(3)对严格说明程度,医学界反驳说,说得面面俱到需要时间,不考虑给增加医生负担等现实问题,面面俱到只能是完美论。②

---

① 参见李东、常林《替代医疗方案的法律解读》,《中国卫生法制》2013 年第 6 期;魏威、杨军、张明、叶杨《替代医疗方案说明义务的立法精神与实现》,《医院管理论坛》2013 年第 7 期;马辉、林中举《浅议医疗方案的范围》,《医学与社会》2015 年第 4 期。

② 参见王辉、郑雪倩、高树宽、刘宇、纪磊、王玲《医疗机构告知问题的相关探讨》,《中国医院》2013 年第 5 期;韩翠芳《替代医疗方案告知缺陷引发纠纷的思考》,《医学信息》2014 年第 10 期。

（二）问题的梳理

1. "替代医疗方案"概念

（1）医学上的概念

"替代医疗方案"最初出现于日本医疗纠纷损害赔偿案件，日语的"替代"，即汉语"代替或代用"之意。它本是日本医疗临床的常用术语，意指医生首选的诊疗措施之外的、能够有助于诊断患者病情，或者对患者病情有一定疗效的其他诊疗措施。医生诊断治疗疾病的过程，就是一个依据不断收集具体患者的病情信息，在适合患者的诊疗方案中作选择的过程，这是医疗的共性，并且疗效完全相同之诊疗手段实际不可能存在，因此，所谓"替代医疗方案"，在我国医疗临床上，也只能指医生首选之外的、有一定疗效的诊疗措施。

（2）法理上的概念

《侵权行为法》第 55 条前款规定：医务人员在诊疗活动中应当向患者说明病情和医疗措施。需要实施手术、特殊检查、特殊治疗的，医务人员应当及时向患者说明医疗风险、替代医疗方案等情况，并取得其书面同意；不宜向患者说明的，应当向患者的近亲属说明，并取得其书面同意。

在实施有侵袭性的医疗行为前必须得到患者承诺，否则其违法性不能被阻却，这是侵权行为法 18 世纪就奠定的法理（19 世纪后，进一步成熟为知情同意法理）。基于此，第 55 条的"可替代医疗方案"之说明义务，应指对"医生首选之外的、有一定疗效的有侵袭性的诊疗措施"的说明义务。

这里应该区分两个概念：一是"替代医疗方案"，是指医生首选之外的、有一定疗效的其他诊疗措施；二是"替代医疗方案"说明义务，指"医生首选之外的、有一定疗效的具有侵袭性的诊疗措施"的说明义务。换言之，只有对具有侵袭性的"替代医疗方案"，医生才应承担说明义务。

2. "替代医疗方案"说明义务的范围

至此可看到，上述"替代医疗方案"说明义务之概念，实际也对"替代医疗方案"说明义务之范围在法理上明示了界定标准——"有侵袭性"。"有侵袭性",既指手术等积极诊疗措施的风险副作用、后遗症,也当然包括保守性观察治疗等措施的风险副作用、后遗症(例如癌症的保守疗法,在某种情形下比手术预后更差等)。

对照这一标准,前述我国法律界对"范围"的理解显然有很大偏离。

另者,对医疗界主流的"标准诊疗方案论",又该怎样评价呢?

首先,医疗界对"侵袭性"之标准,并无关注。既然强调要合理使用医疗资源,不能让医生承担过重负担,那么,如果"标准诊疗方案"并不具有"侵袭性",说明是否给医生添加了不必要的负担?

其次,虽然医学在不断进步,但伴随生活环境的改变,人类疾病的病理机制也日趋复杂,加之患者的个体差异,故要承认:现代医学对许多疾病还是束手无策,标准诊疗方案的疗效也不绝对稳定。所以,医生在选择诊疗方案时,既需要有高度专业视角,也需要考虑患者的具体需求。基于这一考虑,笔者认为,"标准诊疗方案论"有待商榷。

3."替代医疗方案"说明义务的程度

对"替代医疗方案",该做什么程度的说明?

迄今为止,对要实施的诊疗方案的说明程度虽然有一些讨论,然大多停留于抽象概念性程度,缺乏结合具体案例的深入性探讨。对医生首选诊疗方案的说明程度尚如此,对"替代医疗方案"说明程度的关注不足,更不待言;此外,司法实践中存在的要求说明得面面俱到之倾向,也在某种程度上导致了医疗方的不满。

法律界之所以对说明程度问题关注甚少,我想其最大障碍在于其涉及较多医疗专业及临床实践知识。但是,既然《侵权行为法》第 55 条将"替代医疗方案"列入了说明义务范围,并且,在医疗损害赔偿司法实践中,说明程度(是否尽到说明义务)也是常见的主要争点,那么,法律界就不能回避这一课题。

（三）本文考察对象及目的

研究日本近年相关司法实践，在感到"替代医疗方案"说明义务呈现各种复杂态样的同时，也不乏受到启迪之处。因此，本文选择若干近期日本最高裁判例作为考察对象，重点关注其对"替代医疗方案"说明义务的处理，从中理出可供我国参考的因素。

二　判例介绍

（一）自然分娩案

1. 事实概要 ①

某女怀孕后，在甲的医院作产前诊断。甲医生诊断胎位异常（臀位），但依据检查结果仍预定实施自然（经阴道）分娩。该女感到不安，每次产检其夫都表示希望剖宫产，但甲对其说：选择自然分娩有医学依据，且届时若发生问题可立即转为剖宫产，剖宫产也有危险性等。预产期临近，该女住进被告医院，其夫再次希望剖宫产，甲仍劝说自然分娩。

预产期已过，孕方担心胎儿发育过大，表示更无信心自然分娩；甲认为胎儿不会很大（预产期两周前预测胎儿体重 3057 克，但之后未再测）。次日内诊，发现胎位与预想不同，是复合臀位（即胎儿的双侧髋关节和膝关节屈曲，以臀部和双足为先露部，相当于胎儿蹲在子宫里），且宫颈已软化，甲使用催产素促进自然分娩。分娩过程中，由于羊膜囊强韧不能自然破水，遂实施人工破膜，可是破水后脐带脱出阴道，胎儿心率急剧下降。甲试图将脐带送回子宫，但未奏效，便开始臀位牵引（甲的医院虽具备剖宫产手术条件，但即令破水后

---

① 日本最高裁 2005 年 9 月 8 日第一小法庭判决，《判例时报》第 1912 号，第 16 页。

立即转剖宫产，至胎儿娩出至少也需要 15 分钟，故甲认为当时改剖宫产的预后不佳）。在脐带脱出 2 分钟后胎儿娩出，呈重度假死状态，4 小时后死亡。

产妇主张：甲对胎儿臀位自然分娩的危险性、与剖宫产的利弊比较等未作充分说明，导致自己决定分娩方案的意思决定权被剥夺，失去了剖宫产机会。

2.（2005 年）最高裁判决要旨

首先，因孕方要求剖宫产在医学上有适当理由，故甲应对其有所重视，在使用催产素促进自然分娩之前的阶段，应尽可能监测胎儿体重，并向孕方说明臀位情况下可选择哪几种分娩方案以及提供使孕方作出选择所需要的重要医学信息，应具体说明为何自然分娩方法比较妥当，并且还应说明，因自然分娩失败时改剖宫产需要一定时间，故也可能发生来不及改剖宫产的紧急情况。

其次，在开始使用点滴催产素前，应告知孕方最新监测到的胎位是复合臀位，以及复合臀位采取自然分娩的危险性，让孕方决定是否接受自然分娩。

然而，甲仅向孕方说明了自然分娩的一般危险性，并未说明胎儿最新状态以及当时仍然选择自然分娩的理由，甲关于异常情况下改为剖宫产的说明也导致孕方误解，故未尽说明义务。

（二）脑动脉瘤手术案

1.事实概要 [①]

患者于 1996 年 1 月在某医院被确诊为左内颈动脉分叉部动脉瘤。因无症状瘤体无出血，依据当时医疗水平，对此可进行观察保守治疗，亦可（预防性）进行外科手术治疗。

该院医生向患方说明：（1）此类脑动脉瘤有 6 成病人不破裂，非手术治疗也可正常生活，但有 4 成未来 20 年中破裂；（2）外科治疗有开颅动脉瘤夹闭术（开颅，永久性夹闭动脉瘤颈部，致血流不再进入瘤体。以下简称"开颅

---

① 日本最高裁 2006 年 10 月 27 日第二小法庭判决，《判例时报》第 1951 号，第 59 页。

术")及血管内介入栓塞术（从大腿根动脉将导管推送到患部，由导管向瘤体内注入弹簧圈，以封闭瘤体血液通道。以下简称"栓塞术"）；（3）开颅术治愈率为95%，5%发生后遗症；（4）栓塞术可能出现弹簧从患部溢出，引起脑梗死。采取哪种方案，由患者本人选择，即使选外科手术，也是若干年后的事，眼下不急。

数日后，患方表示希望进行开颅术，于是开颅术预定在同月29日实施。

然而，同月27日，病例研讨会决定：根据患者瘤体部位，开颅术相当困难，目前未破裂，还是先实施栓塞术为好，不顺利时，再对患方说明开颅术后遗症风险，如能接受，则实施开颅术。

同月28日，医方向患方告知了这一决定。患方问："上次不是说，之后弹簧圈可能溢出引起脑梗死吗？"医方答：若手术不顺利则不勉强进行，立即回收弹簧圈再考虑新方案。说明历时30—40分钟，内容涉及栓塞术可能并发脑梗死风险，并发症致死率为2%—3%等。同日傍晚，患方对栓塞术作出了承诺。

但在29日的栓塞术中，插入动脉瘤内的弹簧圈部分溢出瘤体外，瘤体栓塞不成功，尝试回收弹簧圈也不成功，当即实施开颅术，但也未能全部除去弹簧圈。患者在术后因溢出的弹簧圈导致脑梗死进而死亡。

2.（2006年）最高裁判决要旨

当可适用于病人的标准诊疗方案不止一个，可选预防性手术方案，也可选择保守观察方案时，若该选择关系到病人自身生活方式及生活质量，并且作决定的时间也很充裕，医生应通俗易懂地说明各疗法的异同及包括保守观察在内的各方案的利害得失，让患者充分酝酿后作出决断。

开颅术可能损伤神经，但若术中动脉瘤破裂，比栓塞术较容易处理；栓塞术对身体侵袭程度小，但可能导致动脉栓塞继发脑梗死，并且在术中如果瘤体破裂则对应困难，无论如何都需要转为开颅术。本案医生具备这一认识，应事先通俗易懂地告知患方。

术前的病例研讨会判明开颅术存在较大困难，改为实施栓塞术，会后，医生应向患方具体告知栓塞术的风险，让患方充分认识开颅术及栓塞术的危险，重新思考接受栓塞术或者选择保守观察。

（三）乳房保留手术案

1. 事实概要 ①

1991 年 2 月，某女在甲的诊所（乳癌研究会会员）被确诊为乳癌。虽然甲曾实施一例乳癌的乳房保留术，但基于该女病情，甲认为应立即实施乳房全切。甲对该女详细说明了全切术的信息，还提及也有乳房保留术，但目前对该手术疗法评价不一，术后放疗可能致局部皮肤变黑，并且如癌症复发还要再次手术切除等。

在承诺接受全切手术后，该女看到一条有关乳癌治疗正转向尽可能留存乳房的报道。于是在术前两天入院时，该女向甲递交了一信，信中表露了她对切除乳房手术徘徊动摇的心情。

甲未回复，还是按期实施了乳房全切术。手后病理显示：癌组织无浸润，也无淋巴转移。

该女认为：自己希望进行乳房保留术，甲未尽充分说明义务。

2.（2001 年）最高裁判决要旨

"一般而言，预定实施的疗法（手术方式）应是已在医疗水平中被认可的疗法，对其它尚未得到认可的疗法，不能要求医师也要承担说明义务。尽管如此，也不能否定在有的情况下，即使是尚未被认可的疗法（手术方式），医师也要承担说明义务。至少，当某一疗法（手术方式）已在不少医疗机构被实施、有为数不少的实施先例、在有实施经验的医师中正被积极评价时，如该患者有可能适用该疗法（手术方式），且该医师也明确知道患者强烈希望了解此

---

① 日本最高裁 2001 年 11 月 27 日第三小法庭判决，《判例时报》第 1769 号，第 198 页。

疗法（手术方式）是否适合自己以及是否有可能实施，那么，即使该医师对此疗法（手术方式）采取消极态度并拒绝亲自实施，但也应在自己了解范围内向患者说明该疗法（手术方式）内容、适用可能性以及该疗法的利弊。"

乳癌手术对患者，"不仅带来身体障碍，而且因外貌改变在精神和心理产生显著影响，还与患者生活方式以及人生最基本的生活质量有关，所以在实施乳房全切除手术时，与不具有上述性质的其它一般手术相比，对可选择乳房保留疗法的说明更应受到强调"。

本案医生在收到患者信件后，未向患者说明患者可能适合乳房保留疗法以及正在实施该疗法的医疗机构名称地址，未尽到诊疗契约上的说明义务。

三　判例分析

（一）自然分娩案

1.要点归纳

（1）在产前诊断阶段，因预测胎儿臀位，孕方多次表示希望剖宫产，而医方未适时监测胎儿体重，却自信认为胎儿不会很大，可以实施自然分娩，失败时再改剖宫产。此时医方仅向孕方告知了自然分娩的一般危险性以及"剖宫产也有危险"，未尽到说明义务的内容是：臀位情况下可选择哪几种分娩方案、各方案的利弊、预定实施自然分娩的理由以及自然分娩失败时可能出现来不及改为剖宫产的紧急情况。

（2）预产期过后，胎儿被确诊为复合臀位，医方决定用催产素促进自然分娩时，违反说明义务的内容是：应告知孕方最新监测到的胎位是复合臀位，复合臀位下采取自然分娩的危险性，由孕方决定是否接受自然分娩。

2.分析

臀位指胎儿先露部为臀部，是异常胎位中最常见的一种。臀位分娩可发生宫缩乏力，使产程延长，易发生产后出血；臀位胎膜早破又易并发脐带脱垂，增加新生儿死亡率；臀位分娩过程中，最后娩出的胎头常易发生娩出困难而导致新生儿窒息等损伤，甚至可因胎头娩出时间过长而死产。所以患方希望剖宫产，可以避免上述难产情况的发生，在医学上有其理由。

然而，剖宫产也可能发生麻醉药物的副作用以及一系列并发症等；并且母体手术刀口恢复期长，术后子宫有一定概率形成瘢痕子宫，导致以后妊娠时可能发生子宫破裂，甚至子宫伤口也可能继发成腹膜炎、肺栓塞，感染导致败血病，引发生命危险。另外，胎儿臀位在怀孕 30 周后胎儿多能自然转成头位分娩（正常胎位）；并且即使臀位临产，如能在宫颈口充分开全后，按臀位分娩机转及时恰当处理，也可降低臀位胎儿的死亡率；医方诊所也具备剖宫产条件，自然分娩失败时可转剖宫产。所以，医方在产前决定自然分娩，也有其医学上的理由。

但是，臀位分娩毕竟风险系数较大，医方应谨慎并做好万全的准备：包括纠正胎位的指导、孕期 30 周后对胎位适时监测、对胎儿体重适时监测以防胎儿过大加重难产度以及发生紧急情况时能及时改为剖宫产的措施等。可是从本案事实经过看，医方并未尽到上述注意义务。并且，当产期确诊为复合臀位时，因自然分娩的成功率较小，风险明显增大，此时医方仍坚持自然分娩的行为虽不能认定为过失，但其坚持的理由在医学上值得推敲。

本案判决以"孕方希望剖宫产的请求在医学上有适当依据"为由，认定在产前诊断阶段，对剖宫产和自然分娩的风险利益权衡，医方未尽到说明义务；并且在确诊为复合臀位后，对仍然坚持自然分娩的理由也未尽到说明义务。判决对本案说明义务，显然作了严格要求。

由上可见，"孕方希望剖宫产的请求在医学上有适当依据"，是本案"替代医疗方案"说明义务产生的理由。由事实背景分析还看出，医方在技术上未尽到完全的注意（而因为本案原告对此未提出诉求等不能认定过失）义务，也是本案判决的考量因素之一。

对于将"孕方希望剖宫产的请求在医学上有适当依据"作为"替代医疗方案"说明义务发生的依据,日本医事法学界多数学者表示赞同。亦即,只要不存在患者表明希望了解其他"替代医疗方案"等特殊情况,医方对其他标准"替代医疗方案",无须承担同等的说明义务。当然,也有少数反对见解。[①]

(二)脑动脉瘤手术案

1. 要点归纳

(1)患者的左侧颈内动脉瘤无症状无出血,可以长期保守观察,没有进行外科手术的迫切性;(2)医方对开颅术,仅说明有95%治愈率及5%并发症发生率;对栓塞术,仅说明术中可能出现弹簧从患部溢出,引起脑梗死;(3)27日术前讨论会发现开颅术困难,预定29日实施栓塞术;会后28日告诉患者这一决定,并告知了栓塞术可能并发脑梗死以及并发症致死率为2%—3%;等等。

2. 分析

正如本案医生所说,本案脑动脉瘤有6成不破裂,非手术治疗也可正常生活,但有4成未来20年中破裂。患者当时无任何症状,没有立即进行外科手术的紧迫性。先保守观察、看情况变化或者再考虑外科手术是个较为合理的选择。但是,患者选择了立即接受开颅术。究其原因,恐惧破裂心理当然为主,但是不能否定,也受到医生不充分的说明的影响。因为医方对开颅术,仅说明有95%治愈率及5%并发症发生率;对栓塞术,仅说明术中可能出现弹簧从患部溢出,引起脑梗死。关于两种手术术中可能发生的风险及利弊权衡——开颅术可能损伤神经,但术中如果动脉瘤破裂,比栓塞术较容易处理;栓塞术对身体侵袭程度小,但可能导致动脉栓塞继发脑梗死,并且在术中如果瘤体破

---

① 对此,学界赞成者占多数。参见小池泰《判批》,《民商》134卷3号491页;峯川浩子《分娩方法に関する説明義務違反と機会の喪失》,《医事法判例百選》70页。

裂则对应困难，无论如何都需要转为开颅术——本案医生虽有认识，却未告知患者。可以认为，医方不充分的说明误导患者对开颅术产生了轻信和好感。

再则，当 27 日研讨会判断开颅术难度大时，本应如实告知患者，并详细说明栓塞术的手术风险，让患者考虑是保守观察，还是进行栓塞术后再定医疗方案，但是研讨会早早定下 29 日实施栓塞术，并且 28 日告知患者时，仍然只说明了栓塞术可能并发脑梗死以及并发症致死率为 2%—3% 等，没有告知最关键的信息：栓塞术不仅可能并发脑梗死，而且在术中如果瘤体破裂，则需要立即转为开颅术，然而对该患者，正因为开颅术难度高才改为了栓塞术。

本案判决以方案的选择"关系到病人自身生活方式及生活质量，并且（病情无紧迫性）作决定的时间也很充裕"为由，认定医方对三个标准方案都要承担说明义务，并且是同等严格的说明义务。从事实关系看，这一判决是合理的。因为本案医方违反说明义务导致患者屡屡作出了不合理决定，尤其如果 28 号医方作了充分告知，可以推断，患者拒绝栓塞术的概率不小。

（三）乳房保留手术案

本案争点在于：针对患者的病情，医生预定实施标准疗法，但患者希望了解尚未形成临床标准治疗方案的疗法。医生对此有无说明义务。

判决认为，一般情况下，不能要求医生说明；但是在下列特殊情况下，医生要承担说明义务。（1）不少医疗机构正在实施该疗法，该疗法也适合该患者；（2）患者希望了解，这一点医生也知道。尤其在本案中，因为乳癌手术"不仅带来身体障碍，而且因外貌改变在精神和心理产生显著影响，还与患者生活方式以及人生最基本的生活质量有关"，所以乳房保留手术的说明更有必要。

但是对于说明程度，通过判决中"医生在自己了解范围内""在收到患者信件后，未向患者说明患者可能适合乳房保留疗法以及正在实施该疗法的医疗机构名称地址"等表述，可以看到较为宽松的态度。

四　总结

日本在 20 世纪 90 年代发生了一系列脑瘤手术诉讼。在处理中，多数下级裁判所认为，医生不仅对标准手术方案而且对其他可替代疗法也应承担说明义务。"尤其在患者面临对自己的生命、今后的生活有极大影响的重要决定时，这一义务更显重要。"[①] "当对保守疗法还是外科手术有争论、并且外科手术伴有死亡或严重后遗症时，医生理所当然有义务向患者说明……保守性疗法和手术的利害得失等，以使患者能够自由选择接受保守疗法还是外科手术疗法。"[②] 然而，截至 2001 年，乳房保留手术案判决之前，对可替代疗法的说明，最高裁判所一直秉承"应由作为善良管理人的医生，根据具体情况作出适当判断"之立场。[③] 乳房保留手术案判决，是最高裁判所首次对可替代方案的说明义务给予肯定的案例。

但是，对于可替代医疗方案的说明义务，日本法并没有作一刀切处理。通过判例考察，可以总结出以下几点处理原则。

（一）标准可替代诊疗方案

2005 年自然分娩案、2006 年脑动脉瘤手术案的争点，都是关于标准替代治疗方案的说明。在处理上，有以下共同特点：

1. 一般情况下，对标准替代诊疗方案，不要求医生履行说明义务；但在某些特殊理由下，医生须承担说明义务。

在判旨论述中，自然分娩案判决将"孕方希望剖宫产的请求在医学上有适当依据"、脑动脉瘤手术案判决将"关系到病人自身生活方式及生活质量，并

---

① 日本东京地裁 1996 年 6 月 21 日判决，《判例时报》第 1590 号，第 90 页。

② 日本东京高裁 1999 年 5 月 31 日判决，《判例时报》第 1733 号，第 37 页。

③ 日本最高裁 1981 年 6 月 19 日第二小法庭判决，《判例时报》第 101 号，第 54 页。

且（病情无紧迫性）作决定的时间也很充裕"作为说明义务产生依据。这就意味着，在两案中，如果不存在上述理由，对标准替代医疗方案，医生一般无须承担说明义务。判例的这一立场也得到主流学说赞同。

2. 标准替代诊疗方案说明义务一旦发生，说明程度要求严格

自然分娩案中，因孕方始终希望剖宫产且在医学上有适当依据，孕方对疗法的选择受法律保护，所以判例要求医方应对自然分娩以及剖宫产两种方案履行详尽的说明义务。更何况，医方在医技上也欠缺某种程度的注意义务（本案原告对此未提起诉讼），所以判决对说明义务更持严格态度。

在脑动脉瘤手术案中，由于治疗方案直接关系患者生活方式及质量，并且病情无紧急性，有充足时间说明和选择，所以判决也要求医方对所有标准诊疗方案承担同等严格的说明义务。

从下级审案例论述也可见，由于当替代诊疗方案对患者生命安全、生活质量方式等重大决定至关重要时，说明义务才会发生，当然应对相关的诊疗方案做同等程度的说明，否则患者权衡利弊后的决定不可能实现。

（二）尚未成为临床标准的替代诊疗方案

从乳房保留手术案判决可看到最高裁判所的立场。

1. 一般情况下，不要求医生说明；但是特殊情况下，医生要承担说明义务。

2. 说明的程度要求宽松。

（三）关于实施义务

这是相关联之问题：当可替代疗法说明义务发生时，医生是否也要承担实施义务？

除脑动脉瘤手术案外，其他两案都涉及这一问题。

乳房保留手术案中，对疗法有效性、安全性未成熟的疗法，判决明确认为：既然医生认为乳房全切术对患者是最佳手术方式，所以不但没有义务改变

自己的决定去亲自实施乳房保留疗法，而且也没有义务劝说病人转院接受该疗法。这一态度与下级审及主流学说一致。因为"当医生对疗法有效性、安全性持怀疑态度时，要求医师承担实施义务，将使医师限于自我矛盾之困境"。[①]

自然分娩案中，原告也提出医生有实施剖宫产的义务。一审、二审及最高裁判所均维持了一贯立场："只要医生认为某疗法最妥当，就没有义务改变自己的判断而实施患者选择的疗法。"[②]

五 借鉴意义

（一）对医患关系冲突的柔软处理手法

尽管最高裁判所在乳房保留手术案判决中，明确了"可替代疗法"说明义务的法律地位，但同时兼顾到医疗临床医生的客观工作实际，将该说明义务的发生设定在特殊情况下，并且针对具体情况，对说明义务范围以及程度作了指导性处理。这种坚持原则，又不失于兼顾具体情况的细腻处理，在缓解医患纠纷、平衡双方利益中起到重要作用。

（二）合理医生兼顾具体患者的二重标准

有关说明义务的判断标准，最高裁判所过去一直采纳"合理医生标准"。[③] 但 20 世纪 90 年代末，下级裁判所开始出现重视具体患者标准倾向，学界也出现二重标准说并逐渐得到司法界支持。[④] 在这一背景下，2000 年，最高裁判所对拒绝手术输血案作出判决[⑤]：既然医生事先已知道患者持有任何

---

① 新美育文：《医师的过失》，夏芸译，载张新宝主编《侵权法评论》，人民法院出版社，2003。

② 日本东京地裁 1988 年 10 月 31 日判决，《判例时报》第 1296 号，第 77 页。

③ 日本最高裁 1981 年 6 月 19 日第二小法庭判决，《判例时报》第 1011 号，第 54 页。

④ 夏芸：《医疗事故赔偿法》，法律出版社，2007，第 376 页。

⑤ 日本最高裁 2000 年 2 月 29 日第三小法庭判决，《判例时报》第 1710 号，第 97 页。

情况下都不接受输血的信念，那么在实施有输血可能性手术前，就应向患者说明手术可能输血，让患者自己做出决定。对此日本法律界一致认为，本判决是最高裁判所明确采纳二重标准、使二重标准在裁判界奠定了通说地位的案例。

能够看到本文考察的判例均采取了以合理医生标准为主，兼顾具体患者合理需求之二重标准。目前，我国法律界关于说明义务的判断标准，多从保护患者利益角度出发，有说具体患者标准，有说合理患者标准，目前尚未形成一致见解。笔者认为二重标准值得参考。

单从保护患者自己决定权角度，应当说，相比于合理患者标准，具体患者标准更为合理。因为患者自己决定权的伦理基础是对人的自律性尊重，如果用本人主观需求之外的、一种抽象平均的需求作标准，显然有悖于自律性尊重原则。

此外，因为判断医师所作的说明是否充分及正确，不能脱离医学科学的依据，并且从医生所处的专业主导地位来看，没有医生的帮助指导，患者自己决定也不可能实现，所以不能否定合理医生标准的重要作用。况且，如果以患者主观需要为判断标准，将导致医生不能主动行为，只能被动消极行动之结果。并且患方因为缺乏医学知识等往往不能准确表达自己需要，医生很难确切知道该患者的主观需求，所以无疑将给医生造成过重负担。

（责任编辑：单平基）

患者"治疗机会丧失"的法律问题

——以急救车接错他人导致患者死亡案为例

张　广 *

摘　要　治疗机会丧失理论在我国目前并未写入侵权法体系中，但在英美法系国家，治疗机会的丧失可能直接导致患者新的损害结果的发生，并且与患者的损害结果之间具有民法上的因果关系。严格意义上来说，治疗机会的丧失是符合我国侵权法的构成要件的。本文以真实发生的急救车接错人导致患者死亡的具体案例为例，研讨如何判断治疗机会的丧失以及相关行为的过错和期待可能性，以期为相关治疗机会丧失的实践认定提供借鉴。

关键词　治疗机会丧失　因果关系　急救车接错人

【案情简介】

在穆某某甲、穆某某乙、穆某某丙、穆某某丁诉某红十字会急救抢救 [①] 一案中，患者韩某突发心脏病，家人紧急求救被告某红十字会急诊抢救中心，被告知急救车将在 20 分钟内赶到。抢救中心随即发车前往，之后因急救车长时间未到，家属又多次拨打被告电话询问，其间曾经联系上急救车，急救车上

---

　*　张广，北京德恒律师事务所律师。
　①　〔2009〕门民初字第 2673 号判决书。

医务人员告知还有两站地就可到达，要求家属在指定路口接车，之后家属再联系急救中心，电话就再也无人接听，也无法联系到急救车上的医务人员。当急救车赶到患方告知的地址后，车上医务人员发现有人在挥手接车，便跟随到其家中，但发现该患者不是呼叫被告方救护车的患者，该患者梁某急性哮喘、呼吸困难，梁某家属自述曾拨打 120，家属在路口等待 120 车一直未到，其看到有救护车驶来后就拦截下，而此时原告方尚未到达该路口。由于梁某所患为急危病症，不及时救治将危及生命，而原告家电话无人接听，鉴于此种情况，被告将梁某送到医院后立即赶往韩某家中急救，被告急救车赶到患者处，用时近两个小时，最终致使患者失去抢救时机和时间而死亡。

【案情分析】

急救医疗中患者大多具有病情紧急、危重、可控性小、涉及病谱广等特点。在病情危重的情况下，一方面患者或家属往往对急救机构寄予较大期望，希望急救机构可以对患者进行及时有效的救治，且大量疾病在救助及时的情况下，是可以有效恢复的。但另一方面，因为上述病情的危重性特点，往往救治本身即存在较大难度，加之急救设备、急救诊疗能力、路况车况等突发情况的复杂性、不确定性等因素，救治效果往往无法达到患者或家属的预期，双方不可避免地产生矛盾。如果出现案例中的情况，院前急救行为导致患者丧失抢救时机和时间，造成了患者损害加剧甚至死亡的严重后果，那么能否要求急救机构承担法律责任？要求承担法律责任的依据是什么？如果医疗机构需要承担法律责任，又应该如何承担？

一 判断急救车是否及时到达的标准

1987 年我国成立中华医学会急诊学会，经过 30 余年的发展，我国所有省会城市及50%以上的地级市建立了具有地方特色的医疗急救中心①，全国县级以上的公立医院均建立了独立的急诊科，并形成院前急救——院内急救——急诊重症监护室的生命绿色通道。②

院前急救作为公共卫生体系中紧急医疗救援的重要环节，其快速反应作用在专业救治中日益凸显，作为专业救治过程中不可替代的组成部分，急救车辆在急救过程中发挥着载体作用，急救车辆的调度、派送是否及时直接影响着急救工作的成败和病人的安危。具体而言，急救机构应当按照就急、就近原则调度派车，派车应当做到及时迅速。③急救派车包含两部分内容：一是急救中心接报后，及时进行车辆调度工作，将车辆出车任务进行传达，将就近的急救站中的急救车辆及时派出；二是急救车辆派出后，在赶往事发现场的过程中，做到及时、迅速、无延误。

对于调度车辆是否及时的问题，判断的标准主要是：急救机构接到电话后，是否立即对目前是否有车可派进行告知，以便患者决定是否选择该急救机构进行救治。在附近急救站点确有急救车辆可以派送，并且患者依据其疾病特点，决定选择该医疗机构急救的情况下，应对急救车辆到达事发地点大概所需的时间进行告知，以使患者以及患者亲属有一定的准备。④

对于急救车辆是否及时到达的问题，司法实践中患者往往认为急救车辆到达不及时，从而直接导致了病情治疗的延误。医患双方争议的焦点通常集中在急救车辆在途中所用的时间是否超过了及时到达的合理时限。⑤一般情况下，合理时限的确定，可以通过路程远近、当时的通常交通状况等因素酌定。调度派车用时和途中用时超出合理路途时间的，医疗机构需要承担举证责任，做出

---

① 张兴文等：《我国急诊外科发展的出路与思路》，《现代医院》2011年第9期。
② 鞠庆梅：《我国院前急救的发展现状》，《护理研究》2013年第3期。
③ 鲁为：《医疗损害责任纠纷——诉讼指引与实务解答》，法律出版社，2014，第127页。
④ 张广：《法官讲：医疗纠纷案件律师代理读本》，人民法院出版社，2018，第95页。
⑤ 鲁为：《医疗损害责任纠纷——诉讼指引与实务解答》，法律出版社，2014，第127页。

合理说明（例如：突发恶劣天气状况，突发路况如交通管制、其他车辆突发车祸导致拥堵等）。对突发交通状况，急救车辆应根据实际路况，及时、合理采取绕行等应对措施，否则也可能会承担不利后果。

应当注意的是，即使救护车辆没有及时赶到，患者的病情性质及严重程度，并不会导致患者病情加剧的，急救机构不因其时间上的延误而承担赔偿责任。

二　判断急救车急救送达路线及目标医院的妥当性标准

司法实践中经常发生患者或家属认为急救机构选择路线不当，导致送治延误，或选择医院不当，导致患者无法享受到最专业、最对症治疗的情况。对于上述问题，一般认为，除因传染疾病等需要强制治疗的，患者或家属享有决定是否送医院或者送哪家医院进一步治疗的权利。急救机构一般应与患者或患者家属进行交流，了解路况信息，询问其医保医院，由患者决定送治路线。在患者昏迷或完全无认知、意识能力无法进行选择，或者明确表示放弃选择的情况下，可以由急救机构代替患者进行选择。

在选择救治医院路线和救治医院时，医疗急救机构也应当遵循"就近、救急"的原则[①]进行转运救治。应当注意的是，在紧急情况下，医疗机构及医务人员在履行特定程序手续后，无须先取得患者及家属意见，便可对患者的病情进行处置，在患者丧失选择能力或家属将选择权交由急救机构处理而未进行上述选择的情况下，急救机构应考虑效率原则，并根据对病情的初步判断选择适当的、最便利的医院进行救治。

根据《执业医师法》《医疗事故处理条例》等相关法律法规的规定，医疗机构及其医务人员在实施医疗活动时，必须严格遵守相关医疗卫生管理法律行

---

① 《非急救转运"断层"谁来填补？》，http://health.people.com.cn/n1/2016/0815/c398004-28636394.html，最后访问日期：2017 年 12 月 14 日。

政法规、部门规章和诊疗护理、规范常规,恪守医疗服务、职业道德,诊断出患者病情后,应积极履行诊疗义务。同时,由于患者对医学知识和医疗规范并不了解,处于相对弱势的地位,因此医疗机构实施医疗行为时,应当尽到合理的告知义务,告知其医疗措施和医疗风险。医疗机构怠于履行医疗职责、未尽合理的诊疗及注意义务,并且在医疗行为中存在过错,致使患者出现损害结果的,应当承担赔偿责任。

需急救的患者及家属往往因患者的突发疾病而拨打急救中心电话进行求救,急救中心在将患者送至医疗机构的过程中,更应尽到高度的注意义务,一旦发现患者出现病情加重的情况,应及时实施紧急救治措施,延缓患者病情危重的状况。如在转送患者过程中,急救中心发现患者病情加重后,未尽到合理注意义务、实施的救助措施与其医疗水准不相符、采取的救治措施过于简单或采取不恰当的救治措施,最终导致患者损害的,应当承担相应的赔偿责任。

三 患者要求急救机构承担法律责任的理论依据

机会丧失理论,又被称为"存活机会丧失理论"或者"机会利益丧失理论",是指一方当事人的侵权行为破坏或减少另一方当事人获得更有利结果的机会。对此,受损害一方当事人可就丧失的机会请求侵害方给予损害赔偿。医疗侵权机会丧失理论,表示病人在医疗机构就诊过程中身体已经存在某种缺陷或损害,但仍存有得到治愈或生存的机会,由于医务人员不作为或过失的医疗行为,病人失去得到康复治疗的机会,从而要求医务人员承担相应责任的请求权。此时,法律救济的对象并非传统的利益或权利,而是患者得到治愈或生存的机会,实则为由机会丧失而产生的特定机会权益损害赔偿的期待可能性。[①]

---

① 刘冠合、高玉玲:《医疗机会丧失之侵权救济》,《科技与创新》2017 年第 9 期。

（一）机会丧失理论概述

一般认为，机会丧失理论最初是由美国田纳西大学法学院著名学者 Joseph H. King, Jr. 教授提出的，该理论的主要内容是：当被告的侵权行为破坏或者减少了原告获得更有利结果的机会时，原告可以就丧失的机会请求赔偿。[①] 在美国，虽然机会丧失理论偶尔也会适用于不同类型的案件，但主要还是应用于医疗过失诉讼领域。如果医师因疏忽未能诊断出本来可以治愈的疾病，而患者因该疾病遭受损害，则该医师需为患者失去治疗该疾病的机会承担责任。如果医师过失误诊导致患者原本可以治愈的疾病未能治愈，从而导致患者丧失治愈机会或存活机会，该医师就需要为患者失去治疗该疾病的机会承担责任，即所谓"失去康复机会的诉讼原因"（a cause of action for lost chance of recovery）问题。[②] 通常认为，如果该疾病治愈的概率小于 50%，而原告又不能通过优势证据规则证明被告的过失导致了他的损害，根据传统的"全有或全无"的原则，原告不可能获得任何赔偿，而机会丧失理论则认为医师需对患者承担责任，但如果该疾病及时得到正确诊断和治疗，仍有可能发生损害，赔偿额就要考虑可能性而予以酌减。

"存活机会丧失"是机会丧失理论在医疗过失侵权领域的适用，所谓"存活机会丧失"，是指在医疗过程中，患者原本享有的一定比例的存活机会，因医师的过失，患者丧失了相应比例下存活的机会。此时，患者丧失的是获得更好结果的预期，是一种可能性。最早对存活机会给予赔偿的是 *De Burkarte v. Louvar*[③] 一案，该案中被告医师没有及时诊断出患者的乳腺癌。法院在审理中，先肯定了存活机会的价值，认为原告被剥夺了较早接受治疗的机会，并且因此遭受了身体上和精神上的损害，而无论其自身疾病导致其存活机会大小，

---

① 田韶华、樊鸿雁：《论机会丧失的损害赔偿》，《法商研究》2005 年第 4 期。
② 陈志杰：《"治愈或存活机会丧失"损害赔偿问题研究》，华侨大学 2008 年硕士学位论文。
③ 393 N.W.2d 131（Iowa 1986）.

延长生命和减少痛苦的机会本身都是有价值的,所以法院在判决书中运用了 King 教授的机会丧失理论,将存活机会的丧失视为原告所遭受的损害,被告没有及时诊治原告的乳腺癌,在很大程度上减少了其存活机会,原告应当就其丧失存活机会获得赔偿。

美国的类似判例完全可以为我们在审理或处理院前急救导致损害等相关纠纷时提供有益借鉴。如果受害人尤其是患者本身罹患疾病或存在潜在的身体缺陷,但仍然存在一定比例的治愈或者存活机会,他人尤其是医师的过失造成受害人此种复原机会的丧失,进而导致治愈不能或者存活不能,那么该受害人是否能够请求损害赔偿?侵权人是否需承担相应的侵权责任?如果答案是肯定的,毫无疑问,对损害事实的认定及对因果关系的确定是存活机会丧失医疗损害赔偿问题中最为关键的两个问题。

（二）认定损害事实

根据传统侵权法,损害是原告因被告过失行为遭受的最终损害结果,在原告获利机会大于 50% 时,将会就其遭受的损害获得全部的赔偿,而若机会小于 50%,则不会得到任何赔偿。但在机会丧失案件中,原告所诉求的是机会的丧失,而非最终损害结果,且该机会实现的概率可能小于 50%,最终的损害结果亦可能尚未发生。[1] 此时,坚持传统的侵权理论显然不合适,从而有了采用机会丧失理论之必要。但机会丧失理论中的损害是一个争议颇多的问题,其争议主要如下:（1）将机会丧失纳入损害赔偿范畴,其权利基础是什么?（2）可赔偿的损害是机会本身还是最终的损害结果?（3）损害应如何计算?

在侵权法领域内讨论存活机会丧失的医疗损害赔偿问题,其根本前提就在于"存活机会"是否能够被认定为侵权责任法保护的客体,换言之,将机会丧失纳入侵权损害赔偿范畴,其权利基础是什么?

---

[1] 王岳、邓虹:《外国医事法研究》,法律出版社,2011,第 173 页。

　　一般认为，侵权责任法保护的客体及民事权益，必须符合以下衡量标准：第一，这种权利或利益必须是私法上的权利或利益；第二，这种权利或利益应当具有公开排他性；第三，这种权利或利益必须具有侵权法上的可救济性。① "存活机会"属于侵权法保护的客体，原因如下。第一，存活机会是每个自然人所具有的与其人格利益直接相关的生存利益，医学信息的稀缺性导致患者就诊治愈或存活概率几乎不可能是百分之百，只能表现一定程度的可能性，因此，与其说患者就诊时为争取生命或健康得以存续，不如说患者是在争取"存活机会"的最大化，对此种生存利益的侵害，衍生受害人财产上及非财产上的损害，而此种损害则必须通过司法途径才得以救济。第二，"存活机会"是自然人所具有的绝对利益，此种利益的损害存在和实现具有公开的排他效力，任何人不得对他人所享有的"存活机会"造成侵害。第三，"存活机会"具有侵权法上的可救济性，民事权益的可救济性是指对权利或利益的损害能够通过侵权责任方式给予救济，而"存活机会"的丧失，亦可通过侵权责任方式给予救济，因为"存活机会丧失"而导致的财产上的损害或非财产损害可以通过责令侵害人承担损害赔偿责任而进行救济。基于以上理由，"存活机会"应属于侵权法保护的客体。在医疗侵权事件中，患者罹患疾病，医师医疗过失导致患者丧失其存活机会，该存活机会系对未来生命继续存在的期待，亦即生命继续存在的概率，应为人格完整性、人的存在价值及人身不可侵犯性等概念所涵盖，尤其人格权内容的逐渐丰富，以及保护方式的日益增多，乃今日各国民法的发展趋势。患者的存活机会，既为生命及健康之延续，其受侵害，最终导致死亡时，即剥夺生存之机会，亦应认为生命权、健康权受侵害，被害人可以依据侵权行为法之规定，请求抚慰金。综上所述，剥夺患者生命、健康存活机会，应认为系属人格权受侵害，且不为一般人格权受侵害，亦得认为系生命权

---

　　① 王利明：《侵权行为法研究》，中国人民大学出版社，2006，第 67—68 页。

或身体权、健康权受侵害,被害人依据侵权行为法之规定,得请求财产上及非财产上之损害赔偿。

"损害"一词来源于拉丁文"Dammum",它是侵权责任法的核心概念之一,也是侵权责任必备的构成要件。[①] 在受害人"存活机会丧失"案件中,其医疗损害究竟是"机会存活"本身,还是患者的最终死亡或伤残结果,抑或是以加害人过失行为为必要原因的损害总和,亦即"存活机会丧失"导致的身体伤害或其他身体上的损失,精神损害以及其他衍生性损害等?对于"存活机会丧失"案件之损害的认定,存在三种不同见解。(1)将受害人之"最终死亡或伤残结果"作为损害。此种见解是传统损害的看法,基于传统的"全有或全无"原则,把患者的死亡或伤、残作为其最终的损害,从而坚持必然因果关系的做法。(2)将受害人之"存活机会丧失"作为损害。此种见解是"存活机会丧失"案件在遭遇传统侵权法理论障碍时的修正变通方法之一。原告所主张的损害并不是伤害本身,而是得到合适的治疗机会,就可以避免伤害发生方面的机会丧失,将机会丧失本身作为一种损害来对待。根据King教授的机会丧失理论,可以据以请求赔偿的损害是机会丧失本身,而不是伤、残或死亡,或者其他损害。而损害赔偿额的计算以丧失机会的比例乘以患者最终伤害或死亡所导致的全部赔偿额。(3)将受害人"机会丧失导致的损害总和"作为损害。采取此种见解的是英国学者Todd S.Aagaard。[②] 根据他的观点,第一,三种损害概念需要进行严格区分:在医疗损害中,患者原本疾病造成的损害为"自有损害",医师过失行为造成的损害为"侵权行为损害",受害人于医疗过失行为发生后而最终发生的损害为"最终损害"。第二,在治愈机会丧失的案例中,侵权行为的损害并不是指最终损害,而是以侵害人的过错行为为必要条件造成受害人机会丧失导致的损害总和,亦即治

① 王泽鉴:《损害概念及损害分类》,《月旦法学杂志》2005年第12期。
② 刘媛媛:《存活机会丧失之损害赔偿研究》,《法制博览》2016年第20期。

愈机会丧失导致的身体伤害或者其他身体损失、精神上的重大挫折及衍生性损害（如增加的医疗费用）三项。第三，最终损害并不属于丧失治愈机会所生的损害，不能认定为损害，丧失治愈机会本身是指降低原本疾病治愈的机会，也不属于侵权行为的损害，因此也不能认定为损害。第四，在治愈机会丧失的案件中，基于其损害为身体伤害、精神痛苦，以及衍生性损害，因此损害赔偿额应当依据个案，由法院综合裁量。在此需要探讨的是，应当如何认定"存活机会丧失"案件中的损害。根据上述关于损害的见解，King 教授的看法是，受害人所丧失的存活机会本身应被认定为损害，赔偿数额以患者生命价值乘以机会丧失的比例计算；Aagaard 教授则认为，丧失的"存活机会"本身不属于损害，"存活机会丧失"所产生的身体损害、精神痛苦及其他衍生性损害才是损害，并且应当由法院综合裁判损害赔偿额。笔者认为，这两者在实质内涵上是一致的，即否定将最终损害以及受害人自有疾病所产生的损害作为侵权法上的损害，而侵害人的过错行为引发的损害总和作为侵权法上的损害。

损害赔偿数额的确定或计算问题，是确定侵权责任的又一重要难题。在传统侵权法体系下，损害的计算是以最终的损害为评估对象的，在"存活机会丧失"案件中，由于损害概念的修正，对损害赔偿数额的确定出现了三种不同的方法。第一，全部赔偿方法。这种方法一般是在放宽因果关系的举证责任程度的情形下适用的。在损害的认定上仍然坚持传统方法，对最终损害所体现的全部损失予以赔偿。第二，比例赔偿方法。这种方法根据被告过失行为对于最终损害的原因力来确定损害范围。其排除了全有全无规则，被告承担比例责任，而非全部责任。该方法要求法院查明因被告过失降低的百分比，并以百分比乘以所造成的损失，得出被告应承担责任的部分。第三，法院综合自由裁量方法。即认为"存活机会丧失"所产生的身体损害、精神痛苦以及其他衍生性损害，应当由法院在不同的个案中，综合各种因素，自由裁量损害赔偿额，但是该方法的弊端在于把机会价值的衡量交给法官，主观性较大，没有一个相对客观的判断标准。

上述三种计算方法中，全部赔偿更能体现对损害的充分救济，但会造成过度赔偿，在存活机会的赔偿方面，考虑到该类案件的特点，从公平角度来讲，采取比例赔偿是比较合理的。

（三）确定因果关系

因果关系，大陆法系民法理论和英美法系侵权行为法理论均将其作为侵权责任的构成要件，我国民法学者也均赞成以其为构成要件[①]，目的是在当事人之间公平地分配诉讼风险，实现侵权法补救和威慑的两大功能。依据传统因果关系理论，法官在诉讼过程中，只对因果关系是否存在进行判断，而不论因果关系是否"可能"存在，也就是说，传统因果关系仅有"有"或"无"的判断即可，即所谓的全有或全无原则。然而，将"全有或全无"原则运用于"机会存活丧失"案件中，极有可能造成原告得不到应有的赔偿或者获得过度的赔偿，而被告应有的赔偿责任与其实际承担的责任不相称，这种结果与侵权行为法所追求的公平正义是相违背的。针对这一问题，理论界出现了三种不同的新学说。[②]

一是实质可能性或实质因素说。即法院在审理此类案件时，不再适用优势证据规则的要求，减轻原告对因果关系的举证责任，具体来说，就是原告只要证明被告的行为是引起损害的实质性因素即可。但是，这一学说仅仅放宽了因果关系的举证责任程度，其实质在于缓和优势证据法则对原告举证责任的要求，并未改变因果关系"全有或全无"的判断原则。

二是比例因果关系学说。即原告仅就因果关系的可能性比例负举证责任，

---

① 彭洪亮：《侵权法上的机会丧失损害赔偿研究》，西南政法大学 2015 年硕士学位论文。

② 参考陈聪富《因果关系与损害赔偿》，北京大学出版社，2006，第 191 页；王徽《浅议医疗侵权中的"机会丧失之诉"——案例分析的视角》，《法制与社会》2012 年第 14 期。

而无须证明事实上因果关系存在。法院所要判断的，不是因果关系"是否存在"，而是在"多大程度上"存在因果关系，也就是说应依据被告行为发生损害的可能性认定因果关系。这一学说不再适用传统的"全有或全无"原则，仅依据因果关系的比例来判断因果关系，并依此比例来计算被告应赔偿的数额。需要注意的是，比例因果关系中的损害，指的是最终损害，而且被告行为与最终损害具有因果关系的可能性时，即可认定具有因果关系，成立损害赔偿责任。其与"存活机会丧失"理论的区别就在于，并不将"丧失的存活机会"直接确定为应予赔偿的损害，而且这一学说不仅降低了因果关系证明的标准，更从根本上改变了因果关系的内涵。

三是纯粹机会丧失赔偿说。在患者存活概率较低的案件中，机会丧失学说往往难以直接适用，此时患者的最终损害与医师的过失行为之间的因果关系往往难以成立。虽然 King 教授承认存活机会的独立价值，将患者的存活机会丧失作为损害，认为虽然被告的行为不是最终损害的全部原因，但使得原本疾病恶化而加速了患者损害或死亡的结果发生，因此也是可以赔偿的损害。King 教授认为，存活机会的大小并不影响因果关系的成立，认定因果关系仍然适用传统的判断规则和盖然性要求。也就是说，原告的举证标准要达到优势证据规则的要求，但证明内容是被告的过失行为与存活机会丧失之间的因果关系，而不是与最终损害的因果关系。这一学说改变了可赔偿损害的内涵，但并未改变传统的事实因果关系认定和证明规则。

三种学说的区别在于：机会丧失学说将存活机会丧失作为可赔偿的损害，最终损害只是计算赔偿的基础，没有改变传统因果关系的判断规则和盖然性要求。实质因素规则、比例因果关系学说则均从因果关系认定方面降低了门槛，都以最终损害为前提，不承认"丧失的机会"是损害。①

---

① 王岳、邓虹:《外国医事法研究》，法律出版社，2011，第 178 页。

比较而言,比例因果关系学说更为可取。虽然生存机会对于患者来说确实是一种利益,但是纯粹的机会损失赔偿说并不周全。一方面,最终损害产生的原因往往并不唯一,有的具有决定意义,有的则没有,也就是说,并非所有的原因都有价值,也并非所有等同大小的机会都有等同的价值,例如生存机会从90%下降到80%,与从10%下降到0,其意义完全不同。[①] 因此,即便看起来很精确,但在实际操作中难以判断,而且并不科学。另一方面,纯粹将生存机会作为权利客体而不加任何限制,很容易造成适用上的泛滥,带来许多臆想的损害请求,造成医疗资源、司法资源的浪费。所以,应对"机会"的可诉性作出限制。(1)存活机会必须是实际存在的,不能是臆想的。过于虚幻的机会如果是没有任何的现实状况与社会常识观念的支持是不能够获得赔偿的。而且,该存活机会本来是有可能实现的,但被告的过失使患者损失了这样一个延续生命的机会。(2)存活机会是由于被告过失行为而丧失的。这就要求被告过失行为与存活机会丧失之间具有因果关系,强调被告行为对机会丧失的原因力,虽有被告行为,但并未因此而丧失存活机会,也不能要求赔偿。(3)必须是被告行为导致原告存活机会减少,如果原告仍有可能采取措施避免损害发生的话,原告不能依据存活机会丧失而要求赔偿。

本案中,原告患者的存活机会实际存在,被告急救中心的行为也确实是其存活机会丧失的重要原因之一,但是在被告急救车长时间未到、患者病情危急的情况下,家属也应该及时采取其他措施,如拨打其他急救电话,送往最近的医疗机构,等等,此时,原告有机会采取有效措施避免损害结果的发生,因此,除了患者自身疾病因素,其家属的行为也是损害发生的原因之一,急救中心的行为虽然确有过失,但也应该相应减轻其赔偿责任。

[①] 岳远雷:《"存活机会丧失"在医疗损害赔偿中的认定——霍特森诉伯克东区卫生局侵权案》,载王岳、邓虹编《外国医事法研究》,法律出版社,2011,第179页。

四　院前急救医疗机构的法律责任

根据《侵权责任法》的规定，患者在诊疗活动中受到损害，医疗机构及其医务人员有过错的，由医疗机构承担赔偿责任。据此，医疗机构承担损害赔偿责任应满足三个条件：（1）医疗机构及其医务人员具有违反法律、法规、医疗规范等规定的过错行为；（2）医疗机构的过错行为给患者造成了损害后果；（3）医疗机构的行为与患者遭受的损害后果之间具有因果关系。急救车接错患者的情况虽然并不常见，但是现实当中确实发生过此类案例。

在该案中，急救中心的过失本是可以避免的，见到有人招手，应当先核实其身份，明确其是不是接到任务相应的患者，即使发现其他危急重症患者需要抢救，也应当及时跟急救中心沟通协调，尽快派出其他车辆支援，或对该患者进行简单的诊疗和救护后，寻求其他社会力量协助转运患者，或者留下其他联系人员在固定位置等候患者的到来，该急救机构没有及时地采取有效的措施，导致患者的救治时间迟延，产生患者死亡的严重后果，是存在一定过失的，应当承担相应的赔偿责任。同时，该患者家属也因其未能准确及时到达指定地点、急救车及急救中心无法与之联系等，存在一定过错，应当适当减轻急救机构的责任。

（责任编辑：单平基）

法学争鸣

人治与礼治：区别及其借鉴 *

马　岭 *

摘　要　中国传统社会并非完全的人治，而是人治和礼治相结合。二者的区别在于：人治是依人而治，人是最高的，也是多变的；礼治是依礼而治，礼是最高的，也是稳定的。人治与礼治的结合表现在，对下以礼治为主，对上以人治为主；在常规下实行礼治，遇有特殊情况便实行人治；以礼治的方式号召人们如何行为，以人治的方式惩罚人们的违规行为。现代法治与人治是对立的，但与礼治有相通之处。

关键词　人治　礼治　法治　秩序

我们许多人都认为中国传统社会是一个人治社会，"普通常有以'人治'和'法治'相对称，而且认为西洋是法治的社会，我们是'人治'的社

---

*　本文为北京市社会科学基金项目"中国传统法律文化中的治理规范研究"（18FXB010）、中国法学会 2018 年度部级法学研究课题"传统中国社会秩序结构分析——以法律文化之视角"（CLS2018D01）、2018 年度国家社会科学基金重点项目"'重大改革于法有据'理论与实践研究"（18AFX001）、北京市政治文明建设研究基地课题"我国传统法律文化中的可借鉴因素之分析"（2019ZZWM 006）的阶段性成果。

**　马岭，中国社会科学院大学政法学院教授。

会"。^① 这个结论使得我们对中国法治道路的前途丧失信心，似乎我们原有的文化、习俗几乎没有可以借鉴的东西，我们必须完全放弃传统——因为那是人治的传统。笔者也曾因此而迷惘甚至沮丧，但在研究中国宪法问题的过程中逐渐发现"中国传统社会是人治社会"乃为误读，我们的传统社会其实是一个礼治社会^②，或者更准确地说，是一个礼治与人治相结合的社会。如果说人治与法治是对立的，那么礼治与法治则有相通之处——都是规则之治。正是在这里，我们发现了"古为今用"的可能性，看到了中国实现法治的土壤，"礼治"或许可以是"法治"的前身，"法治"可能成为"礼治"的未来。^③ 如果说从人治到法治必须另辟蹊径的话，那么从礼治到法治，或许是曲径通幽。

一　人治与礼治的区别

中国传统社会既是一个人治的社会，又是一个礼治的社会，但这并不意味着人治与礼治就能画等号，它们各有各的特征，可以和平共处，但仍然彼此不同。

首先，人治是依人而治，礼治是依礼而治。人是具体的、活生生的、有模

---

① "这里所谓礼治也许就是普通所谓人治，但是礼治一词不会象人治一词那样容易引起误解，以致有人觉得社会秩序是可以由个人好恶来维持的了。礼治和这种个人好恶的统治相差很远，因为礼是传统，是整个社会历史在维持这种秩序。礼治社会并不能在变迁很快的时代中出现的，这是乡土社会的特色。"费孝通：《乡土中国》，人民出版社，2008，第58、65页。

② 费孝通先生早就指出，我们的乡土社会是一个"无法"的社会，但是一个"礼治的社会"。"礼是社会公认合式的行为规范。合于礼的就是说这些行为是做得对的，对是合式的意思。如果单从行为规范一点说，本和法律无异，法律也是一种行为规范。礼和法不相同的地方是维持规范的力量。法律是靠国家的权力来推行的。'国家'是指政治的权力，在现代国家没有形成前，部落也是政治权力。而礼却不需要这有形的权力机构来维持。维持礼这种规范的是传统。传统是社会所累积的经验。"费孝通：《乡土中国》，人民出版社，2008，第60、61页。但费孝通先生的"礼治"似乎仅指向"乡土社会"，即民间，而笔者在此论述的是整个社会的治理。

③ 王铭铭：《从"礼治秩序"看法律人类学及其问题》，《西北民族研究》2004年第9期。

有样的，而礼是相对抽象的一些规范原则，看不见摸不着。听某个人的指挥、服从某个人是相对容易的，而受规范约束、理解和服从抽象的原则是相对困难的，是社会文明的一种标志。因此礼治比人治要"高级"，它的广泛实行意味着人有抽象思维的能力。

其次，在人治中人是最高的，在礼治中礼是最高的。人治强调人可以凌驾于制度之上，礼治强调人要遵守制度和习俗。人治中人的意志是最重要的，一切规范都在人之下，由人定、由人改、由人废、这似乎并没有错①，但这里的人是特指最高统治者个人，是人（上位者）管人（下位者）。人在管人的过程中也借助规范、制度，但规范在由上位者定、由上位者改、由上位者废的同时，对他们本身的任性并不构成牵制，他们排斥一切约束，抵制所有制衡，任何不顺其意的劝诫、不同意见都是冒犯，都可能被视为大不敬，不仅自己说话不算数（朝令夕改），而且很可能压制批评，且往往反复无常，最后使秩序尽失。②礼治是依礼而治，是礼管人，正如荀子所说："人无礼则不生，事无礼则不成，国家无礼则不宁。"③ 在礼治中，礼是最重要的，最高的，一切人都在礼之下。礼是一整套规范，不仅约束百姓，也约束官吏，甚至君主——虽然约束的方

---

① 法治下的法也是由人定、由人改、由人废的，但"人"不是君主个人而是议会这一群体，而议员来自选民的选举，并限制任期。

② 孟德斯鸠指出，"专制政体的性质是：一个单独的个人依据他的意志和反复无常的爱好在那里治国"，"在专制国家里，法律仅仅是君主的意志而已"。孟德斯鸠：《论法的精神》（上册），张雁深译，商务印书馆，1982，第19页。博登海默认为："纯粹的专制君主是根据其自由的无限制的意志及其偶然的兴致或一时的情绪颁布命令与禁令的。某天，他判处一个人死刑，因为他偷了一匹马；而次日他会宣判另一个偷马贼无罪，因为当该贼被带到他面前时告诉了一个逗人的故事。一个受宠的朝臣可能突然发现自己被关进了大狱，因为他在一次棋赛中把一个帕夏（Pasha：土耳其等国的高级官衔。——译者注）赢了。一位有影响的作家会蒙受预见不到的厄运而被钉在火刑柱上烧死，因为他写了几句使统治者恼怒的话。这种纯粹的专制君主的行为是不可预见的，因为这些行为并不遵循理性方式，而且不受成文规定的规则或政策的调整。"博登海默：《法理学、法律哲学与法律方法》，邓正来等译，中国政法大学出版社，1999，第222页。

③ 《荀子·修身》。

式、力度有明显的差异。① 礼强调所有人都应节制自己的欲望，都应受礼的管束，任何人都不能放纵任性，不能为所欲为，国王、贵族、君子尤其要带头守礼、以身作则、为民示范，起榜样作用。当君主突破礼的规范时，大臣应尽力劝诫，维护礼制，因为礼高于君。

最后，人治中的人具有多变性，礼治中的礼具有稳定性。人治的关键在人，而人的寿命是有限的，因此即使出现英明君主，其英明决策也往往在他身后难以持续，人存政举，人亡政息。即便是同一个人，其前后也有多变性，再优秀的人也有短板，也可能逐渐变得不优秀，曾经谦虚谨慎的人可能变得骄横跋扈，曾经勤奋上进的人可能变得懈怠平庸②，即使圣人也不例外，人治因而缺乏稳定性，其政策往往具有多变性。而礼是相对固定的，是人们在长期的共同生活中逐渐形成并得到广泛认可的，依礼治国、依礼办事意味着统治者也要遵循礼的制度，不可仅凭个人好恶而定政策、改制度，礼治承认并保障规范的理性、规律性、恒久性。

二　人治与礼治的结合

中国传统社会是一个人治和礼治相结合的社会。人治并不排斥规范，任何社会都不可能每件事情都由人临时决定，而是总有普遍规范在起作用，"如果共同生活的人们，相互的行为、权利和义务，没有一定规范可守，依着统治者好恶来决定。而好恶也无法预测的话，社会必然会混乱，人们会不知道怎样

---

① 如春夏是万物生长的季节，秋冬是肃杀蛰藏的季节，礼制因而告诫君主对罪犯只能秋季问斩，而不可违背自然秩序在春夏实行杀戮（西周因此称司法官为秋官）。当然，这种对最高统治者的制约力度是十分有限的。

② 如唐玄宗李隆基执政前期拨乱反正，励精图治，创造了开元盛世，但执政后期怠慢朝政，宠爱杨贵妃，轻信奸臣，用人失误，导致安史之乱，为唐朝中衰之转折。

行动，那是不可能的，因之也说不上'治'了"。① 礼治社会的礼也要由人操作和实施，徒法不足以自行，徒"礼"也未必能完全自行。礼治是规范之治，但实践中礼治的规范又不够硬气，而是与人治结合在一起。

笔者认为，人治与礼治的结合大体表现在以下三个方面。

首先，对下以礼治为主，对上以人治为主。孔子虽然重点教化的是国王、贵族、君子，但教化他们的目的是通过他们来管理（最好以示范的形式）百姓，是依赖君子去教化小民。"君子之德风，小人之德草，草上之风必偃。"② 在以精神教化为主要职责的政治秩序下，"治者与被治者之间是一种'己立'之后的'立人'，'己达'之后的'达人'，'己正'之后的'正人'的关系，是一种'安人者'行'仁'，'被安者'归'仁'的关系"。"这就必然导致'为政在人'的思路。"③ 在实践中孔子的礼已经严重变形，礼制重点约束的已不是权力人而是百姓，礼往往只对位卑者有强制约束力，违者必罚，而位尊者是否遵守则主要取决于其自觉性。对君主来说，礼制、礼仪也是他的行为准则，但不严格遵守，遵守还是不遵守常常取决于其自我约束力，即使违背礼，众人也往往敢怒不敢言，礼对他们只教不罚。2000多年的专制社会表明，从礼义上看，君有从道的义务，君必须遵守礼，但从礼制上看，君主守礼往往没有制度做保障，皇帝违礼时很难受罚，最多只是招来批评而已，如果皇帝执意不听批评，礼制拿他毫无办法。"民之不顺，君可以齐之以刑；君之不仁，民万不得已时，也只能'改天子'，'替天行道'，这不是以法治君，而是冒死一拼，是谓'抛头颅、洒热血'。周公制礼乐、孔子定礼法，虽有制约君权的深意，但无济于事。"④ 传统中国社会没有创制出一套有效的办法来规范最高权力，最后只能寄

---

① 费孝通：《乡土中国》，人民出版社，2008，第59页。

② 《论语·颜渊》第19章。

③ 赵明：《先秦儒家政治哲学引论》，北京大学出版社，2004，第103页。

④ 夏勇：《法治源流——东方与西方》，社会科学文献出版社，2004，第197页。

希望于天罚——自然灾害的降临被认为是上天对国君的惩罚，大规模的农民起义也被认为是天意，是暴君、昏君咎由自取，自作自受，因而推翻暴君、取代昏君是奉天承运，替天行道（此时民意即天意）。① 礼治与人治的结合最后导致的总是人治战胜礼治，人治毁掉礼治。

其次，在常规下实行礼治，遇有特殊情况便实行人治。法治和礼治都有规范过于死板的缺陷，要弥补这一缺陷，礼治一般会依赖明君贤吏，进而与人治相结合，用权力人的作用弥补礼制的呆板僵化，如赋予皇帝、县令、族长、老者等酌情处理问题的权力。但如果授权过于笼统或权力人不满足于此而经常自由裁量，就有滥权、僭越之嫌，而礼治对其往往无能为力（只能劝说）。在理想的情况下，从上至下所有人都遵循礼，在礼出现空白或需要灵活运用时，权力人能根据情况灵活而公正地作出决断，以弥补礼治之不足。但在实践中，在礼出现空白或需要灵活运用时，权力人往往乘机以权谋私、损公肥私——这种现象开始是偶然出现，后来逐步扩展，到王朝衰落时数量往往成倍增加。自觉守礼往往只存在于掌权初期，久而久之便渐渐懈怠，权力人在位时间越长，排斥约束、扩张权力、恣意而为的可能性越大，最后有礼不依，违礼不罚，以致违纲乱纪，且上行下效，最终导致秩序崩溃。特殊情况下才实行的人治由于没有礼制的强硬约束，往往发展成在通常情况下也普遍适用。

最后，以礼治的方式号召人们如何行为，以人治的方式惩罚人们的违规行为。这通常表现在规范性文件中的义务性规范（行为模式）较多、较细，惩罚性条款（后果）较少、较笼统。从一般的逻辑结构上说，义务性规范多，惩罚性条款也就应该多，义务性规范细，惩罚性条款也就应该细。为什么义务性规范多，惩罚性条款反而少？义务性规范细，惩罚性条款反而粗？如在青横庄联庄会议制定的《青横庄起箱规定》中，有许多义务性规范，"各成员村落在正

---

① 孟子言："天视自我民视，天听自我民听。"《孟子·万章上》第 5 章。

式起箱时，一定按时参加，不得有误"，"一定按规定路线活动，不得更改，如有随意变动，执行委员会有权干涉，其后果由擅自行动者自负"，"不允许伪装各式标志及私自改列队程序"，"凡是起箱、集资的款项、布施、供品不得丧饱私囊，不得私自发放，自行处理"等。[1] 这些义务性规范都表现为"行为模式"，是禁止人们做什么，但与之相应的惩罚性条款（后果）不多见，如款项、供品等"不得私自发放，自行处理"，若有"私自发放，自行处理"应如何处理？不得"私自改队列程序"，如果有私自改的，怎么处罚？随意变动路线的"后果由擅自行动者自负"，什么后果？怎么自负？都不明确，只是在最后笼统规定了一条，"上述各条规定，如有违者"，由"庄主"召集会议研究，"做出具体意见，根据大家的要求，可以决定开除"。"后果"在此变成了一条原则，即"行为模式"是规则（细），"后果"是原则（粗）。笔者认为，这恰恰反映了礼治与人治结合的两个特点。一是其义务规范具有教化色彩，重点在号召、号令，期望在明确宣布义务性规范后，尤其是在广泛宣传教育后，大家能自觉遵守规范（在此过程中道德、舆论大派用场）。"有令必行"的"行"是自觉的行，最好没有违规行为，没有纠纷争执（有也能自行化解），这样才算得上治理有方，和谐平安。[2] 既然寄希望于人们的道德自律、自觉遵守，那么惩罚性条款就成为多余，因此制度设计的重点在宣布义务性规范，并广而告之，家喻户晓，而不是细化惩罚性条款。[3] 二是惩罚权的自由裁量显示出人治的特征。如果有人不响应号召、不听规劝，仍然要违规犯禁，就是故意作对，是撕破面

---

[1] 见青横庄联庄会议制定的《青横庄起箱规定》，载王铭铭、王斯福主编《乡土社会的秩序、公正与权威》，中国政法大学出版社，1997，第213—214页。

[2] "在中国历史上，诉讼的增加通常被视为道德衰败的标志。而诉讼率低则是良好的政绩的佐证，反映出官员（父母官）在教导人们尊礼方面取得了成功。如果在地方官员的司法管辖区内出现少诉讼甚至无讼的情况，他们就会得到上司的赞赏，因为这表明那里的人们和睦相处。"陈弘毅：《法理学的世界》，中国政法大学出版社，2003，第183页。

[3] "制定刑的目的不是为了惩罚，而是为了教育。故此刑往往设而不用，万不得已才用之。"於兴中：《〈孔子家语〉中的法律思想》，《中国法律评论》2014年第1期。

子，甚至是挑衅、背叛，是可忍孰不可忍，对其不但要惩罚，而且要严厉惩罚！但惩罚的幅度、力度、方式、程序都没有明确规定而是由权力人灵活掌握，他们有相当大的自由裁量权，如由他们召集会议研究，临时根据情况（可能考虑违规者的身份、行为、情节、态度等）拿出具体意见。这是笼统的授权，说明由于惩罚具有维护秩序的正义性，且在程序上是先礼后兵，因而对被惩罚者的处罚很可能偏严偏重，被惩罚者自我辩解的权利可能被剥夺，至少没有规范的保障，同时对惩罚者的能力和品行予以了充分信任。熟人社会中的惩罚者往往是权威人物，他们见多识广，有丰富的阅历，其中不乏善于摆事实讲道理之人，以致大家"好事赖事都找他"，他能实现"人到事了"①，因此这种信任并非完全没有道理，这是"人治"的长处，是许多人梦寐以求的开明专制。但不能忽略的是，这种只授权、不限权的治理模式（准确地说是授权明确、限权不明确）不仅腐蚀国家官吏，也同样腐蚀社会权力，以致一些地方的乡间绅士逐步演变为豪强恶霸，使礼治和人治相结合的模式最终走向暴虐专制，也最终破坏了宣扬仁政的礼义、礼制。

反观我们今天的国家治理，不能否认依然存有某些礼治的特征，如法律中义务性规范、道德性条款、号召性内容居多，而法律后果条款缺失，法律条文政策化、道德化。② 只有行为模式而没有法律后果（或后果规定不完备、不具

---

① 王铭铭、王斯福主编《乡土社会的秩序、公正与权威》，中国政法大学出版社，1997，第233—234 页。

② 如《未成年人保护法》第 4 条规定："国家、社会、学校和家庭对未成年人进行理想教育、道德教育、文化教育、纪律和法制教育，进行爱国主义、集体主义和社会主义的教育，提倡爱祖国、爱人民、爱劳动、爱科学、爱社会主义的公德，反对资本主义的、封建主义的和其他的腐朽思想的侵蚀。"《教育法》第 40 条规定："国家、社会、家庭、学校及其他教育机构应当为有违法犯罪行为的未成年人接受教育创造条件。"第 41 条规定："从业人员有依法接受职业培训和继续教育的权利和义务。国家机关、企业事业组织和其他社会组织，应当为本单位职工的学习和培训提供条件和便利。"《老年人权益保障法》第 15 条规定："赡养人应当使患病的老年人及时得到治疗和护理；对经济困难的老年人，应当提供医疗费用。对生活不能自理的老年人，赡养人应当承担照料责任；不能亲自照料的，可以按照老年人的意（转下页注）

体、不细致），给执法者留有大量自由裁量的空间，在这些空间内主要靠执法者的道德责任感维系公平正义，这仍然是依政策治国而非依法治国，类似于礼治而非法治。

三　人治与法治对立，礼治与法治相通

法治与人治不相容，与礼治却有相通之处，其最大的区别在于规则是否能够约束国家的最高权力，人治就是法不束君，君在法上，是君主利用法制和礼制治理国家；法治和礼治则都要求权力皆需控制，只是一个强调被法束，一切权力都在法之下，都要依法办事，一个强调被礼束，一切权力都在礼之下，都要依礼办事。

人治下的皇权并非不受任何约束，只是不受法的约束，而道德的约束、舆论的约束、礼教的约束，乃至人际关系的约束是仍然存在的。[①] 由于大部分皇帝在登位之前为太子，自幼受儒家教育，天天听老师讲授自我抑制，对人

（接上页注②）愿委托他人或者养老机构等照料。"第73条规定："老年人合法权益受到侵害的，被侵害人或者其代理人有权要求有关部门处理，或者依法向人民法院提起诉讼。人民法院和有关部门，对侵犯老年人合法权益的申诉、控告和检举，应当依法及时受理，不得推诿、拖延。"第74条规定："不履行保护老年人合法权益职责的部门或者组织，其上级主管部门应当给予批评教育，责令改正。国家工作人员违法失职，致使老年人合法权益受到损害的，由其所在单位或者上级机关责令改正，或者依法给予处分；构成犯罪的，依法追究刑事责任。"第75条规定："老年人与家庭成员因赡养、扶养或者住房、财产等发生纠纷，可以申请人民调解委员会或者其他有关组织进行调解，也可以直接向人民法院提起诉讼。人民调解委员会或者其他有关组织调解前款纠纷时，应当通过说服、疏导等方式化解矛盾和纠纷；对有过错的家庭成员，应当给予批评教育。人民法院对老年人追索赡养费或者扶养费的申请，可以依法裁定先予执行。"

① 如明朝的万历皇帝企图以私人之情违背制度而立太子时，"整个朝廷为之震动。群臣要求他立长子为太子，他一再将建议延搁。各方指斥他废长立幼，违背了传统的习惯"。万历皇帝推诿不过，在群臣的催促之下，迫于众议，立长子为太子。黄仁宇：《中国大历史》，生活·读书·新知三联书店，2007，第221页。

谦让的大道理，因此礼对他们是有一定约束作用的。[①] 但这只是儒家注重的道德约束，与法治强调的制度约束还是有本质区别的。此外，外戚、宦官、文官、武将也都可能对皇权形成某种制约，但这些约束也都是绵软的，很多是非制度性的，约束是否有效取决于皇帝的品性、能力、才干及其势力，如万历皇帝 28 年不上朝，群臣愤然却奈何不得。儒家提倡的"从道不从君"赋予了臣子以"道"抗君的正义性，但由于没有制度的保障，以"道"抗君的风险实在太大，无数人为此丢官丧命，千年一遇的海瑞虽然受到皇帝表彰但也被剥夺了实权。[②] 因此尽管有礼可依，但皇帝可以有礼不依、违礼不纠，尊礼与否得靠皇帝的自觉性，这是礼治与法治的重要区别所在——礼治与人治能结合，而法治与人治势不两立。这种君在法上、君在礼上的人治不仅破坏了法治，也破坏了礼治，使传统社会的清明政治即使出现也难以持久，与现代社会的法治更是格格不入。

人治与德治是一体两面，人治之人有德时就是开明专制，无德时就是昏庸暴政[③]，人治可能好也可能坏（通常是初期好后期坏），也可能时好时坏（摸不准），好还是坏主要取决于君主是否有德。"中国政治立足于性善，不愿正视人的邪恶一面，尤其不愿正视最高权力者作为政治动物的邪恶本性。因而偏重劝善之道，忽略防恶之策，最终归结为恶者劝善。"[④] "儒家既坚信人心的善恶是决定于教化的，同时又坚信这种教化，只是在位者一二人潜移默化之功，其

---

① 黄仁宇：《中国大历史》，生活·读书·新知三联书店，2007，第 223 页。

② 海瑞由应天巡抚"提拔"成南京吏部尚书，级别虽高，但只相当于一个中组部干休所所长。秦晖、贺卫方：《法治、德治与权治》，http://www.eeo.com.cn/2013/0121/239120.shtml，最后访问日期：2018 年 10 月 16 日。

③ 邓拓在《王道与霸道》中认为，"王道如砥，本乎人情，出乎礼义"，而霸道则是"依靠权势，蛮横逞强，颐指气使，巧取豪夺"。王道就是走群众路线，霸道则是"咋咋呼呼的凭主观武断的一意孤行的思想作风"。邓拓：《王道与霸道》，《燕山夜话》第 4 集，第 13—16 页，转引自费正清等主编《剑桥中华人民共和国史（1949-1965）》，上海人民出版社，1991，第 485—486 页。

④ 夏勇：《法治源流——东方与西方》，社会科学文献出版社，2004，第 197 页。

人格有绝大的感召力，所以从德治主义又衍生而为人治主义。所谓德治是指德化的程序而言，所谓人治则偏重于德化者本身而言，实是二而一、一而二的。他的人格为全国上下而钦仰，他的行为为全国上下而仿效，成为一种风气，为风俗善恶之所系。……'君好之，则臣为之；上行之，则民从之'。"① 因此，君有德吏也就有德，君主和官吏都有德，民也就有德，于是国泰民安。"君仁莫不仁，君义莫不义，君正莫不正，一正君而国定矣。"② "这样一来，政治问题就变成了修养问题"，"这种把治国大计转化为道德问题的做法暴露出中国传统政治模式固有的致命弱点"。③ 中国文化中对圣人明君贤吏的崇拜是有历史渊源的，如制礼的周公、治水的大禹都是那个时代的伟人，为民造福、替民做主，带领人民站起来、富起来。经过后世对其传奇故事不断添油加彩，他们已经被描绘成圣人④，致使人民对他们产生强烈的依赖感，总是不断地做着圣人再现的美梦。⑤ 德治不仅是衡量人治善恶的标准，也是人治的保障，但由于良好的人治需是圣人之治，圣人又不常有，德治也就常常成为空想，人治也往往因此堕落为恶治。⑥

人性本身具有自我中心、唯我独尊、抵抗制约、排斥异己、逃避责任等天

---

① 瞿同祖：《中国法律与中国社会》，中华书局，1981，第292页。

② 《孟子·离娄上》。在孔孟的学说中，"'民'变恶的原因在于统治者不能自律，不能很好地诱导民之善性，以致上行下效。所谓'性相近也，习相远也'。所谓其身正，不令而行；其身不正，虽令不从"。马小红：《百年中国宪政反思》，《上海师范大学学报》（哲学社会科学版）2006年第4期。

③ 梁治平：《法辩》，中国政法大学出版社，2002，第114、115页。

④ "先秦儒家所遵从的'三代圣王'其实就是当时的大巫师，他们幽赞神明，上察天时，下治水土，经天纬地，其所创设的政治制度也因此而具有了正当性和权威性。"赵明：《先秦儒家政治哲学引论》，北京大学出版社，2004，第94页。

⑤ 人民当家作主时的人民其实是很辛苦的，一切都要自己分析、自己判断、自己决定，还很可能分析不清、判断不了、决定错误，如果有圣人来替民作主，人民就省很多心，何况圣人的判断有时比人民的判断更英明，因此救星意识也源于人民的惰性和愚昧。

⑥ 有学者指出："孔子儒学的核心——中庸之道——体现在治国安邦上就是仁之教（德治）与礼之约（礼治）的结合，与亚里士多德的德法共用是相似的。"晁乐红：《中庸与中道——先秦儒家与亚里士多德伦理思想比较研究》，人民出版社，2010，第332页。

性，此天性人人皆有，其原始的动物本性使之具有极其强大的力量 ①，只是受环境的各种束缚而未充分发威，而它一旦与权力结合就会成倍地膨胀。因此法治用分权制度来抗衡权力的任性，而礼治只是用传统、习惯来抑制权力者内心的欲望，前者硬，后者软，礼治以传统做后盾，法治以制度做后盾。人治之下的权力通常只发出断言，不说明理由（言多必失），以免自己陷于"被动"，自缚手脚，人治下的权力总是营造神秘氛围，什么都不公开，到处是国家机密；礼治在一定程度上主张权力行为公开化，自信依老祖宗的规矩办事没有错；法治社会由民主法律确定国家机密的范围，民主性使权力在阳光之下，人民拥有充分的知情权。人治下的权力总是临时做决定，随时定随时改，没准没谱；礼治下的权力主张遵循先例，具有超稳定性，但也具有保守性，难以适应工业文明后的现代社会发展；法治下的权力必须依法行使、有根有据，法律可以甚至应当随社会发展而完善，但法律的废立改活动也是有条不紊、依法而行的。人治下的人，从伴君如伴虎的臣子到朝不保夕的臣民都没有安全感，人心惶惶；礼治下的人，从君臣到百姓都按部就班，社会有秩序但缺乏活力，稳定但可能压抑；法治下的人，从公务员到普通公民都知道不论谁当政、谁掌权，都要依法办事，法律制度的稳定带来社会与人心的稳定，同时法治保障人的基本权利和自由、鼓励创新，尽量让每个人去开发自己的潜能，使社会有序且生机勃勃。

（责任编辑：陈道英）

---

① 孔子的"唯女子与小人难养也"（《论语·阳货》）反对的是恣意、任性、反复无常，它们在妇女与小人（有解释为小孩，有解释为品行低下之人）身上往往表现得更为突出。

迈向行政法理：中国行政法史研究与教学基本问题刍议

吴　欢[*]

摘　要　中国古代存在大量有关国家行政管理的法律思想、制度与实践，蕴含丰富的治理经验智慧。结合法学研究和法学教育规律与实际，以及相关研究与教学体验，中国行政法史首先是独立的法史研究领域，同时是独立的法史硕士课程，进而可以建设成为独立的法史分支学科。中国行政法史应以中国传统行政法律文化作为研究对象，并在此基础上进一步厘清研究范围、组织教学内容和更新研习方法。准确把握中国行政法史的学科定位、研究对象、研究范围、教学内容和研习方法，有助于更加实事求是地开展中国行政法史相关研究与教学，进而助力实现通过中国行政法史研习迈向中国行政法理重构的学术使命。

关键词　行政法史　行政法理　行政法律文化　中国特色法学体系

---

*　吴欢，南京师范大学法学院副教授，政府治理与行政法理研究中心主任，中国法治现代化研究院研究员。本文系作者主持的 2019 年度国家社科基金一般项目"民国初期平政院裁决实践中的行政法理研究"（19BFX022）的阶段性成果，也是作者"在中国发现行政法理"系列研究之一。感谢范忠信教授、武乾教授、艾永明教授、吕志兴教授等师长对本文写作的指点和鼓励。

引言：认真对待中国行政法史

2014 年 10 月 13 日，习近平总书记在主持中国共产党第十八届中央政治局第十八次集体学习时指出："要治理好今天的中国，需要对我国历史和传统文化有深入了解，也需要对我国古代治国理政的探索和智慧进行积极总结。"① 作为传统中国治国理政探索的主要呈现形式和治国理政智慧的重要蕴含载体，中国古代行政管理法制或曰中国行政法史，理所当然地成为我们深入了解和深刻总结传统治理经验智慧的重要对象和抓手，也成为中国法学研究与教学，尤其是中国法律史研究与教学的重要领域与内容，值得相关师生认真对待。② 从更高层次来看，认真对待中国行政法史研究与教学，是构建中国特色法学学科体系、学术体系、话语体系和人才体系的基础环节和当务之急。

令人遗憾的是，中国行政法史研究在当前法史学界尚处于尴尬境地③，中国行政法史教学在当前法史教学中亦扮演着尴尬角色。④ "尴尬"的表现不一

---

① 《习近平在中共中央政治局第十八次集体学习时强调 牢记历史经验历史教训历史警示 为国家治理能力现代化提供有益借鉴》，《人民日报》2014 年 10 月 14 日。

② 在行政法学研究和本科与硕博士研究生教学中，中国行政法史无疑也应受到重视，但限于篇幅主旨，本文着重讨论法律史学研究和法律史硕士研究生教学中的中国行政法史相关问题。

③ 受长期以来的"行政法系控权法"等思维定式影响，不仅行政法学界主流观点认为中国行政法纯系境外舶来，近代以前并无历史可言，就连法史学者也多持此论，对中国行政法史或不屑一顾，或目为末流。不过，法律史学界蒲坚先生、张晋藩先生、李铁教授、朱勇教授、霍存福教授、艾永明教授、范忠信教授、武乾教授等学者，行政法学界以关保英教授为代表的学术团队和姬亚平教授等学者，则较早开辟并持续深化行政史研究，下文将述及他们的系列成果。

④ 笔者硕士受教于中南财经政法大学法学院法律史学专业，博士受教于浙江大学光华法学院宪法与行政法学专业，目前任教于南京师范大学法学院并担任宪法与行政法史硕士研究生课程建设负责人。基于亲身经历及所见所闻，中国行政法史教学在主流法学院校的法律史学科基本上处于"食之无味、弃之可惜"的"鸡肋"地位。换言之，主流法学院校的法律史学科虽然多将中国行政法史（或中国行政法制史、行政法制史、宪法与行政法史）课程列入（转下页注）

而足，究其成因，则主要是不同学者和教师对中国行政法史的学科定位、研究对象、研究范围、教学内容和研习方法等基本问题的认识存在较大差异，乃至呈现"自说自话"的局面。^① 认识论决定世界观，进而形塑方法论。正是缺乏对中国行政法史相关基本问题的清晰认识，导致中国行政法史研究与教学在不同学者、不同学科和不同院系呈现纷乱局面，进而影响和制约了中国行政法史研究与教学的有序开展和有效产出。当然，认识论又必须立足于实践论，有关中国行政法史基本问题的认识，必须以既有的"尴尬"实践为基础，并基于相关实践提炼出新的分析框架。这既是认识与实践的规律，也是研究与教学的规律。

有鉴于此，笔者基于近十年来对中国行政法史的研究与对教学相关问题的研习、思考、体验与观察，结合法学研究和法学教育规律与实际，参考学界相关研究和教学实践，拟对中国行政法史的研究对象、研究范围、教学内容和研习方法等问题发表管见，以呼吁学界认真对待中国行政法史，并从中国行政法史中汲取治国理政的经验智慧，提炼中国本土的行政法理。以下正文首先简要回顾"中国古代有无行政法"的学界争鸣，以作为立论背景，其次依次就中国行政法史的学科定位、研究对象、研究范围、教学内容和研习方法等问题陈述个人观点，最后概括指出中国行政法史研究与教学在中国特色法学体系建构中的作用和意义。这样的行文逻辑和结构安排意味着，本文更多是在学界既有研究成果和教学现状的基础上"接着讲"，更多是借着"刍议"的名义表达一种研究与教学主张，更多是一种不乏轻狂的自我期许和求其友声的个人倡议，

（接上页注④）硕士研究生培养计划，但存在师资有限、时开时停、内容芜杂、选课不足等问题，相关教学体系与课程建设尚未获得应有重视。

① "尴尬"的表现可见前注，成因也很复杂，且很多时候成因与表现相互交织、因果循环，如研究力量薄弱，研究成果较少，院系师资有限、法史生源不足、课程设置不当等，限于篇幅主旨，本文不拟纠缠于此，而是着重探讨中国行政法史的学科定位、研究对象、研究范围、教学内容和研习方法等基本问题。

幸赖师友谅之。

笔者核心观点是：中国行政法史首先是独立的法史研究领域，同时是独立的法史硕士课程，进而可以建设成为独立的法史分支学科；中国行政法史应以中国传统行政法律文化作为研究对象，并在此基础上进一步厘清研究范围、组织教学内容和更新研习方法；准确把握中国行政法史的学科定位、研究对象、研究范围、教学内容和研习方法，有助于更加实事求是地开展中国行政法史相关研究与教学，进而助力实现通过中国行政法史研习迈向中国行政法理重构的学术使命。当然，由于笔者研习与思考的深度有限，体验与观察的样本有限，以上观点和下文论证必然有诸多不足之处，期待方家指正。

一 "古代有无行政法"的争鸣

近代以来，包括法学学科在内的我国诸多社会科学体系主要从西方国家移植译介而来，中国传统的"四部之学"则被视为不堪敷用的陈年旧物而日趋博物馆化。① 在法学学科方面，受"法律虚无主义"和"法律工具主义"的交织影响，这一问题表现得尤为突出，甚至在不同时期出现了"全盘西化"或"全面取消"的极端情形。改革开放以来，我国的法学研究和法学教育事业迎来了恢复重建和长足发展，产出了丰硕成果，培养了大批人才。② 在此过程中，法律史学由于历史积淀深厚得以率先恢复，行政法学则由于现实需求紧迫而尤其迅速发展。这是探讨中国行政法史研究与教学相关问题不可忽视的重要背景。

然而，吊诡的是，作为法律史学与行政法学的交叉，中国行政法史却并没

---

① 参见肖朗《中国近代大学学科体系的形成——从"四部之学"到"七科之学"的转型》，《高等教育研究》2001 年第 6 期。
② 参见何勤华《新中国法学发展规律考》，《中国法学》2013 年第 3 期。

有兼具二者的发展机遇。尽管在当代中国法学学术研究和研究生教学实践中，出现了种种以"中国行政法史"为关键词或以之命名的科研成果与教学课程，但是，如同"中国古代有无宪法""中国古代有无民法""中国古代有无××法"等问题长期聚讼不休一样[①]，"中国古代有无行政法"的问题在法学研究和法学教育界也一直存在不同看法。[②] 基于学界既有的争鸣文献，笔者试图归纳出有关"中国古代有无行政法"问题的三种代表性意见并稍加分析。

其一为"否定说"。这类观点以近现代行政法学理论（在大陆法系主要表现为"管理论"，在英美法系主要表现为"控权论"），或以经过本土化改造的"平衡论"为判断标准，认为中国古代既然不存在民主法治和分权制衡，当然不存在"近代意义的行政法"。持此类观点的学者主要集中在公法学界。[③]

其二为"肯定说"。这类观点认为中国古代虽然没有"近代意义的行政法"，但基于"为民父母行政"的精神理念，存在广泛的行政管理活动，制定了大量的行政管理制度和行政法律规范，积累了深厚的治理经验和法律智

---

① 参见俞江《关于"古代中国有无民法"问题的再思考》，《现代法学》2001年第6期；王青林《古代中国有宪法吗？》，《上海师范大学学报》（哲学社会科学版）2008年第4期。这些争论的关键在于，能否直接运用现代法学概念去命名中国传统法制，以及如何恰当地表述与解释中国传统法制。

② 参见霍存福《关于中国行政法史研究中的几个问题》，《吉林大学社会科学学报》1988年第4期；陈泉生《论我国行政法的产生和发展》，《上海大学学报》（社会科学版）1995年第2期；焦利《中国古代行政法中的"壳资源"》，《行政法学研究》2003年第4期；李韬《中国古代有没有行政法》，《贵州大学学报》（社会科学版）2003年第6期；艾永明《中国古代有无行政法之我见》，《华东政法学院学报》2004年第4期；彭顺勇、刘哲石《论中国古代有无行政法——以法治政府为视角》，《湖南人文科技学院学报》2006年第4期；徐岚、王梅雾《解读古代行政法之争——历史与本土法律文化视角》，《湖南行政学院学报》2007年第1期。近年来，随着中国法学主体性意识的增强，相关争议逐渐淡化，从功能意义而非概念语词认识中国传统法制渐成共识。

③ 各种版本的行政法学教科书虽然大多例行公事地设置行政法的历史章节，但基本观点认为中国古代无法孕育现代行政法，内容上也以介绍西方行政法发展史为主。教育部"马工程"教材即典型，参见编写组《行政法与行政诉讼法学》，高等教育出版社，2017，第16—22页。有的行政法学教材干脆不设置行政法史有关章节，参见胡建淼《行政法学》，法律出版社，2015。

慧，从而构成了独具特色的传统行政法律文化。持此类观点的学者集中在法史学界。①

其三为"折中说"。这类观点并不是从整体上、宏观上认定中国古代有无行政法，而是从具体的、微观的规范和制度分析入手，认为中国古代存在作用于特定时空和事项的行政法律规范和行政管理制度。此类观点实质上仍属于"肯定说"，持此类观点的既有法律史学者，也有行政法学者。②

以上三种观点的争论，实际上是相关学者选取了不同判断标准所致，并无对错高下之分。但是，对于这一问题，也不可仅以无意义的概念之争就此揭过，因为其背后折射的是有关中国法学主体性的焦虑，以及现代法治与中国土壤之间的张力。③ 不宁唯是，对这一问题的肯定性回答以及在何种程度和意义上做出肯定回答，是进一步探讨中国行政法史的学科定位、研究对象、研究范围、教学内容和研习方法等问题的基础和前提。笔者在此直抒己见，赞同"肯定说"，即认为中国古代不存在现代法学意义上的行政法，但存在有关国家行政管理的法律思想、制度与实践，从而形成了独具中国特色的传统行政法律文化。基于此种认识，中国行政法史（或曰行政法史）的研究与教学就是有本之木，就能有的放矢。更重要的意义在于，对中国传统行政法律文化的充分肯定与深刻认识，有助于构建中国特色法学学科体系、学术体系、话语体系和人才体系。

---

① 参见陈国平《明代行政法研究》，法律出版社，1998，张晋藩先生序言；范忠信《中国传统行政法制文化研究导论》，《河南省政法管理干部学院学报》2008 年第 2 期。

② 部分持"折中说"的行政法学者会在行政法学教材和著作中零星论及中国古代某些行政法律制度和行政法律规范；一些未明确表示中国古代有无行政法的法律史学者也会在主持或参与编写的中国法制史教材中不自觉地使用"行政法律制度"等提法。此类例证众多，恕不一一列举。

③ 邓正来：《直面全球化的主体性中国：谈"中国法学的主体性建构"》，《中国法学》2007 年第 2 期。

二　中国行政法史的学科定位

2016 年 5 月 17 日，习近平总书记在哲学社会科学工作座谈会上提出，要按照立足中国、借鉴国外，挖掘历史、把握当代，关怀人类、面向未来的思路，着力构建中国特色哲学社会科学，在指导思想、学科体系、学术体系、话语体系等方面充分体现中国特色、中国风格、中国气派。[①] 作为哲学社会科学的重要组成部分，中国特色法学学科体系、学术体系、话语体系的建构任务艰巨，意义重大，党和国家对此寄予厚望。事实上，2014 年《中共中央关于全面推进依法治国若干重大问题的决定》即提出，要加强法学基础理论研究，形成完善的中国特色社会主义法学理论体系、学科体系、课程体系。2017 年 5 月 3 日，习近平总书记视察中国政法大学时，再次特别强调了法学学科体系建设。[②]

在着力构建中国特色哲学社会科学，加快建构中国特色法学体系的背景下，在直面"中国古代有无行政法"问题并作出审慎而肯定的回答基础上，需要进一步考虑的是，中国行政法史在中国特色法学体系中的定位问题，或者更直接地说，中国行政法史的学科定位问题。因为清晰合理的学科定位，是相关科研与教学有序开展和有效产出的重要保障。笔者认为，在中国特色法学体系中，中国行政法史的学科定位首先是独立的法史研究领域，同时是独立的法史硕士课程，进而可以建设成为独立的法史分支学科。以下试申论之。

（一）独立的法史研究领域

一般而言，某一领域学术研究的成熟完备，是相关教学活动和学科建设顺利进行的重要基础。自改革开放初期法律史学恢复重建以来，基于中国行政法史的自身特点和相关学者的不懈努力，中国行政法史研究逐渐发展成为一

[①] 参见习近平《在哲学社会科学工作座谈会上的讲话》，《人民日报》2017 年 5 月 18 日。

[②] 参见张文显《关于构建中国特色法学体系的几个问题》，《中国大学教学》2017 年第 5 期。

个独立的法史研究领域，为相关教学活动和学科建设的有序开展创造了良好条件。

首先，中国古代行政法制具有沿革清晰的渊源体系。先秦礼制中涉及大量治国理政活动的精神原则与仪式要求，并以较为后出的《周礼》为集成载体。秦汉时代，行政法制的渊源形式主要是律、令、程、式。魏晋以降，律令分离，律主要为刑事法律规范，令主要为行政法律规范。唐代编纂有大型官制官规《唐六典》，宋代以大规模编敕续之。至明代则有一变，先制《大明令》，后颁《明会典》。清朝会典之外有部院则例，更设"会典则例"。此一渊源体系线索清晰，沿革分明，使得行政法在中国古代具有相当规模的制度规范基础。①

其次，中国古代行政法制具有较为完备的内容体系。中国古代行政法制在内容上大致包括中央政务机构组织法制、基层治理机构组织法制、公务人员管理法制、政务活动运行法制、政务行为监察法制等。其中每一个方面，在历朝历代都是相对独立的局部体系，他们共同组成了中国传统行政法制的内容体系。以监察法制为例，中国古代监察思想源远流长，监察机构代代因革，监察机制运转有序，监察官员保障有力，监察立法常变常新，监察实效堪称不俗，这些都是中国行政法史应予研究的重要内容（当然，这并不妨碍中国监察法史研究）。②

最后，中国古代行政法制具有特色鲜明的精神理念。一国的行政法制样态，根源自该国的治理秩序图景。中国法律传统中"行政"的主要含义为执掌政治、推行政令、治国理政，其实质是一种"为民父母"行政，强调包括君主在内的官僚集团以父母教育子女之心哺育百姓、推行政令、教化万民，他们是父母、君主和导师三重身份的合一，此即所谓的"作之亲""作之君""作

---

① 参见蒲坚《中国古代行政立法》，北京大学出版社，2007。

② 参见张晋藩《中国古代监察机关的权力地位与监察法》，《国家行政学院学报》2016 年第 1 期。

之师"，具有浓厚的道德伦理色彩。^① 故有论者指出，"为民父母"是中国传统政治和行政制度的最基本立足点和出发点，是中国传统政治和行政制度的灵魂。^②

（二）独立的法史硕士课程

根据我国现行法学教育体制下的课程设置安排，中国法律史是教育部明文确定的10门法学本科必修核心课程之一^③，法律史学课程群中的其他课程，如中国法律思想史、外国法制史、西方法律思想史等，则被各法学院校根据自身情况分别列为专业选修课或任意选修课。笔者认为，在师资力量允许的情况下，应当将中国行政法史作为一门独立的法史硕士课程进行建设。

首先，从中国行政法史在中国法律史上的分量来看，需要建构连接教学与科研的课程媒介。中国古代并无"三权分立"制度，国家法律制度和法制实践很大部分都与国家行政管理密切相关，是治国理政的制度化方式和常态性呈现。如果剥离行政法史，中国法律史失去的不仅是"血肉"，更是"骨骼"。如此分量的行政法史内容，应当在法律史研究生教学中占有一席之地。

其次，从中国行政法史研究的学术传承和知识创新来看，需要这样一个传授研究思路、传递研究成果、培育后继人才的课程载体。中国行政法史研究

---

① 古人对此有很多论断，如"天子作民父母，以为天下王"（《尚书·洪范》）；"天惟时求民主""代夏作民主"（《尚书·多方》）；"政者，正也。子帅以正，孰敢不正？"（《论语·颜渊》）；等等。这些论断不仅体现在传统政治哲学和正统法律观念中，也充分落实到传统政治的制度设计与实践之中。

② 参见范忠信主编《官与民：中国传统行政法制文化研究》，中国人民大学出版社，2011，导论。

③ 参见刘坤轮《我国法学专业核心课程的最新调整》，《人民法治》2019年第8期。当然，中国法制史的法学本科核心课程地位，在建构中国特色法学体系未获高度重视之前，不仅一开始就来之不易，而且长期游走于"被开除"的边缘，给法律史研究与教学带来极大负面影响。新时代以来，党和国家高度重视传统文化，文化自信极大增强，中国法制史的学科地位得以不断巩固和提升。此番学科兴衰，堪称当代中国法学教育的一个缩影，期待亲历见证此番历史的学界耆宿撰文详述以警后人。

起步较早，经过长期积淀已产生颇具分量的知识体系和学术成果。法律史专业硕士研究生具有初步的研究能力和专业素养，通过中国行政法史课程的学习，可以进一步培养学术兴趣，拓展研究方向，为今后的学术成长作重要准备。

最后，从中国法律史方向硕士研究生知识体系建构来看，中国行政法史的学习是其研究生阶段不可或缺的一环。尽管在法律史学术研究中，对于中国行政法史的存立褒贬可以有不同意见，但是在法史研究生教学中，不能因为存在学术争论就回避中国法制史基础知识和基本制度的教学。在某种程度上，这是对学生的不负责任。如果中国法律史硕士研究生因此而对于传统行政法制的基本知识和基本制度缺乏了解掌握，这或许是法律史研究生教育的重大缺失。

当然，由于存在师资力量、教学课时、学科建制等诸多限制因素，现实中中国行政法史课程或难以持续开设，或跻身其他学科，这是不可避免的，也是可以理解的。此外，笔者强调中国行政法史系独立法史硕士课程，并不意味着排斥行政法学等专业开设相关课程。相反，这十分必要和有益。事实上，笔者目前即在宪法与行政法学专业研究生课程体系中探索建设宪法与行政法史课程。

（三）独立的法史分支学科

中国行政法史目前是我国法学体系中独立的法史研究领域和法史硕士课程，但不是独立的法史分支学科。根据现行法学学科设置安排，法律史学属于法学一级学科下的二级学科；法律史学二级学科内部进而大致划分为中国法制史、中国法律思想史、外国法制史、西方法律思想史等分支学科。基于新的形势和既有条件，笔者认为，宜将中国行政法史建设成为独立的法史分支学科。

首先，新形势下中国行政法史学科地位有待提升。随着全面依法治国战略的深入推进和我国社会变革的深入进行，法学学科体系亟待改革与重塑。[①]

---

① 参见张文显《关于构建中国特色法学体系的几个问题》，《中国大学教学》2017 年第 5 期。

特别是在党和国家高度强调建构中国特色哲学社会科学体系的背景下，作为传统中国治国理政经验智慧重要而集中呈现的中国传统行政法律文化，尤其值得在中国特色法学学科体系建设中被认真对待，并且进一步提升其学科地位。在法律史学科地位进一步巩固、中国传统法律文化日益受到重视的今天，也必须进一步改革现行的法律史学科体系，进一步拓展法律史相关学科群。

其次，中国行政法史学科地位提升有坚实基础。虽然目前中国行政法史不足以成为独立的法学分支学科，但学界数十年来积累的丰硕成果足以支撑将其建设成为独立的法史分支学科。自20世纪80年代以来，中国行政法史的现实境遇虽然"尴尬"，但相关研究与教学始终持续并不断深入。不仅法律史学者进行了成果卓著的学术耕耘①，部分行政法学者也积极关注行政法史议题。②

最后，需要强调的是，笔者所谓中国行政法史作为独立的法史研究领域也

---

① 张晋藩先生总主编的十卷本《中国法制通史》中，大部分卷帙均设专门章节论述中国古代不同历史时期的行政法律制度（行政法规）。曾宪义先生总主编的十卷本《中国传统法律文化研究》专设一卷研讨中国传统行政法制文化，参见范忠信主编《官与民：中国传统行政法制文化研究》，中国人民大学出版社，2011。其他论著成果挂一漏万的列举，请参见蒲坚《中国古代行政立法》，北京大学出版社，1990；张晋藩、李铁《中国行政法史》，中国政法大学出版社，1991；霍存福《权力场——中国传统政治智慧研究》，辽宁人民出版社，1992；王士伟《中国行政法制史》，陕西人民出版社，1993；艾永明《唐代行政法律研究》，江苏人民出版社，1996；陈国平《明代行政法研究》，法律出版社，1998；刘旺洪《行政与法治——中国行政法制现代化研究》，南京师范大学出版社，1998；武乾《论北洋政府的行政诉讼制度》，《中国法学》1999年第5期；张生《中国近代行政法院之沿革》，《行政法学研究》2002年第4期；黄源盛纂辑《平政院裁决录存》，台北五南图书出版股份有限公司，2007；黄源盛《民初平政院裁决书整编与初探》，《中西法律传统》总第6卷，法律出版社，2008；朱勇《论中国古代的"六事法体系"》，《中国法学》2019年第1期。

② 行政法学界关保英教授及其团队近年来围绕行政法史的研究主题，持续发表论文、出版专著、编纂丛书、组织研讨。以应松年先生为代表的行政法学者也通过口述历史、回顾展望等方式，间接地书写了新中国的行政法史，中国公法学界也专门组织编写了"中国公法三十年"丛书。这些论著在某种程度上具有"口述史""亲历史""活历史"的重要价值。还有行政法学者明确提出了中国古代行政诉讼的研究议题，参见姬亚平《中国古代行政诉讼初探》，《陕西师范大学学报》（哲学社会科学版）2013年第1期。

好，独立的法史硕士课程也罢，抑或作为可能的独立法史学科，都仅仅具有相对意义，而不具有排他色彩。笔者作此判断，旨在强调中国行政法史研究与教学不依附于中国政治制度史，不埋没于中国法制史，不流浪于行政法学。事实上，中国行政法史本身就是一种虽不新兴但交叉的研究领域、硕士课程和法学学科。在法学研究日益强调淡化学科分界，凸显问题意识的今天，笔者仅仅是从"矫枉过正"的意义上来强调中国行政法史的"独立性"。在研究与教学实践中，恰恰需要充分整合有关资源，夯实与拓展中国行政法史的研究基础、教研群体和学术视野等，不仅需要法律史学者的持续贡献，更需要跨学科学者的共同努力。

三　中国行政法史的研究对象

在讨论中国行政法史的研究对象之前，需要先就"研究对象"与"研究范围"两个词语做一个简单的辨析。我们经常看到，法学教科书在论述某一学科研究对象的时候，习惯性地表述成"研究对象范围"。笔者认为，研究对象与研究范围还是区分使用为妥，即研究对象是对研究范围的高度抽象和凝练，研究范围是对研究对象的进一步明确和界定。因此，本节先讨论中国行政法史的研究对象，后文进一步讨论中国行政法史的研究范围。

关于中国行政法史的研究对象，早有学者进行过交流探讨。霍存福教授撰文指出，"（中国行政法史的研究对象）大体上都应包括宏观的通体研究，分类研究，法律令、规章的研究，实际实行状况的研究等内容"，进而将其划分为四大板块，即行政组织法、人事行政法、分类行政管理法、行政管理术。①主张"行政法史是一门独立学科"的关保英教授认为"行政法史的研究对象有

---

① 参见霍存福《关于中国行政法史研究中的几个问题》，《吉林大学社会科学学报》1988 年第 4 期。

三个大的范畴"，分别是"行政法制度的产生及其背景的研究"、"行政法发展脉络的研究"和"行政法发展的外在条件的研究"。^① 较早研究中国行政法史的李铁教授认为，中国行政法史的研究对象即"古代行政法的产生、发展及其特点"。^② 王士伟教授也认为，中国行政法史"是研究中国古代国家行政管理体制、管理内容和程序方式的发展史，以及与这些实际存在的体制、内容和程序方式相对应的行政规范的发展史的一门学科"。^③ 以上观点着实发人深省，但对中国行政法史研究对象的界定可能失之宽泛，无法与相邻相关的学科，如中国古代官制史、中国政治制度史、中国行政管理史等相区分，为此有必要进一步凝练。

对中国近代行政法史有精深研究并长期讲授中国行政法史课程的武乾教授，在课堂教学中每每论及"中国行政法史的研究对象范围"问题。他认为，中国行政法史的研究和教学不能走上贪多求全、大而无当的"大行政法史"的老路，而应当选择符合现代法学形式特征、能用现代法学语言解说的"小行政法史"内容加以重点关注。因为前者可能造成中国行政法史实质上的"自我取消"，后者才可能产生有益的学术成果，开展有效的学术对话。^④ 武乾教授的谆谆教诲，虽然不是直接论述前文界定的"中国行政法史的研究对象"，但为笔者提供了方法论上的重要启发。笔者赞同武乾教授对中国行政法史研究"法学属性"的坚持，同时认为，中国行政法史研究除了继续坚持用现代法学语言解读那些可以被适当解读的形式与内容（如法律渊源、法律形式、法律规范）之外，更要关注传统行政法制同现代行政法制存在差异的地方并分析其成因、表现与影响；更进一步地，我们需要在传统治理与现代治理之间架起一座桥

① 参见关保英《论行政法史的学科定位》，《法制与社会发展》2008年第4期。
② 参见李铁《古代行政法的产生、发展及特点》，《政法论坛》1985年第1期。
③ 参见王士伟《中国行政法制史》，陕西人民出版社，1993，第2页。
④ 以上是笔者在武乾教授课堂讲解的基础上，结合自身理解进行的总结和转述，未经武乾教授审核同意。如偶有中的，当属武老师真知灼见；如不幸曲解，则是我个人无心之失。

梁，探索古今国家兴衰治乱之道，找出破解规律性、普适性的文化遗传基因的法治密码与法理命题。

基于前述认识，笔者认为，中国行政法史的研究对象表述为"中国传统行政法律文化"也许更为妥当。这一表述当然以包含制度与思想等多个维度的"法律文化"概念为基础①，因而相较于单纯的制度史和思想史更有包容性。至于何谓"中国传统行政法律文化"，范忠信教授曾指出："传统中国的行政，有一套发达的制度；与这套制度相关，有一套发达的思想体系。二者合起来就是中国传统行政法律文化。……生长于东亚大陆农业社会土壤之上的中国传统行政法律文化，有着非常鲜明的特色，有着内在的特殊逻辑体系。"② 按笔者的理解，中国传统行政法律文化之"非常鲜明的特色"，就是以"为民父母行政"和"明主治吏不治民"为精神理念；其"内在的特殊逻辑体系"，则体现为"治吏牧民"的逻辑结构、体制机制、法理蕴含与治理智慧。以传统行政法律文化为中国行政法史的研究对象，既具有宏观上的高度概括性和包容性，也具有中观上的特殊性与可对话性，还具有微观上的可解释性与可通约性；既能够与其他相邻学科妥善区分，又符合中央提出的传承发展优秀传统文化的重要精神。

四　中国行政法史的研究范围

笔者将中国行政法史的研究对象抽象凝练为中国传统行政法律文化，但是这一表述必须经过进一步的明确与界定，以厘清中国行政法史的研究范

---

① 参见武树臣《中国传统法律文化构成及其对实践的影响》，《法学研究》1991 年第 2 期。

② 参见范忠信《中国传统行政法制文化研究导论》，《河南省政法管理干部学院学报》2008 年第 2 期。值得注意的是，范忠信教授在该文中将"中国传统行政法制文化"和"中国传统行政法律文化"交叉使用，笔者认为统一使用"中国传统行政法律文化"提法更为妥适。

围。为此尤其需要借鉴学界已有成果并适当整合，这一作业，用范忠信教授的话来讲，即"用现代法律文化语言符号系统重新勾画中国传统行政法律文化体系"。①

关于中国行政法史的研究范围（内容），学界亦早有较多讨论。霍存福教授认为，中国行政法史的研究内容应当包括四大板块与若干专题。第一板块及其专题是皇权、相权及帝相关系，机构设置，职官设置，行政机构编制。第二板块及其专题是官吏的选拔与任用、官吏的考课、官吏的监察、官吏的行政处分、官吏的致仕、官吏的待遇。第三板块及其专题是军事行政管理、经济行政管理、文化教育行政管理、居民日常生活行政管理。第四板块及其专题是行政管理心理学的运用、宏观治术、驭下之术、政务处理之术等。② 李铁教授认为中国古代行政法形成了三大支十大部类的宏大内涵，"三大支"是中央政权行政法、民族区域行政法和宗教法，"十大部类"是吏法、户籍法、食货法、礼法、教育法、科技法规、皇室规范、民族法、宗教法、司法行政和军事行政。③ 王士伟教授在著作中则将中国行政法史的研究范围划分为八个基本问题，分别是行政法的渊源根据、国家和行政机关的建立、中央行政体制、地方行政体制、行政官员的管理制度、行政管理的内容、行政管理的程序方式、对行政管理的监察制度。④

武乾教授在课堂教学中，基于对法史研究"法学属性"的坚持，认为中国行政法史的研究范围主要包括：古代行政法起源研究、历代行政法渊源体系研究、历代国家行政组织法研究、历代基层行政组织法研究、古代公务员法研

---

① 范忠信：《中国传统行政法制文化研究导论》，《河南省政法管理干部学院学报》2008 年第 2 期。

② 参见霍存福《关于中国行政法史研究中的几个问题》，《吉林大学社会科学学报》1988 年第 4 期。

③ 参见李铁《古代行政法的产生、发展及特点》，《政法论坛》1985 年第 1 期。

④ 参见王士伟《中国行政法制史》，陕西人民出版社，1993，第 3 页。

究、历代行政监察法制研究和传统行政法制的近代转型研究等。①

范忠信教授在其主编的《官与民中国传统行政法制文化研究》中，对传统行政法律文化研究的具体范围做了初步说明，兹归纳如下：传统中国国家和行政之理念与特质的研究；传统中国行政主体法制的研究，包括出政主体、出政制度、行政主体、督政主体、行政制度、督政制度等；传统中国行政行为法制的研究，包括经济行政行为、治安行政行为、文化行政行为；传统中国行政救济法制的研究；传统行政法制遗产与当代中国依法行政的研究。②

综合上述学者，尤其是范忠信教授和武乾教授的观点③，笔者认为，以中国传统行政法律文化为研究对象的中国行政法史研究可以大致描绘为如下范围。（1）传统行政法律文化的起源问题，包括中国传统行政法律文化起源的时代，中国传统行政法律文化起源的途径，中国传统行政法律文化起源与中国古代国家起源之关系，中外行政法制起源的比较研究等。（2）传统行政法律文化的精神特质，包括传统中国的国家特质和国家理念，传统中国的行政理念（为民父母行政 / 明主治吏不治民），传统中国的礼乐政治模式，影响中国传统行政法律文化精神特质的因素等。（3）传统行政法律文化的渊源体系，包括历代行政法

---

① 在笔者看来，武乾教授此番洞见来源于他多年来独具特色的中国行政法史研究。笔者认为，武乾教授的研究特点包括但不限于如下四点：首先是坚持中国行政法史的"法学属性"；其次是充分利用考古学、人类学和历史学研究成果，将古代行政法的起源时间大大前推，从而开阔了研究视野，拓展了研究领域；再次是考据详实地梳理出了历代基层行政组织的发展脉络，克服了以往研究只重视中央行政机构和官制的弊端；最后是多年来深耕于近代史学领域，对传统行政法制的近代转型问题有独到见解和丰硕成果。

② 参见范忠信主编《官与民：中国传统行政法制文化研究》，中国人民大学出版社，2011。范忠信教授其书其论，窃以为也具有如下特点：首先坚持了法律文化研究范式；其次对传统中国行政法律文化的精神特质和制度特性进行了系统全面的研究和阐释；再次是精心构建了传统中国行政法制"（君）出政→（臣）行政 / 督政→（民）受政"结构模式，创造性地抽象出了传统行政法律文化的基本形态；最后是将传统行政法制的内容划分为行政主体法制、行政行为法制、行政救济法制，既在一定程度上符合传统行政法制的实际情况，又能够与现代行政法学话语展开对话与交流。

③ 参见范忠信主编《官与民：中国传统行政法制文化研究》，中国人民大学出版社，2011。

律规范的表现形式，历代行政法律规范的效力层级，历代行政惯例的形态与效力，等。本部分尤其应重点关注传统中国的若干重要行政典章及其法律文化意涵。(4) 传统中国的行政主体法制，包括出政主体（包括决策主体和佐政主体）和出政制度（包括最高决策制度和中央佐政制度），行政主体（古代公务员法制）和行政制度（可略分为中央、地方、军事和乡里四部分），督政主体（古代监察机构）和督政制度（古代监察法制）等。(5) 传统中国的行政行为法制，包括传统中国的经济行政行为（授田限田、劝课农桑、备荒赈灾、稽粮征赋、征徭兴役、征商管工等），传统中国的治安行政行为（著民编户、制民防奸、僧道管理、番政归化、军征武备等）和传统中国的文化行政行为（兴学养士、教民正俗、察举科举、惠弱济贫等）。(6) 传统中国的行政救济法制，包括一般行政异议制度，通过诉讼的救济制度，人民监督官吏的制度，特设的进言、告密和谏议制度等。(7) 传统中国行政法制的近代转型，包括近代行政法律思想的传播，近代行政法律规范的制定，近代行政法律制度的运行和移植行政法制的中国化等。(8) 传统中国行政法制的当代镜鉴，包括传统行政法制建设的经验与教训，传统中国政府治理的方法与技艺，当代中国依法行政的本土资源等。

此外，还可以进行若干疑难问题的专题研究，如古代礼制与行政法制的关系研究，重要典章制度的行政法制属性研究，重要历史人物的行政法制思想研究，重要行政管理制度的实践研究，重要治国理政举措的实效研究等。

五　中国行政法史的教学内容

教学是研究的试金石。虽然前文已将中国行政法史的研究对象界定为中国传统行政法律文化，进而将中国行政法史的研究范围描述为八个方面数十个议题，但笔者并不主张在中国行政法史的课堂教学中进行全面展开。

这是因为，研究与教学具有密切联系，但也存在较大差别，需要遵循不同的逻辑与规律。进言之，中国行政法史的研究范围与中国行政法史的教学内容并不必然是重合的关系。研究范围可以根据研究对象的理论限定、研究条件的成熟与否、研究者的兴趣水平等条件做出较为宽泛的划分，不宜人为地造成研究"禁区"或者"荒地"，不能用学科界限来束缚问题意识。所以，研究范围的划定宜粗不宜细，宜宽不宜窄。但是作为特定课程的教学内容，既受制于课时学时，又受制于教师的研究前见和学术见识，同时还要兼顾一般情况下对学生的考试考核要求和学生的接受程度、掌握水平。这就必然会导致某一门课程的教学内容远小于该门科学的研究范围。课堂教学内容尤其无法充分涉及该学科较为前沿和边缘的增量知识，而只能沿袭传授该学科最为核心、几成定论的存量知识。所以，教学内容的选择往往窄而细。当然，作为教师，在有限的课程时间内，除了需要向学生讲授基本知识与核心问题，还有必要提示学生目前研究中尚存在哪些疑点、重点和难点问题，其中哪些问题适合作为学术兴趣点和论文选题。

据此，笔者认为，中国行政法史课程较为合理的教学内容应至少包含如下方面①：（1）中国古代行政法制的起源流变；（2）中国古代行政法制的

---

① 以下各方面教学内容的具体内涵在前节已有表述，兹不赘言。此外，笔者曾就正在建设的南京师范大学法学院硕士研究生方向选修课宪法与行政法史课程撰写过课程描述，其中的课程内容部分可以摘录如下，聊作参考比较："本课程旨在对中外主要国家宪法与行政法发展演进历程中的重要事件、制度、法典进行介绍，总结中外宪法与行政法发展的基本规律与特征，引导学生运用历史与比较的视角分析宪法与行政法现象及其法理。这些重要事件、制度与法典包括周公制礼、洪范九畴、罗马共和、英国《大宪章》、法国大革命、美国宪法、新中国五四宪法、唐六典、法国行政法院、美国联邦程序法、民初平政院等。课程内容分为域外宪法史、域外行政法史、中国宪法史、中国行政法史四个模块。域外宪法史模块主要介绍古希腊宪制、罗马共和、中世纪欧洲宪制、英国宪制史、法国宪制史、美国宪制史、德国宪制史、日本宪制史；中国宪法史模块主要介绍传统中国国宪基本理念、传统国宪基本宪制、传统国宪基本规范、近代宪制历程、当代中国宪制历程；域外行政法史模块主要介绍古罗马官制、中世纪城市法、德国行政法史、法国行政法史、美国行政法史；中国行政法史模块主要介绍传统中国行政理念、传统中国'民告官'途径、隋唐官制官规、明清行政法、近代行政法制变迁、当代中国行政法。其他章节视教学进度而有所取舍。"

渊源体系；（3）中国古代国家行政组织法制；（4）中国古代基层行政组织法制；（5）中国古代公务员法制；（6）中国古代典型部门行政法制；（7）中国古代行政监察法制；（8）传统行政法制的近代转型；等等。如课程时间允许，还可以进一步组织若干专题讨论，以启发学生深入思考传统中国的行政法理与治理智慧。

谈及教学内容，不得不涉及的相关重要问题就是课时、学分与教材。一段时期以来，过分强调实践教学、强调培养应用型人才，导致中国法制史等法学基础核心课程的课时量与学分数被大大压缩，一些院系原本建设的行政法史相关课程也开停不定。在着力建构中国特色法学学科体系、学术体系、话语体系和人才体系的今天，在高扬文化自信与文明自觉的当下，着实有必要重新加强和有效保障包括中国行政法史在内的法学基础核心课程的课时与学分。笔者认为，中国行政法史硕士研究生课程应以每周 2 课时，持续 1 学期，计 2 专业学分为宜，并鼓励师生通过各种方式方法在课堂内外教学相长，形成良性互动。

关于教材，目前我国法学研究生课程一般没有专门教材，中国行政法史课程可以选用的参考教材是张晋藩先生和李铁教授合著的《中国行政法史》，以及范忠信教授主编的《官与民：中国传统行政法制文化研究》。然而，前者出版年份较早，且内容体系较为陈旧，不能充分反映中国行政法史研究的最新动态；后者虽系近年新出，但内容体系过于庞大，不能在有限的中国行政法史课堂上充分展开。为此，相关任课教师如欲进一步有针对性地开展中国行政法史教学，并实现以教学反哺研究，可以结合授课实录、教学文档和教学实践等，尝试编印"中国行政法史讲义"之类的简编教材。这种基于研究与教学实践的中国行政法史教材建设，无疑也是中国特色法学教材体系建设的题中应有之意。

六 中国行政法史的研习方法

在回应中国行政法史的学科定位、研究对象、研究范围和教学内容等问题之后，顺理成章需要讨论的问题就是中国行政法史的研习方法。在既有研究成果中，论者多用中国行政法史的研究方法 / 学习方法指称概括有关内容，笔者使用"研习方法"的提法，意在强调中国行政法史研究与学习（自然也包括教学这个必不可少的纽带）的互通性与融贯性，意在强调师生互动，教学相长。

既有研究成果多主张坚持以历史唯物主义和辩证唯物主义为行政法史研习的指导思想，进而认为具体研究方法包括但不限于历史考证、规范分析、比较研究和文化分析等，对此笔者均表示赞同，同时还想指出的是，在着力建构中国特色哲学社会科学、加快建设中国特色法学体系的背景下，中国行政法史的研习方法，要与国家治理体系和治理能力现代化改革的要求相呼应，还要通过对研习方法的选择和运用增强文化自信，进而助力传承发展优秀传统行政法律文化。为此，笔者试图特别强调如下三点研习方法取径。

首先，要坚持治理秩序史的宏观视野。自 2013 年党的十八届三中全会以来，"治理"概念及其理论热度骤增。但语义语用分析和政治哲学反思表明，治理其实并非近年舶来物品，而是文明共同需要。[①] 在传统中国，治国理政思想与实践源远流长并自成体系；在近代中国，传统治理秩序日益受到冲击并被迫或主动转型。中国传统行政法律文化是考察这一历史进程的重要面相。即便遭遇近代变革，民初平政院的裁决实践也向我们展示了治理转型的艰辛与不易。[②] 因而，我们要将中国传统行政法律文化的发展变迁置于传统中国治理

---

① 参见李龙、任颖《"治理"一词的沿革考略——以语义分析与语用分析为方法》，《法制与社会发展》2014 年第 4 期；王绍光《治理研究：正本清源》，《开放时代》2018 年第 2 期。

② 参见吴欢《论民初平政院的治理权能与角色》，《江苏社会科学》2018 年第 4 期。

秩序的生发演进及其近现代转型的宏观视野中去考察，从而揭示传统中国行政法律文化中蕴含的治国理政经验智慧，为当代中国治理现代化进程提供启示借鉴。

其次，要坚持法律文化的分析方法。法律文化的分析方法兴起于 1980 年代的"文化热"，其核心要旨是以文化解释法律，以法律阐明文化。[1] 近四十年来，法律文化分析方法一直是法律史研究的重要取径。更重要的是，它在强调法律的文化差异性的同时也在暗示，中西法律传统在解决人类历史进程中某些重大法律问题方面的主张和做法，其实存在重大相同或者相通之处。[2] 在中国行政法史研究与教学中坚持法律文化的分析方法，就是一方面要准确认识中国传统行政法律文化"为民父母行政"的独特精神内核及其民族文化成因，另一方面要准确理解中西法律传统中行政法律文化的重大暗合及其对话空间。只有将此二者同时并举，中国行政法史研究才不是自说自话，才能融贯中西。

最后，要坚持主体意识与文明自觉。近代以来，中国传统治理模式遭遇重大挑战，传统法律文化被迫深刻转型。挑战不可避免，转型确有必要，但与此同时，挑战是惊险刺激的，转型是痛彻骨髓的。在近代以来的治理秩序变迁和法律文化转型中，一个令人遗憾却又反复出现的现象就是，面对不可避免抑或确有必要的转型轻易地放弃了本应坚守的主体意识，或者说面对惊险刺激抑或痛彻骨髓的挑战无奈地遮蔽了文明自觉。从而，在相当长一段时期内，我们会有意无意地怀疑自我而迷信他者，或是对传统治理经验智慧视而不见，或是陷入"古代有无××法"的意气之争。在中华法治文明自觉高扬和中国法治主体意识日增的新时代研习中国行政法史，这些意气之争俱往矣，这些视而不见当休矣！

---

① 参见梁治平《寻求自然秩序中的和谐：中国传统法律文化研究》，上海人民出版社，1991。
② 参见范忠信《中西法文化的暗合与差异》，中国政法大学出版社，2001，序言。

七　中国行政法史的研习意义

在治理秩序史的宏观视野中，运用法律文化的研究方法，坚持主体意识和文明自觉，不仅是新时代研习中国行政法史的重要取径，也是我们深刻理解和准确把握新时代中国行政法史研究与教学在建设中国特色法学体系中重要意义的基本依据。在本节中，笔者试图进一步概括指出，基于前述研习取径的中国行政法史研究与教学对于加快构建中国特色法学体系的重要意义。

首先，有助于丰富中国特色法学学科体系。法学学科体系如欲形成和发展中国特色，必须植根中国法律文化，源于中国法律实践，必须坚持中国法治主体意识和中华法治文明自觉。中国行政法史研究与教学既以中国传统行政法律文化为研究对象，又以发明传统中国治国理政经验智慧，亦即传统政府治理中的行政法理为己任，当然是中国特色法学学科体系建设的应有之义和当务之急。

其次，有助于凝练中国特色法学学术体系。张文显教授在"中国法理"和"法理中国"行动宣言中指出，"法理泛在"。[①] 中国行政法史蕴含的治国理政经验智慧，归根结底就是"治吏牧民"的精神特质与逻辑结构，是殊为宝贵的治国理政法理，对其存在形式、运行机制和实践效果等展开研究和教学，无疑有助于凝练传统中国的行政法理，进而丰富当代中国治国理政的法理资源。

再次，有助于拓展中国特色法学话语体系。法学话语体系直接承载、表征和传播着法学体系的中国特色、中国风格、中国气派。中国传统行政法律文化中存在鲜活的法治话语资源，其中若干内容如"为民父母行政""政者，正也""明主治吏不治民""名正言顺""循名责实"等，兼具中国特色与互鉴

---

① 参见张文显《法理：法理学的中心主题和法学的共同关注》，《清华法学》2017 年第 4 期。

意义，对其加以体系化研究与法理重构，无疑有助于拓展中国特色法学话语体系。

最后，有助于夯实中国特色法学人才体系。建构中国特色法治体系，关键在人，这里的"人"至少包括法治建设者、法学研究者和法学研习者。中国行政法史研究与教学，有助于培养造就掌握治国理政经验智慧的法治建设者，深谙传统中国行政法理的法治研究者和了解传统中国行政法律文化基本精神与基本内涵的法学研习者，这些都是中国特色法学人才体系的重要组成部分。

结语：从行政法史到行政法理

中国理论法学界有句传播广泛的俗话：法理法史不分家。大意是指法理研究需要以法史为基础，法史研究借助法理走向深入。这句俗话亦可进一步转述为离开法史的法理缺乏厚度，离开法理的法史缺乏深度。这种通俗表述具有相当程度的可接受性与解释力。在前文中，笔者论证了以传统中国行政法律文化为研究对象的中国行政法史，有着坚实的研究基础和长期的教学实践，同时需要进一步找准学科定位，厘清研究范围，组织教学内容，更新研习方法，从而在新时代加快建设中国特色法学体系的新征程中发挥更加重要的作用。这种作用无疑更多是基于现实迫切需要的，但在本文行将结束之际，笔者还想就前述路径和取向的中国行政法史研究与教学做出进一步的理论前景展望。

笔者认为，新时代中国行政法史研究与教学肩负的更为深层次的理论使命，或曰宗旨与皈依，就是通过中国行政法史研习迈向中国行政法理重构。长期以来，中国法学界习以为常的行政法理，或者更具体地说，行政法学原理主要来自近现代西方，主要基于西方治国理政实践和法律文化传统凝练而来，既无法充分彰显中国法治主体意识和中华法治文明自觉，又在治国理政和依法行政实践中存在诸多抵牾。这种局面产生的重要深层次原因，就是我们长期以来对基于中国治国理政和行政法治传统与现实的中国行政法理，存在研究与认识上的不足。幸而在近年来，以现代行政法的"平衡论"、中观行政法学理论、现代行政法的"二维结构"论、权力清单制度的实践总结与法理提升、先行先试的实践探索与法理展开、政务公开的实践反思与法理重构、行政合同的立法构造与法理清源、共享经济的法律规制与法理凝练等 ① 为代表的直面当代中国治国理政和依法行政实践的行政法理"再发现"，或曰"在中国发现行政法理"②，已经越来越引起理论和实务界的关注和认同。如果这一判断可以成立的话，与之具有相同旨趣的中国行政法史研究，也就必然面临着从传统中国治国理政实践和中国传统行政法律文化中"发现"传统中国行政法理，进而助力中国行政法理重构的重要任务。日本近代法学家织田万早已写就堪称经典的《清国行政法》③，中国行政法史研究与教学的前辈学人也已为阐明历史面相的中国行政法理做出了重大贡献，笔者也在近代行政法史研究中较为系统地梳理了民初平政院裁决实践中的法理经验与治理智慧。④ 但是在我们还是需要进一步

---

① 相关研究可参见罗豪才、袁曙宏、李文栋《现代行政法的理论基础——论行政机关与相对一方的权利义务平衡》，《中国法学》1993 年第 1 期；胡建淼《行政法学》，法律出版社，2015；朱新力等《行政法基础理论改革的基本图谱——"合法性"与"最佳性"二维结构的展开路径》，法律出版社，2013；罗亚苍《权力清单制度的理论与实践——张力、本质、局限及其克服》，《中国行政管理》2015 年第 6 期；杨登峰《行政改革试验授权制度的法理分析》，《中国社会科学》2018 年第 9 期；王敬波《政府信息公开中的公共利益衡量》，《中国社会科学》2014 年第 9 期；江必新《中国行政合同法律制度：体系、内容及其构建》，《中外法学》2012 年第 6 期；蒋大兴、王首杰《共享经济的法律规制》，《中国社会科学》2017 年第 9 期；等等。

② 这一表述借鉴自美国汉学家柯文，参见柯文《在中国发现历史：中国中心观在美国的兴起》，林同奇译，中华书局，1989。笔者提出"在中国发现行政法理"，意指在中国政府治理中发现中国行政法理，亦即从中国政府治理和行政法治发展的内在理路而不是外围来看待中国政府治理和行政法治的历史与现状，从而超越言必称域外的既有研究，深入求解中国政府治理和行政法治的机理与动力、逻辑与方法、理性与经验、意义与价值等重大理论与现实议题。

③ 参见织田万《清国行政法》，上海广智书局译，中国政法大学出版社，2003。

④ 参见吴欢《民初平政院裁决研究》，浙江大学 2015 年博士学位论文。

将研习视野投向历史深处，"在中国行政法史中发现中国行政法理"，或曰"以行政法理的眼光洞察行政法史，于行政法史研究中体悟行政法理"。[①] 这，可以而且应当是我们的"贡献"！

---

① 这一表述借鉴自陈景良教授，参见陈景良《用现实的眼光洞察法史，于法史研究中体悟现实》，《法学研究》2009 年第 2 期。

大数据背景下我国犯罪形势考察与应对

——以涉计算机数据网络犯罪为视角

闻志强　何晓莹[*]

摘　要　大数据技术的运用为我们了解和掌握我国犯罪形势现状、特征、规律发挥了重要作用，同时为犯罪侦查、控制和预防提供了新的技术支持与路径。近年来，我国犯罪形势依然严峻，案件增速依然不减，社会治安形势不容乐观，尤为突出的就是涉计算机信息网络安全领域的犯罪。其包括两大类：第一类是传统犯罪的网络异化，即"传统犯罪样态＋计算机网络"模式；第二类是新型犯罪，即"非法获取信息数据目的＋侵害计算机网络功能对象"模式。这对我国新形势下犯罪侦控提出了新的挑战。在大数据背景下，我国犯罪防控面临立法层面的缺漏与不足、数据搜集意识薄弱滞后、数据共享度透明度不够、实践层面的操作问题突出等困境，亟须通过完善体系化立法，树立和坚持大数据思维观、视野观、格局观，进一步强化刑事犯罪的数据透明化、共享化，着力攻克实践操作难题的路径予以解决。

关键词　大数据　数据安全　网络犯罪　网络安全　犯罪侦控

---

*　闻志强，广州大学法学院讲师，广州市法学会刑法学研究会常务理事，法学博士；何晓莹，广州大学法学院刑法学专业硕士研究生。

一 大数据背景下我国犯罪全景概览

（一）大数据背景下犯罪样态纵览

大数据，是指数量巨大、形式多样、变化迅速地被记录、处理和传播的信息。[①] 与之相对的大数据技术，是指可以实现脱离人脑的智能处理技术。大数据是社会发展与时代创新的产物，是技术创新的衍生品。大数据具有双创性。一方面，由于大数据处理速度之快，处理信息量之巨大，人类社会在数据获得、提取、计算速度等方面的发展得到巨大提升，实现了质的飞跃，便利了人们的生活，提高了科研的速度与效率，为司法机关特别是公安侦查机关对犯罪的发现、侦查以及防控提供了巨大便利，从而在犯罪的处置与应对上发挥了不可小觑的积极作用；另一方面，由于大数据的出现，与之关系密切的、以非法获取数据乃至侵害网络或计算机系统功能为对象的犯罪，以及以网络或计算机为犯罪手段、工具的侵害其他法益的犯罪行为也随之增长。越来越多的犯罪分子追赶时代的潮流，利用计算机、互联网等电信系统实施一系列影响较大的网络违法犯罪行为。

近年来，我国犯罪形势依然严峻，案件增速依然不减，社会治安形势不容乐观。从整体和全局角度来看，2017 年《最高人民法院工作报告》的最新数据显示，2016 年地方各级法院受理案件 2303 万件，审结、执结 1977.2 万件，同 2015 年相比分别上升 18% 和 18.3%。其中，对于 2016 年的网络电信犯罪案件，各级法院审结的相关案件数为 1726 件。[②] 但是，随着大数据网络的发展，

[①] 参见吴伟光《大数据技术下个人数据信息私权保护论批判》，《政治与法律》2016 年第 7 期。

[②] 参见周强《最高人民法院工作报告——2017 年 3 月 12 日在第十二届全国人民代表大会第五次会议上》，http://gongbao.court.gov.cn/Details/9ec8c0cddd12d82ecc7cb653441b36.html，最后访问日期：2017 年 12 月 23 日。

犯罪率还有进一步提升的趋势，涉计算机数据网络犯罪的比例也将进一步增长，新型网络犯罪层出不穷。中国互联网络信息中心发布的数据显示，到 2016 年底，中国网民已达 7.31 亿人，互联网普及率高达 53.2%。[①] 互联网的快速发展也带来了网络犯罪的迅速增长的问题。根据数据统计，仅从 2011 年 7 月到 2012 年 7 月，中国就已有近 2 亿人受到网络侵害，并造成直接经济损失高达 2000 多亿元人民币。这些涉数据方面的计算机网络犯罪主要分为两大类。第一类是传统犯罪的网络异化，即传统犯罪样态以网络或计算机为新的犯罪手段、工具所实施的犯罪，如利用大数据进行网络诈骗、网络盗窃以及利用信息数据在互联网上进行侮辱诽谤等，其属于"传统犯罪样态＋计算机网络"模式。第二类是以非法获取数据侵害网络或计算机系统功能为行为对象的犯罪，如黑客入侵互联网系统以及恶性程序病毒感染计算机等，其属于"非法获取信息数据目的＋侵害计算机网络功能对象"模式。其中，第一类网络犯罪居于主要地位，具体体现在以下几个方面。

一是网络诈骗罪的井喷式爆发和迅猛增加。当今网络诈骗犯罪主要呈现为网上购物诈骗、网络中奖诈骗以及网络交友诈骗等类型和方式。如 2016 年的山东女大学生徐××、广东揭阳市惠来县蔡××等被骗致死事件，清华大学教授被骗 1760 万元案等都成为社会关注的热点案件。从 2014—2016 年的数据统计情况来看，2014 年全国网络电信诈骗事件有 40 余万起，比 2013 年增长了 30%。[②] 2015 年 1—8 月，全国公安机关一共查处网络电信类诈骗案件 31.7 万件，该类型案件仍以每年 20% 到 30% 的速度增长。[③] 2016 年，全国公安机

---

① 参见国家统计局《消费基础性作用不断增强 发展新动力快速提升——党的十八大以来经济社会发展成就系列之十二》，http://www.stats.gov.cn/tjsj/sjjd/201707/t20170721_1515388.html，最后访问日期：2017 年 12 月 23 日。
② 参见刘晓梅《我国网络犯罪研究的热点问题评析》，《犯罪研究》2016 年第 2 期。
③ 参见靳高凤《2014 年中国犯罪形势分析与 2015 年预测》，《中国人民公安大学学报》（社会科学版）2015 年第 2 期。

关破获电信诈骗案件数量和逮捕犯罪嫌疑人数量依旧呈现倍增的态势，检察机关批准逮捕电信网络诈骗犯罪嫌疑人 19345 人。2016 年，全国公安机关紧急止付资金高达 51.2 亿元，阻截、清理涉案银行账户 67 万个。[①] 网络诈骗犯罪作为传统诈骗罪在大数据、互联网环境下的异化，其迅猛发展势头值得引起我们的警惕。

二是有关信息数据的泄露问题愈加严重，侵犯公民个人信息的犯罪也呈现急剧增长的趋势，严重威胁着人民群众的日常生活安宁和人身财产安全。例如，快递信息的泄露事件。2015 年，深圳某快递公司长沙分公司的行政人员宋某，利用职务之便，将自己获取的 10 个公司内部账号密码卖给"信息贩子"曹某，导致公司 20 多万条客户信息外泄。[②] 此类案件还有 12306 网站的数据泄露事件、小米数据信息的漏洞导致 800 万用户信息泄露事件、搜狗引擎浏览器泄露数据事件等。2016 年，全国公安机关侦破侵犯个人信息案件 1886 件，抓获犯罪嫌疑人 4200 余人，查获被侵害的各类公民个人信息 307 亿条。[③] 大数据技术和互联网等便利条件促使信息数据泄露现象频发，对公民个人信息安全特别是个人隐私安全造成了现实的危害和不可估量的潜在威胁。

三是传统犯罪在大数据技术下发生了变化。如网络盗窃罪的兴起，极大地冲击着网络安全，影响着人们的社会生活，也使得对于盗窃的行为方式、盗窃罪在网络环境下的多元模式内涵理解发生变化。如 2014 年公安部公布的十大网络犯罪典型案件中，网络盗窃就占据 4 件，如江苏徐州"神马"网络盗窃案、浙江金华手机"木马"窃取台湾同胞电信资费案等。

综观之，这三种类型的犯罪情况反映了大数据时代我国信息数据泄露、

---

① 参见靳高风、王玥、李易尚《2016 年中国犯罪形势分析及 2017 年预测》，《中国人民公安大学学报》（社会科学版）2017 年第 2 期。
② 参见刘鹏《大数据背景下寄递物流领域犯罪打防对策研究》，《中国人民公安大学学报》（社会科学版）2017 年第 5 期。
③ 参见苏明龙《网络社会治理能力持续提升》，《法制日报》2017 年 2 月 13 日。

窃取等问题的严峻形势。利用大数据作为新的犯罪手段、工具的传统犯罪网络异化在涉计算机信息网络犯罪方面居于主要地位，同时也凸显了传统犯罪异化后的三个典型特征。其一，犯罪行为高科技化。随着互联网的发展，传统犯罪也在学习互联网的高新技术手段，并以此为发展传统犯罪的手段形式。其二，犯罪对象以财物或财产性利益居多。这是传统犯罪的主要对象特征，也是异化后的鲜明对象特征。其三，大多数传统犯罪网络异化之后，适用的法律条文依旧是传统犯罪的法条规定。

第二类网络犯罪，即以非法获取数据侵害网络或计算机系统功能为行为对象的犯罪，如黑客入侵互联网系统以及恶性程序病毒感染计算机等。该类网络犯罪具有法益侵害和行为对象的明确指向性，在近年来也呈现逐渐上升的发展趋势，具体体现在以下两个方面。

一是黑客入侵互联网系统的事件随着网络发展不断增长。自 2017 年 3 月北京警方部署开展打击整治黑客攻击破坏网络和网络犯罪专项行动以来，截止到 2018 年 2 月 23 日，北京网警一共破获网络黑客犯罪案件 288 件，一并清理违法信息 16 万余条。[①] 同时，根据安恒风暴中心监测分析，在 2017 年，国内共有 3093 个政务网站主域名被黑客劫持解析到海外，涉及的海外国家就达到了 46 个。[②] 其中，被劫持的网点多为政府机构不使用又没有注销掉的网点。原因在于，政府站点的域名可信度较高，同时也基于此原因，政府站点被劫持后，能借此逃避国内的较多审查机制，从而成了众多黑客的袭击目标。

二是恶性程序病毒破坏计算机系统事件愈演愈烈。2007 年 4 月，北京联众公司托管在上海和石家庄 IDC 机房的 13 台服务器遭到大规模拒绝式服务病毒攻击，致使服务器全部瘫痪，运行的网络游戏也被迫停止服务，造成的经济损失

[①] 参见董蕾阳《北京网警破获网络黑客犯罪案 288 起》，《人民公安报》2018 年 2 月 23 日。

[②] 参见金丽慧《2017 网络空间安全现状与趋势分析报告》，《信息安全与通信保密》2018 年第 3 期。

约为 3460 万元。同时，在 2007 年，据国家计算机网络应急处理中心估计，一个木马病毒的黑色产业链条的年产值就已经超过了 2.38 亿元，由此造成的社会损失接近 76 亿元。^① 2017 年 3 月,58 同城陷入数据危机，遭到爬虫软件病毒的袭击。使用此病毒的人员可以通过爬虫软件病毒自动抓取 58 同城网站上的简历数据、本地商户信息、汽车过户信息等多类重要信息。2017 年 5 月 12 日，WannaCry 蠕虫病毒在全球范围内大爆发，引爆互联网行业的"生化危机"。借助"永恒之蓝"高危漏洞，WannaCry 在数小时内影响近 150 个国家，我国也受到了波及，一些政府机关、高校、医院的电脑都受到了病毒感染，致使政府、教育、医院、通信、交通、制造、能源等诸多关键信息基础设施遭到前所未有的破坏。^②

从行为人角度的犯罪动机、犯罪目的梳理可以发现，关于以非法获取数据侵害网络或计算机系统功能为行为对象的犯罪，行为人从开始的单纯寻求精神刺激和技术优越感，在技术上破解他人网络信息系统，走向以破坏政治信誉为目的的政治信息系统攻击，再走向以破坏一国政治与民众日常生活的基础设备系统为目的的犯罪，最后形成了一系列黑色产业链条，此黑色链条上还夹带着经济利益和其他诉求，侵害网络系统犯罪链日趋成熟。同时，我国的以侵害网络或计算机系统为行为对象的犯罪也具有共同点，即社会危害性大、以一对多、犯罪手段隐蔽、犯罪技术的创新及自我更新能力强等。这些网络犯罪往往造成网络系统的运作瘫痪，致使实际损失远远数倍于犯罪分子的实际收益，给社会造成的直接与间接的经济损失巨大，因而亟待加以关注、重视和认真开展法律应对。

虽然两类网络犯罪呈现出不一样的差异，但是无论是传统犯罪的异化，还是以侵害网络或计算机系统为对象的犯罪，实际上都具有以下共同特征：一

---

① 参见于志刚《关于出租、倒卖"僵尸网络"行为的入罪化思路》，《北京联合大学学报》（人文社会科学版）2009 年第 4 期。
② 参见王左利《2017 网络安全重大威胁及启示》，《中国教育网络》2018 年第 1 期。

是，犯罪时空即网络环境的虚拟性使得犯罪对象向虚拟化转变。以前传统犯罪的犯罪对象更多以实体的物为主，现在网络犯罪的对象正在向虚拟的"物"转变，如虚拟财产、"信息流"等。二是，犯罪行为的隐蔽性增强。一人一机乃至人机分离都可能实施犯罪行为，犯罪变得极度高科技化、无纸化，从而使得犯罪行为难以被发现和即时侦破，社会危害难以被即时遏制止损。三是，犯罪行为的跨时空性或时空分离。由于网络技术可以远程操控，犯罪越来越不受地域影响，不受时间限制，即时发现、锁定与侦控乃至犯罪预防都变得愈加复杂和困难。我们需要认真把握这些特征，以便做出有针对性的犯罪应对和预防。

（二）大数据背景下犯罪侦控考察

正如一枚硬币有正、反两面，大数据在为犯罪提供空间滋长的同时，其实也为我们提供了解决这个问题的条件与优势。亦即，大数据在犯罪防控里扮演着愈加重要的角色，为司法机关开展工作特别是现代犯罪防控如犯罪侦查、犯罪控制以及犯罪预防都提供一定的便利和帮助。

一方面，大数据有利于侦查犯罪、打击犯罪的进一步深入，提高了打击犯罪的精准度，在疑难案件的侦查上，提供了技术与数据的实力支撑，提高了侦办案件的效率与质量，使得犯罪在一定程度上得到控制。一定大数据的犯罪防控技术能成功让警务人员侦破一些重大疑难案件，提高办案速率，提升办案的准确度，使现代办案程序更加科学化、精细化、便利化、高效化。如 2015 年河南省唐河县检察院对"五保"供养金工作进行了大数据分析 ①，发现集中供养的五保户生活补贴高于分散人员标准、实际人数与上报人数不一致的问题。司法人员迅速从侦查大数据线索出发，通过一系列的调查取证，查出原乡党委副书记柴某等人贪污"五保"供养金事件。正是由于得到大数据的协助，此次五保户供养金事件被暴露并快速得到侦破，大大降低了办案成本，简便了办案过

---

① 参见牛凌云《让数据"说话"捕捉案件线索——河南唐河：大数据分析为职务犯罪侦查提供技术支撑》，《检察日报》2015 年 7 月 17 日。

程。同时，由于五保户供养金事件的纰漏，河南省唐河县司法人员继续利用大数据信息系统侦查发现职务犯罪案件 21 件，涉案人员 24 名，成案率 100%。[①]

另一方面，大数据也有利于犯罪预防工作的展开。利用大数据犯罪防控技术，分析已取得的数据信息，从数据中发现隐藏的问题，从而起到先手预测、预防犯罪的作用。如新推出的"朝阳群众 App"截止到 2017 年 3 月一共收到群众举报信息 3000 余条，为警方提供线索侦破各类案件共 63 件，抓捕犯罪嫌疑人 91 人，也同时起到犯罪预防的作用：警方通过 App 提供的信息数据，预防与避免安全隐患达到 245 件[②]，保护了社会公众利益免受侵害，对犯罪起到了积极的防控效果。

由此可见，大数据在使犯罪分子有机可乘的同时，也推动着政府社会管理方式的创新，在司法工作和犯罪防控中，更是起到了不可忽视的重要作用。大数据开创了许多新型侦查方式、新型犯罪防控管理方式，以生动实时的特点，记录着人民的日常社会生活，在社会管理工作里产生了"第三只眼监督"的效果。但是，立法的缺失、数据信息系统技术水平不高和运用思维方式尚未深度转变，也使得我国在大数据犯罪防控中面临很多困境，受到了一些挑战，需要关注和重视，并着力加以解决。

二 大数据背景下我国犯罪防控困境审视

（一）立法层面的缺漏与不足

从 1997 年开始，我国通过刑法规制和打击计算机网络犯罪。1997 年《刑

---

① 参见牛凌云《让数据"说话"捕捉案件线索——河南唐河：大数据分析为职务犯罪侦查提供技术支撑》，《检察日报》2015 年 7 月 17 日。
② 参见刘鹏《大数据背景下寄递物流领域犯罪打防对策研究》，《中国人民公安大学学报》（社会科学版）2017 年第 5 期。

法》新增了第 285 条"非法侵入计算机系统罪"、第 286 条"非法获取计算机信息系统数据罪"、第 287 条"利用计算机实施的犯罪"等,由此形成最初的"两点一面式"的犯罪体系。亦即,第 285 条、第 286 条两个罪名的"点"和第 287 条关于利用计算机系统作为工具、手段实施的其他犯罪的"面"(既包括传统型犯罪在互联网环境下的异化,也包括未来可预见的新型涉计算机系统数据犯罪)。2000 年,《全国人民代表大会常务委员会关于维护互联网安全的决定》对传统的罪名进行了立法解释。接着是两个刑法修正案的密集出台,即《刑法修正案(七)》(以下简称《刑七》)与《刑法修正案(九)》(以下简称《刑九》)对网络犯罪规定进行了扩充。[①] 尤其是《刑九》,力度较大,范围广泛。其在第 253 条之一"侵犯公民个人信息罪"第 1 款中增加情节特别严重的处罚情形,最高法定刑从 3 年提高到 7 年;增加了第 2 款,加重了对履行职务过程中的犯罪行为的处罚,并且将第 253 条之一的犯罪主体从特殊主体修改为一般主体,降低了入罪的门槛;增加了第 286 条之一"拒不履行信息网络安全管理义务罪",将网络服务者独立出来,作为评价对象;增加了第 287 条之一"非法利用信息网络罪",将预备网络犯罪的行为正犯化,使得网络犯罪打击时间提前;增加了第 287 条之二"帮助信息网络犯罪活动罪",将网络犯罪共犯行为独立成罪。《刑九》的修改与扩充,表明国家意识到近年来网络犯罪的增长。总之,随着大数据时代的快速发展,犯罪手段花样翻新,对旧的刑法规范不断提出挑战,为了应对大数据时代惩治网络犯罪的需要,《刑九》进一步完善了其中与网络犯罪有关的一系列罪名,提升了保护公民个人信息的力度。即使如此,现有刑法立法仍有缺漏,具体表现在以下几个方面。

1. 现有刑法立法对计算机网络领域较多专有术语未作出明确规定

虽然我国从 1997 年就开始在刑法上设立计算机网络类的犯罪,并设立了

---

① 　参见周光权《刑法修正案(九)(草案)的若干争议问题》,《法学杂志》2015 年第 5 期。

专门的独立罪名，但是，刑法对其条文中的专有名词并没有进行一一对应解释，这导致了实践上的不确定性，司法机关在办理案件过程中经常出现模糊地带、灰色区域。2011年，最高人民法院与最高人民检察院联合颁布了《关于办理危害计算机信息系统安全刑事案件应用法律若干问题的解释》。该司法解释规定了"计算机信息系统""计算机系统""身份认证信息""经济损失"的具体含义。如其第11条规定，"计算机信息系统"和"计算机系统"即指拥有自动化处理数据功能的系统，并将其扩大解释为包括计算机、网络设备、通信设备、自动化控制设备等。但是，其对刑法规定的"数据""应用程序""国家事务、国防建设、尖端科学技术领域的计算机信息系统"等没有给出明确的解释，以至于对"数据"等的含义难以形成统一的理解。现阶段更是出现了司法解释繁杂，即司法解释文件数量大、条文多，规定范围十分广泛，但是对刑事网络犯罪的规定缺乏系统化等问题。而与之相对的刑法立法以及刑法立法解释则差距甚大，它们数量较少。刑事立法权包括刑事立法解释权都面临着现实挑战，刑事立法权渐渐地处在了被动回应地位。正是刑事立法的不明确、不细致以及被动化现状，加上司法解释虽然文件出台频繁，条文数量大，但是司法解释在面临网络犯罪问题上，特别是网络犯罪有关的专有名词解释上含糊化，使得罪刑法定原则在实践中的作用受到限制，间接阻碍了刑法对网络犯罪的法治化惩治。

2. 现有分散化刑法立法模式未形成体系化、完整化的网络犯罪系列规定

虽然我国在刑法修订中持续完善有关计算机网络犯罪的法律规制，但是由于刑法稳定性的要求，刑法不可过于随意改动，所以立法滞后现象依旧存在，刑法对计算机网络犯罪的规定缺乏体系化的问题愈加突出。这主要体现在刑事立法模式的分散化带来的弊端：虽然现行刑法对于公民个人信息、国家事务、国防建设、尖端科学技术的计算机信息系统以及商业信息等有所规定，但是，关于公民个人信息的规定，既存在于刑法第四章的侵犯公民人身权利、民

主权利罪中，又在涉及计算机信息系统数据的层面存在于刑法第六章的妨害社会管理秩序罪中；而对于国家事务、国防建设、尖端科学技术的计算机信息系统，则重点规定在了第六章，突出注重社会管理秩序法益的保护；对于商业信息的保护，规定得也比较分散，既规定在第三章的破坏社会主义市场经济秩序罪里，也规定在第六章的妨害社会管理秩序罪里。由此可以看出，我国刑法对于计算机网络犯罪的规定较为零散，刑法的第三章、第四章以及第六章均有规定，并没有专章专节的系统规定。究其本质，这是由于与计算机网络有关的犯罪覆盖面积很大，保护的法益具有不确定性的特征，既保护财产权益、人身权益，又保护社会秩序等系列法益。综上，刑法对计算机网络犯罪以及数据犯罪的刑事立法规定比较零散，刑法明文规定和刑事立法解释较为缺乏，不能有效沟通和协调频繁出台的刑事司法解释与刑法规定之间的立法间隙。刑事司法解释虽然众多，但是就专有的网络名词，并没有给出明确的解释，一个稳定、全面的刑法预防与惩治计算机网络犯罪的体系亦未形成，使得刑法在大数据时代面临着新一轮立法权、立法解释权与司法解释权的权力分配问题。

（二）数据搜集意识薄弱滞后

随着信息时代的发展，公民的数据信息随处可见，且数据网络无时无刻不影响着社会公众的生活。例如，手机 App 用户端把实时交通路况传递给用户。又如，在公安信息系统中，有许多有关管辖辖区内的数据信息，如治安案件、户籍人口、刑事案件、脱逃人员信息、城市道路"天眼网"等。由此可知，我们其实不缺乏数据，只是缺乏发现数据、利用数据的决心与意识。很多司法机关特别是基层警务部门尚未深入了解和理解进而习惯使用大数据，他们依然受陈旧思维的禁锢，习惯使用过去的经验、抽样调查以及其他消耗大量的人力物力的方式，进行大范围排查，使用"人海战术"蹲点抓捕等方法去消极等待、抓捕犯罪嫌疑人，办理案件和处理其他事务。受制于陈旧思维的藩篱，司法机关在面对犯罪时，陷于消极被动的立案侦查线索中脱离不出来。对大数据的重视程度不高导致很多数据收集的质量低下，没有公信力、有效性、指引性和预测性。有的部门由于受到传统经验与因果关系思维的禁锢，缺乏使用相关性的思维去研究犯罪的预测与影响，对大数据的分析积极性不高，分析数据的程度较浅，犯罪预防决策的量化指标不足，以致对犯罪风险的评估不够精确甚至低效、无效；没有做到用"数据说话"，即用科学的、客观的、量化的数据来评估犯罪风险和进行犯罪防控；没有摆脱经验性、主观的、个案化的观念，从而难以达到更加准确、有效，具有普遍性和推广性的犯罪防控目的。中国东、中、西部受到经济、教育、科技等发展程度层次不齐的影响，各级各地司法机关的数据收集也呈现不同的水平、质量，基本显现出数据收集重视意识由东部向西部逐渐减弱的趋势。以上诸现象表明，大数据运用的思维意识在我国依旧尚未深入扎根，只是滞留在了表层普通查询功能的使用上，在司法工作领域特别是犯罪侦控与预防领域仍然有待进一步提高和加强。

（三）数据共享度、透明度不够

在我国，长期以来存在一个较为严重的现象，即数据的秘密性。很多政府部门数据并不为民众公开，即使政府工作报告公布的数据也比较粗糙。最高人民法院每年在作工作报告时，都只公布今年各级法院的立案总数、结案总数，同以往相比的比例增减等表面化数据，而对于细致的数据公布较少，有的几乎不出现在民众的视野，成为神秘的存在，如全国死刑执行数据。根据最高人民法院 1985 年有关司法统计工作的规定，司法统计报表为国家机密和绝密资料，所以对于死刑的有关统计的数据，至今从未公开。① 相关的数据只有有关部门自己知道，其他部门都无从得知，由此又引发了一个新的问题，即"数据孤岛"效应。② 部门与部门之间的数据透明度低，数据获取渠道、使用路径不通畅，引发了连锁问题，并给犯罪分子可乘之机。

---

① 参见卢建平《我国犯罪治理的大数据与趋势》，《人民检察》2016 年第 9 期。
② 参见单勇《以数据治理创新社会治安防控体系》，《中国特色社会主义研究》2015 年第 4 期。

目前，大范围的数据没有得到收集、共享，有的数据虽然有所收集，却没有一个可以用来共享的平台支撑。特别是在现代生活中，人们普遍使用电子产品、网络系统以及相关的软件，如微信、支付宝、淘宝、共享单车等，使得人们的大量衣食住行等日常信息暴露在互联网中。但由于没有一个可以供个人、企业以及政府共同使用、具有相当公信力的网络共享信息平台，这些数据被埋没而没有发挥其本来的作用。数据的透明度低、共享度不足，给研究者也带来了较为严重的影响，很多研究无法进行到底，被迫中断。司法机关、第三方平台的犯罪预测评估分析、犯罪风险评估分析更是无法进行。这对于实务操作和理论研究都是遗憾甚至损失，一定程度上阻碍了科技创新与社会发展对犯罪治理和防控发挥有效作用的步伐与空间。总之，数据的不公开、不透明、不共享，不仅导致数据价值的挖掘和分析受到影响，与此同时，也导致了社会公众的知情权、监督权受到限制乃至被变相剥夺。

（四）实践层面的操作问题突出

1. 数据收集不齐全，量化分析不足

由于数据的收集方式单一，数据收集的覆盖面也受到一定的限制，很多数据的收集以政府数据为主，个人数据、企业数据以及网络数据的收集不足。而且，很多企业数据、个人数据、网络数据都是在个案发生后才被收录进数据库里，总体上呈现一种分散的、零乱的、不连续的状态。商业（企业）数据收集的不全面，而且大多商业（企业）数据的收集都突出了重利的特征，而非重现象结论的趋势预测分析，在一定程度上导致了司法工作人员对商业数据收集的积极性不高，无动力与无义务的情绪影响着数据收集工作的进行。虽然企业数据和网络数据的数量远远超过了政府数据的数量，但是企业数据如淘宝、微信等数据与政府数据尚未衔接，因此政府未能合法留存使用企业数据，企业也未能与政府达成信赖而移交数据。由于数据信息是海量的存在，而我国的警力资源在大体上还是呈现地区分布不均、资源有限的状态，政府数据的收集受到较大限制。同时，受到地方辖区的地域性局限以及在地域需求性的作用下，很多数据都被忽视，政府只收集与他们有关的、相对于他们而言有价值的数据，从而缺乏长远的目标规划与工作机制、处理流程。而且，政府收集的数据多为结构化数据，忽视了半结构化和非结构化等异构化数据，这导致数据收集不齐全，以致对数据的量化分析不足，作出的相关决策也缺乏强有力的量化分析支撑。

2.隐私权受侵害普遍化，技术应用水平有待进一步提高

网络的发展使数据的流通加快，信息之间鸿沟的距离相对缩短。大数据技术使得多来源的数据库之间迅速整合，使人们可以最大化地获取海量的信息。然而，由于信息的海量化，大数据同样有可能为不法分子所利用。不法分子可以从海量信息中提取出较为完备的个人信息资料，从而锁定攻击目标，这增大了公民个人信息泄露的可能性，增加了隐私权受侵犯的概率。由于在引进大数据技术上刚刚起步，我国虽然在大数据技术上投入了物力、人力甚至花费巨大，但是很多技术尚未成熟，在大数据的处理上依旧面临很多技术上的难题。例如，海量的数据在技术处理上就常出现处理系统速度慢的问题。加上数据快速更新，常常导致技术人员无法实时提取数据，甚至出现了很多数据被放置高阁的僵尸现象。[①] 由于技术水平不高，大数据的作用无法有效发挥出来，大数据技术的使用相对停留在表层，普遍使用率不高。在人员因素上，也存在相关技术人员在数量上较少、在质量上综合性人才的缺口大以及大数据时代下如何把握数据适度运用的问题。

3.过分迷信大数据

在大数据技术兴起的过程中，出现了很多人过分迷信大数据的现象，甚至一部分人认为大数据的兴起就意味着"理论知识的终结"。[②] 例如，大数据

---

① 参见于志刚、李源粒《大数据时代数据犯罪的制裁思路》，《中国社会科学》2014 年第 10 期。

② 参见单勇《以数据治理创新社会治安防控体系》，《中国特色社会主义研究》2015 年第 4 期。

迷信者常把大数据中犯罪人可能重复犯罪的可能性趋势的判断，看成犯罪人重复犯罪的因果关系判断。这就会导致犯罪防控人员在确立犯罪嫌疑人时过分注重行为人的身份，而忽视行为人的具体行为，而这有违刑法的罪刑法定原则和主客观相一致原则，容易滑向"主观归罪""原心定罪"的窠臼，值得警惕和加以避免。过分迷信大数据，还会导致出现社会歧视的问题。[①] 例如，对接受过改造的人员带有有色眼镜，不利于这部分人员重新融入社会，也容易造成冤假错案（率）的提高。总之，在大数据的收集过程中，因为缺乏有效的信息控制机制用以排除海量信息下隐藏的无效信息，以致无法确定数据信息的真实性来源，而错误的数据分析有时会带来严重的后果，如错案率随之提高。因此，在大数据背景下，就解决数据深入应用不足导致的前科累犯未被发现或者社会歧视的问题而言，数据应用的筛选与排除就显得十分重要。

三　大数据背景的犯罪应对

（一）完善体系化立法

随着大数据技术的发展、互联网的进一步普及，利用大数据进行犯罪的情况有所增长，计算机网络犯罪近年来也是暗流汹涌，急需一个全面、立体、完善的保护计算机网络安全的立法体系。如何建立一个完善的计算机网络安全立法体系是一个值得关注和思考的重大问题。首要的是贴合计算机网络发展的内在规律，结合相关的网络技术思维，在遵循网络归罪模式的内在规律的前提下，分析计算机网络犯罪的构成要件，明确责任的分配与打击的对象。而且，在关注刑事责任的同时，不能忽视对民事责任和行政责任的分析。但是，由于我国对于计算机网络犯罪的罪名规定得比较零散，且详略不一，有的罪名只是

---

① 参见蔡一军《大数据驱动犯罪防控决策的风险防范与技术路径》，《吉林大学社会科学学报》2017 年第 3 期。

粗略地提及，甚至没有给出相关的专门术语的明确、权威的法律解释。针对此现象，为了维护刑法的稳定性，追寻时代立法由原来的粗糙化向精细化的发展趋势[1]，同时，也为了防止我国司法解释代替刑法立法的潜在威胁，应在数量上做到限制司法解释过度的扩容，从而预防其质变为司法解释权扩张，侵蚀立法和立法解释权。另外，立法解释权具有独立性，它是专属于全国人大常委会的权力，因此也不应该被立法权所吞没。因而，从协调各方的角度出发，针对我国计算机网络犯罪问题，可以在刑法典中选择制定一个有关计算机网络安全保护的专门章节，放置在第六章妨害社会管理秩序罪中，作为第九小节存在。这样就会使计算机网络安全的保护罪名更加系统化，犯罪体系更能体现类型化，使罪刑法定原则能更好地发挥作用，而且符合我国刑事立法单一性的立法模式。同时，应尝试制定专门的、系统化的相关刑事立法解释，用以解决网络犯罪问题。这样既维护了刑法法条的稳定性，又维护了全国人大常委会的刑事解释权，使其不至于淹没在立法权与司法解释权夹缝的浪潮冲击之下。

由于现行刑法对公民个人信息的规定不够细致[2]，建议未来的刑法立法将公民个人信息犯罪规定得更为具体，如德国刑法对公民个人信息的侵犯行为规定了具体的行为方式与类型，使得法条更加具有可操作性。在国家事务信息数据上，应规定得更具体，对相关的专业术语词，应该给出相关的立法解释，从而使得网络犯罪的法律规范成为更加集中的、统一的、高效的集合。在对商业数据的保护上，建议增加一个关于商业数据的独立的罪名。现有刑法法条对于商业数据是有保护规定的，但都是在一些比较概括的罪名里规定，关于单独的罪名，只有一个"侵犯商业秘密罪"，但此罪名针对的对象是不为公众所熟悉、

---

[1] 参见常锋《运用大数据思维惩防互联网犯罪——"2016 互联网刑事法制高峰论坛"观点综述》，《人民检察》2017 年第 1 期。

[2] 参见于志刚、李源粒《大数据时代数据犯罪的类型化与制裁思路》，《政治与法律》2016 年第 9 期。

能给权利人带来经济利益的技术或者经营性信息，而对于企业中其他数据信息却没有规定具体的罪名。关于相关犯罪量刑幅度的问题，由于计算机网络犯罪大多是为了追求财产性利益而实行的犯罪，建议对此类犯罪的量刑采取加重罚金刑、没收财产刑等刑罚方式，适度控制自由刑处罚方式，以达到使其"望金兴叹"的效果。

（二）树立和坚持大数据思维观、视野观、格局观

为了使大数据技术进一步深入犯罪防控领域，需要树立运用大数据技术的思维和意识，并培养各级司法机关工作人员在犯罪防控中的司法数据化的观念。树立基于大数据技术的犯罪防控行为意识，在一切的司法活动中都要积极地收集数据，积累数据，学会深入分析和运用数据。要有重视数据的决心，在收集数据中持有认真的态度，警惕收集到的数据的质量问题，提高数据的公信力、权威性和有效性。应当积极地分析司法活动中收集到的数据。只有做到深入分析犯罪数据，才能精准评估犯罪风险，才能作出有强有力的数据量化支撑的犯罪预防决策。加大对基层司法机关工作人员的大数据思维培训，包括短期、不定期的思维培训与长期、定期的大数据技术运用培训，使大数据技术的运用在我国真正地深入扎根，而非停留在大数据的门口徘徊不前。同时，为使科学化、客观化的办理事务方式深入人心，摆脱传统的经验主义、主观主义、个案主义思想观念的禁锢，需要时刻提醒司法机关工作人员积极运用大数据处理事务，用数据说话，在犯罪防控上积极使用大数据的相关性进行分析。在个案分析上因果关系固然重要，但是切不可忽视个案犯罪数据背后隐藏的其他可能性。在对大数据的使用上，基于对传统的因果关系的分析，同时结合相关性数据趋势进行分析，才能更好地预测犯罪风险，达到更加有效的犯罪防控目的，并做出合乎数据与理论逻辑的犯罪防控决策。只有在意识进入思维观念的层面，开阔视野，才能做到更好地收集与留存、分析与运用以及更新与纠正数据，进一步提高数据的运用格局，发挥数据的原作用力。

（三）进一步强化刑事犯罪的数据透明化、共享化

由于刑事犯罪的数据缺乏透明性，或者说透明化程度过于粗糙，不够精细，在未来大数据"爆炸"的社会生活中，应当力求刑事犯罪数据的透明化、精细化。政府部门、司法机关应当为社会公众做好数据公开、数据查询登记等服务工作，按照"阳光政府"的要求，接受公众的监督、质询与问责。同时，在科学研究上，为使科学研究得以进展，支持社会发展和科学技术的进步，应当为学者或者第三方民间组织平台提供绿色通道，给予查询相关数据的便利，并将查询记录登记在册，如实录入数据库。为着力打破现在"数据孤岛"的局限，政府应树立长远的数据规划目标，因为打击犯罪不单是一个地方的事务，而是一片地域乃至全国范围内的重要事项。因此，加强地域合作，建立全国性的网络大数据犯罪防控系统，就显得十分必要。在政府内部、部门与部门之间加强合作，相互分工配合，在技术上互相支持、帮助，共同记录、分析，建立起一个犯罪防控信息数据库的共享平台，力求建构各类与犯罪相关的信息大数据库。政府与第三方组织或者个人也可以加强合作，使得企业数据、个人数据和政府数据能够更好地整合，即做到政府数据、企业数据和个人数据的融合共享、合法移交、正当安全合法的使用。如此为之，将为犯罪防控提供一个强大的信息数据库支撑，把以前信息不通造成的犯罪漏洞填满，避免犯罪分子有机可乘。同时需要建立一个专门的技术机构或平台，聘用专业技术人员管理，设立完备的运行体制机制，定时更新、修正、充实、完善数据信息，逐步实现大数据库平台建设的系统化、规范化、科学化、机制化、国际化。只有提高技术水平，注重相关综合人员的培养，培养出一批既懂计算机技术、统计学，又能理解法学、犯罪学以及侦查学的人才，弥补人才缺口，才能使得深入探究数据、分析数据成为可能，从而更好地使数据从量变走向质变，从形式收集走向实质收集，从现象分析走向本质分析。

（四）着力攻克实践操作中的难题

应当在司法实践层面完善数据的收集程序，扩大数据收集的方式与途径，增加数据收集的覆盖面、齐全度，特别要加大对个人数据、企业数据以及网络数据的事前、事中收集。政府部门不能局限于"相对有价值"的数据收集，应当将目标放得长远，收集全方位数据，既包括结构化数据、半结构化数据，也包括非结构化数据的收集。尽量祛除地域限制，提倡区域间合作共赢，为共同收集覆盖全国的普遍数据助力。提高司法人员对商业（企业）数据收集的积极性，使其秉承认真对待的态度收集相关的商业数据。只有这样，在决策时，才能以有质量的数据量化分析作为犯罪防控的支撑和基础。在数据快速流通整合的时代，为防止公民个人信息的泄露，应当考虑建立一个具有监督检测功能的信息监控机制，即设立独立的第三方平台监督机制，建立完备的信用监督体系，使得社会公众、新闻媒体以及专家学者都能发挥各自的监督权，保护公民个人信息在数据浪潮冲击下的安全。加大对大数据技术的投入研究，特别是科学技术层面上的投入，及时更新数据处理系统，保证不断更新的海量数据得到及时的存储与处理，防止僵尸数据的出现阻碍数据价值的挖掘，从而使大数据技术的作用持续有效地得到发挥。

大数据技术的兴起，并不是意味着"理论的终结"，与此相反，它们正好是取长补短的发展创新关系。大数据只能告知我们有关的信息数据分布态势、基本情况与走向趋势，以此来打击、控制和预测犯罪，提出犯罪防控的决策。它承担的作用是参考素材，绝非全部，所以我们不能过于迷信大数据，因为精准的犯罪预防离不开理论知识、法律规定的支撑与助力。尤其是身处信息、知识、数据爆炸的大数据时代，我们深受海量信息的冲击，在这样的背景下，我们更应该时刻保持清醒的头脑，理性筛选、解读、分析数据的价值，认真思考，将数据分析技术、数据建模方法与犯罪研究相结合，从而找到犯罪防控的规律趋势，更加精准、有效地打击犯罪和提前有针对性地实现犯罪控制和预防。

青年法苑

机动车年检应当先处理交通事故和违法

郑　琳[*]

摘　要　机动车年检是否应当先处理交通事故和违法，在实践中引发的强烈争议，亟待理论回应。作为交通事故和违法的当事人，对公法之债应当予以履行。"捆绑执法"只是一种新型行政担保手段，是法律协调性、合理性的体现。该制度目的在于确保法律实施的实效性，符合实质法治精神。当前面临的规章与法律抵触、法律关系混淆问题，其根源在于《道路交通安全法》第13条立法的缺位。在法律解释无法有效弥补形式法治裂痕的情况下，唯有修法是杜绝争议的出路。不过，在过渡期间，应当注意"互联网＋"执法和失信联合惩戒等分流措施的使用，尽量降低产生的不利影响。

关键词　年检　行政担保　公法之债　实质法治　修法

＊　郑琳，清华大学法学院2017级博士生。感谢在本文写作过程中，清华大学法学院余凌云教授提供的指导，公安部道路交通安全研究中心赵司聪警官提供的数据与资料，以及匿名评审专家提供的意见，当然，文责自负。

一 问题的提出

机动车年检是否应当先处理交通事故和违法，在实践中是一个颇具争议的话题。该制度具体是指，车主在年检时，交警首先要求车主把涉及该车的道路交通安全违法行为和交通事故处理完毕，然后在符合其他安全技术条件的情形下，再核发检验合格标志。不过，公安交通管理部门这一看似"捆绑"式的处理行为，却引发了舆论的热议，反对的声音曾一度掀起。[1] 为此对簿公堂的也不在少数，而胜负也基本是各占一半。[2] 支持者和反对者各执一词，分梳两种不同的观点与理由，都有一定的道理。虽然公安部的规定在法律位阶与法律关系解释、执行上存在一定的瑕疵，但是作为确保交通违法和事故得到处理的新型行政担保手段，间接地强制当事人履行行政法上的义务[3]，确保义务得以履行[4]，其发挥的重要作用却是不言而喻的，也是法律协调性和合理性的体现。公法上的债必须得到履行，因此破除当前法律障碍和困境的可行方法是，修改《道路交通安全法》第13条，从源头上杜绝争议。同时，也要注意过渡期间"互联网+"执法和失信联合惩戒等分流措施的使用，以尽量降低不利影响。

① 佚名:《不处理交通违章，就不能过年检？看最高法的明确答复》，http://www.sohu.com/a/222355337_99895603，最后访问日期：2019 年 5 月 24 日；佚名:《不交罚款，就不能车检？这条"捆绑"式规定，你怎么看？》，http://k.sina.com.cn/article_6425841778_17f029072001003qld.html?cre=tianyi&mod=pcpager_news&loc=24&r=9&doct=0&rfunc=100&tj=none&tr=9，最后访问日期：2019 年 5 月 24 日。
② 朱远祥:《交通违章未处理就不给过年检？有车主将交警告上法庭》，https://wx.abbao.cn/a/3628-c6fe8f8fc30baa95.html，最后访问日期：2019 年 2 月 18 日。
③ 余凌云:《行政法讲义》，清华大学出版社，2014，第 286 页。
④ 盐野宏:《行政法总论》，杨建顺译，北京大学出版社，2008，第 147 页。

二 争议与焦点：规章的实质合法性证成

（一）两种观点的争论

车检是否应当以处理交通违法行为和交通事故为前提，当前有正反两种观点。反对者认为：从法律位阶上来看，公安部《机动车登记规定》第49条与《道路交通安全法》第13条相抵触，《道路交通安全法》作为法律并未将处理交通违法和事故作为车辆年检的前提（法定）条件[①]，公安部的规章对此规定与法律不一致[②]，属于增设新的行政许可条件[③]，有下位法违背上位法之嫌，应当按照法律的规定执行，最高法的相关答复成为此类案件援引的依据。[④] 而从法律关系上来看，车辆年检与违法和事故处理是两种不同的法律关系[⑤]，前

[①] 在"卢斌与公主岭市公安局交通行政管理纠纷案"中，法院认为，未规定交通违法行为未处理不予核发检验合格标志。参见吉林省四平市中级人民法院〔2017〕行政判决书。持类似观点的还有"彭海与广安市公安局交通警察支队不履行发放检验合格标志法定职责纠纷案"，参见四川省广安市前锋区人民法院〔2015〕前锋行初字第94号行政判决书。

[②] 在"杨菊诉内江市公安局交通警察支队不颁发车辆年检合格标志案"中，法院认为，被告的行为属于颁发年检合格标志时的附加条件，违反了《中华人民共和国道路交通安全法》第13条之规定，且《中华人民共和国道路交通安全法》并未授权公安部根据实际情况制定相关规章，而公安部所制定的《机动车登记规定》的部分规定与《中华人民共和国道路交通安全法》不一致。参见四川省内江市东兴区人民法院〔2014〕内东行初字第3号行政判决书。

[③] 耿宝建：《公安部规章无权对机动车年检增设新的条件》，《上海政法学院学报》（法治论丛）2013年第2期。

[④] 2008年11月17日《最高人民法院关于公安交警部门能否以交通违章行为未处理为由不予核发机动车检验合格标志问题的答复》：《道路交通安全法》第13条对机动车进行安全技术检验所需提交的单证及机动车安全技术检验合格标志的发放条件作了明确规定，"对提供机动车行驶证和机动车第三者责任强制保险单的，机动车安全技术检验机构应当予以检验，任何单位不得附加其他条件。对符合机动车国家安全技术标准的，公安机关交通管理部门应当发给检验合格标志"。法律的规定是清楚的，应当依照法律的规定执行。

[⑤] 在"上诉人运城市交警队诉被上诉人贾红军发放机动车检验合格标志案"中，法院认为，发放机动车检验合格标志的行为是行政许可行为，贾红军车辆存在违章，应受到行政处罚，对其应当采取行政处罚措施。参见山西省运城市中级人民法院〔2017〕晋08行终47号行政判决书。

者是行政许可的延续，后者是行政处罚的执行，不应当混淆在一起。

从支持者的角度来看，法院多认为公安部的规定是对法律的具体化①，是细化和补充。② 法律并未对此作出禁止性规定，公安部的规定并不违背上位法，也未增加当事人负担，违法当事人有履行的义务。③ 特别是制定配套地方性法规的地区，更是规定了机动车年检应当先处理交通事故和违法，而法院也基本支持公安交通管理部门作出的决定。④ 还有运用目的解释的方法论证，机动车年检应当先处理交通事故和违法的合法性和正当性，因为这与《道路交通安全法》的立法目的是一致的。⑤ 针对在讨论该争议时，最常被提及的最高法的答

---

① 参见"吴永江与金华市公安局交通警察支队车辆管理所不履行法定职责纠纷案"，金华市金东区人民法院〔2013〕金东行初字第 4 号行政判决书。

② 参见"陈攻与湖北省武汉市公安局交通管理局车辆管理所交通运输行政管理纠纷案"，湖北省武汉市中级人民法院〔2017〕鄂 01 行终 548 号行政判决书。

③ 在"刘水木与萍乡市交通警察支队车辆管理所等不履行发放车辆年检合格标志法定职责上诉案"中，法院认为，该义务在进行车辆年检前就已产生，它并非市车管所强加于上诉人的额外义务或负担，即市车管所告知刘水木处理完交通违法行为再申请车辆年检合格标志，并未增加其义务或负担。参见江西省萍乡市中级人民法院〔2017〕赣 03 行终 23 号行政判决书。

④ 最具有代表性的就是武汉和南京。《武汉市实施办法》第 18 条规定，公安交管部门在核发机动车检验合格标志时，发现该机动车有尚未处理的道路交通安全违法行为的，应当按照国家有关规定一并予以处理。参见"李小明诉湖北省武汉市公安局交通管理局车辆管理所不履行核发机动车检验合格标志法定职责案"，湖北省高级人民法院〔2016〕鄂行申 637 号再审行政裁定书；《南京市道路交通安全管理条例》第 13 条规定，办理机动车转移、变更、注销登记和申请检验合格标志，以及办理机动车驾驶证换证手续的，应当将涉及的交通事故和道路交通安全违法行为处理完毕。参见"孙玉彪与南京市公安局交通管理局车辆管理所不履行车辆年检法定职责纠纷案"，南京铁路运输法院〔2018〕苏 8602 行初 532 号行政判决书。

⑤ 在"卢正德与湘潭县公安局交通警察大队不履行办理车辆检验合格标志的法定职责纠纷案"中，法院认为，该条关于申请检验合格标志前，机动车所有人应当将涉及该车的道路交通安全违法行为和交通事故处理完毕的规定，符合《中华人民共和国道路交通安全法》"维护道路交通秩序，预防和减少交通事故，保护人身安全，保护公民、法人和其他组织的财产安全及其他合法权益，提高通行效率"的立法宗旨，与该法第 13 条对于核发检验合法标志的原则规定之间并无冲突。湖南省湘潭县人民法院〔2016〕湘 0321 行初 26 号行政判决书。

复，有关法院也认为，该答复并不属于司法解释 [1]，并不具备普遍适用的效力。

除此之外，从公安交管部门实践的角度来看，支持者的理由还有如下三点：一是车检是保证公安交管部门执法工作的重要手段，尤其应保证交通技术监控发现的交通违法得到及时处理；二是敦促驾驶人履行法律义务，如果不在机动车检验环节进行把关，违法当事人就会漠视交通法规，客观上严重危及道路交通安全；三是为了提高管理效能、降低行政成本，对当事人逾期缴纳罚款的，通过加处罚款和申请法院强制执行的方式无疑费时费力，而且针对电子监控拍摄的交通违法行为，如果没有当事人前来接受处罚，并不能有效处理。

（二）年检是确保交通违法和事故得到处理的新型行政担保手段

笔者认为，如果说上述支持的理由更多从行政高效、便宜的原则出发，那么从行政法理上进行分析，通过年检的方式确保交通违法和事故得到处理，实质上是一种新型的行政担保手段。该理论发轫于日本，又被称为"行政上确保义务履行"或者"行政上实效性确保"。相比于传统的行政强制执行，它是一种能够促使相对人履行义务的新型方式和手段，包括给付拒绝、违法事实的公布、课征金等。[2]《行政强制法》第5条规定：行政强制的设定和实施，应当适当。采用非强制手段可以达到行政管理目的的，不得设定和实施行政强制。相较于传统的通过加处罚款、收取滞纳金、行政机关强制执行或者是申请法院强制执行等方式，通过年检这种非强制的新型担保方式就能解决当事人怠于处理交通违法和事故的问题，更符合行政强制法的制定理念，这也是当前法治政府建设的一个崭新的思路。

---

[1] 《最高人民法院关于司法解释工作的规定》第5条规定，"最高人民法院发布的司法解释，具有法律效力"；第6条规定，"司法解释的形式分为'解释'、'规定'、'批复'和'决定'四种"；本案所涉《最高人民法院的答复》不属司法解释。参见"张某某与湘潭市公安局交通警察支队车辆管理所不履行办理车辆检验合格标志的法定职责纠纷案"，湖南省湘潭市中级人民法院〔2016〕湘03行终31号行政判决书。

[2] 罗智敏：《论确保行政法上义务履行的担保制度》，《当代法学》2015年第2期。

值得一提的是，《北京市禁止违法建设若干规定》第 21 条规定：以违法建设为经营场所的，有关行政主管部门依法不得办理相关证照。负有查处职责的机关作出责令限期改正或者限期拆除决定的，应当通知房屋行政主管部门暂停办理房屋登记手续；当事人依法改正的，应当及时通知房屋行政主管部门。市政公用服务单位办理供水、供电、供气、供热等服务手续时，应当查验建设工程的规划许可证件或者房屋产权证明，对没有规划许可证件或者房屋产权证明的，不得提供相应服务。这意味着如果业主违法翻建、改建，一旦要卖房，必须要将违法翻建和改建的房屋拆掉，按照原审批规划图纸恢复后才能上市交易。在房地产交易中，姑且要拆除违法和事故建筑才能办理证照、允许上市交易，在交通管理领域中，以核发检验合格标志担保行政处罚的执行，这种新型的行政担保方式是值得广泛推广的。

（三）公安部的规定是法律协调性、合理性的体现

根据公安部交管局文件，目前《道路交通安全法》[①]《车船税法》[②]《大气污染防治法》[③] 三部法律，对机动车检验时要对机动车所有人是否办理交通事故责任保险、是否缴纳车船税、尾气是否达标进行把关。从立法原意看，检车时，为交通事故责任强制保险把关是保证交通事故受害人合法权益的需要；为车船税把关是保证国家税收征缴、避免税源流失的需要；为环保把关是保护环境、保持绿色发展的需要。

---

① 《道路交通安全法》（2011）第 13 条规定，对提供机动车行驶证和机动车第三者责任强制保险单的，机动车安全技术检验机构应当予以检验。

② 《车船税法》（2012）第 10 条第 2 款规定："车辆所有人或者管理人在申请办理车辆相关登记、定期检验手续时，应当向公安机关交通管理部门提交依法纳税或者免税证明。公安机关交通管理部门核查后办理相关手续。"《车船税法实施条例》（2012）第 22 条第 2 款规定："公安机关交通管理部门在办理车辆相关登记和定期检验手续时，经核查，对没有提供依法纳税或者免税证明的，不予办理相关手续。"

③ 《大气污染防治法》（2018）第 53 条第 1 款规定："在用机动车应当按照国家或者地方的有关规定，由机动车排放检验机构定期对其进行排放检验。经检验合格的，方可上道路行驶。未经检验合格的，公安机关交通管理部门不得核发安全技术检验合格标志。"

从上述立法可以看出，公安交管部门尚且可以在年检时对于保险、税收、环境保护等行为把关，如果连为道路交通安全把关的处理交通事故和违法的权力都没有，显然是有失偏颇的。更何况在当前风险社会中，单一的规制手段已经无法有效应对错综复杂的社会治理情形，各种行政规制手段只有有效配合使用，形成组合手法，才能达到法律调控的目的。[1]

因此，公安交管部门作为道路交通管理的负责部门，在管理执法中可以为税收征管、环境保护等经济行政行为把关，更要承担保证道路交通安全、纠正处理交通违法的法定义务。这不仅能发挥年检制度的价值功效，从整体性上来看，更是法律协调性、合理性的重要体现。

（四）公法之债应当确保履行

在私法上，两种不同的法律关系就可以联结在一起，担保私法之债得以履行。最为典型的就是《最高人民法院关于限制被执行人高消费及有关消费的若干规定》第 3 条对失信被执行人规定了诸如不得乘坐飞机、高铁，入住星级以上宾馆、酒店等九项高消费及非生活和工作必需的消费行为。老赖欠钱与禁止坐高铁同样是两种不同的法律关系。在私法上，就用禁止坐高铁等手段限制失信被执行人员的消费，以确保老赖早日履行私法上债的义务。在笔者看来，公法之债也可以以此类推。交通违法当事人不及时处理违法行为，亦应当承担对国家公法上债的履行义务。

公法之债，是指在公法范围内，在特定当事人之间发生的请求特定给付的权利义务关系。[2] 公安交管部门要求当事人处理交通事故与违法行为，即请求其履行公法上的债务。通过对当事人不处理交通事故和违法就不年检的方式，

---

[1]　鲁鹏宇：《法政策学初探——以行政法为参照系》，《法商研究》2012 年第 4 期。

[2]　从构成要件来看，公法关系是公法之债与私法之债的核心区别，本质特性为给付（行为），公法之债的发生原因法定或意定，公法之债遵循相对性原则。参见汪厚东《公法之债论——一种体系化的研究思路》，苏州大学 2016 年博士学位论文，第 29—34 页。

亦是为了确保公法之债得以履行的一种约束手段。通俗地讲，交通违法当事人欠国家的钱，还想在国家的公路上继续开车，这于情于理都是说不过去的。更何况，在年检时将交通违法和事故一并处理而不采用加处罚款或是申请法院强制执行的方式，使当事人间接地强制其履行公法之债，本身就是在达致行政目标的同时，对当事人产生损害最小的一种手段，更符合比例原则，也避免了当事人专门抽空去交管部门处理违法和事故，便民而又高效。

需要强调说明的是，年检不仅要确保交通违法得到处理，而且要确保交通事故处理完毕，当然，两者在一定程度上是密切关联的。有的车主的车辆不仅有交通违法，而且存在造成的交通事故未处理完毕的情形，因此存在极大的安全隐患。因为无论是从客观上车辆安全驾驶的性能，还是主观上车主安全驾驶的意识，都是极度缺乏保障的。公安交管部门的机动车年检，在要求车主诚信履行公法债务的同时，也为车辆安全上路筑起一道坚固的防线。

三　修法以促进良法善治

（一）"捆绑执法"符合实质法治精神，法律解释无法弥补形式法治裂痕

"捆绑执法"只不过是将司机本来应当履行的义务用间接强制的手段[①]，督促其履行，更符合实质法治的精神。然而这一确保法律实施得以产生实效的新型担保手段，却因为形式法治的桎梏，引发诸多讼累。形式法治把合法性纯粹寄托于完善的立法，导致对制定法的过分依赖。[②] 而法律一旦缺位，本应履行的公法之债，却让有些未处理交通事故和违法的司机钻了法律的空子，成了"漏网之鱼"。

在未修法之前，无论是法官还是学者，也都尝试运用法律解释的方法，

---

① 参见杨建顺《"不交罚款就不验车"必要且正当》，《检察日报》2014 年 11 月 5 日，第 7 版。
② 何海波：《实质法治——寻求行政判决的合法性》，法律出版社，2009，第 58 页。

来弥补形式法治的裂痕。然而一通解释之后，机动车年检是先处理交通事故和违法，还是增加许可条件？双方的解释正如前文分析，都有一定的道理，但都说服不了谁，这或许正是法律解释的瓶颈所在。打破旧的规则体系，重塑更符合实质法治精义的规则，方是正确的路径选择。

（二）《机动车登记规定》的小幅修补效果不佳

需要说明的是，这里的修法，并不是指通过修改公安部的规章，或者更明确地说是《机动车登记规定》来定纷止争。之前实践已经证明，《机动车登记规定》的小幅修补效果并不明显。2004 年颁布的《机动车登记规定》第 34 条第 3 款曾规定，机动车涉及道路交通安全违法行为和交通事故未处理完毕的，不予核发检验合格标志。后来也是因为频发的行政诉讼 ①，公安部于 2008 年对《机动车登记规定》相关内容进行了修正，将公安交通管理部门督促责任调整为机动车所有人的责任，即将相关表述调整为申请检验合格标志，机动车所有人应当将涉及该车的道路交通安全违法行为和交通事故处理完毕。

然而，正如学者所言，在 2008 年的规定中，公安部虽然明确区分了"申请前"和"申请时"两个不同阶段，申请人的不同的义务，似乎并没有为机动车年检增加任何条件。但要求申请人在申请前处理完毕交通事故，在基层公安机关的机动车年检管理时，仍很可能被视为机动车年检的一种前置程序。②一语成谶，之后相关的行政诉讼并没有因此而减少，基层公安机关的道路交通管理部门仍然频繁成为年检案件诉讼的被告。

（三）修改《道路交通安全法》第 13 条，从源头上杜绝争议

笔者认为，修订《道路交通安全法》有关制度规定，有助于从源头上解决相关问题。公安部交管局就曾建议，《道路交通安全法》第 13 条增设 1 款予

---

① 问题是一致的，有当事人认为该条规定与《道路交通安全法》第 13 条相抵触。
② 耿宝建：《公安部规章无权对机动车年检增设新的条件》，《上海政法学院学报》（法治论丛）2013 年第 2 期；2012 年，公安部对《机动车登记规定》相关内容又进行了修改，增加提供车船税纳税或者免税证明，但对争议部分并未进行实质修改。

以明确:"国家实行机动车交通安全审验制度,对机动车安全检验情况、交通违法情况、交通事故情况进行审查,符合条件的,由公安机关交通管理部门核发审验合格标志。具体办法由国务院公安部门规定。"笔者深以为然。在《道路交通安全法》修改过程中,将交通违法、交通事故的处理情况作为机动车核发审验合格标志的前置条件,既可避免当前公安部的规章与法律的冲突,又能确保交通违法和事故都得到有效处理,可谓一举两得。

其实这在地方立法实践中不乏先例,除了前文提及的武汉、南京等地区外,《深圳经济特区道路交通安全管理条例》第 43 条也规定:市公安机关交通管理部门按照《深圳经济特区机动车排气污染防治条例》的有关规定作出处罚决定后,违法行为人未接受处理的,市公安机关交通管理部门不予发放机动车检验合格标志,不予办理转移登记等业务,直至违法行为接受处理完毕。在国家层面上统一规定处理交通违法行为和交通事故作为机动车年检的必备条件,是实质法治的应有之义,更符合《道路交通安全法》的立法精神。尽管也有反对的声音认为,各地法规要求机动车进行安全技术检验前,有道路交通违法行为记录的,应当先行接受处理,属于增设义务。[①] 但笔者认为,通过全国人大常委会法工委在交通法规领域启动备案审查,不应只停留在寻求规章、地方性法规与上位法规定不一致的地方,机械地理解与适用下位法与上位法保持一致的原则,而只对下位法进行修正。应当反思,为何各地实践都相继在其地方性法规中对"捆绑性执法"予以规定,难道我国的地方政府真的如此地漠视法治原则吗?究其根本原因,正是《道路交通安全法》规定的缺位,才使得各地法规予以细化与补充,对这一条款落地进行具体化制度构建,从而尽可能地避免诉讼争端。至于增设义务一说,前文已经论证,处理交通事故和违法,本是当

---

① 朱宁宁:《部分道交管理地方性法规突破上位法 全国人大常委会法工委启动专项审查研究:备案审查剑指道交管理法规规章》,http://www.legaldaily.com.cn/index_article/content/2019-01/29/content_7758660.htm,最后访问日期:2019 年 5 月 24 日。

事人应当履行的公法之债，"捆绑式执法"只是新型的行政担保手段，是一种间接强制，确保行政法上的义务得以实效地履行，而并没有增设当事人义务。

四　过渡期分流措施的使用

修法并非一蹴而就，与此同时，过渡阶段的分流措施也必不可少。分流措施的使用可以尽量降低当前规定所带来的不利影响。

（一）推广"互联网 +"执法

随着大数据、云计算、人工智能技术的迅猛发展，智慧警务也是"互联网 +"法治政府建设中不可缺失的一环。聚焦到机动车年检问题上，"互联网 +"执法的方式能够让违章司机及时处理交通违法问题。在笔者看来，线上处理违章能够起到分流的作用，避免最后都集中到年检的时候处理。此举既能给公安交管部门减轻负担，又能防止可能产生的诉讼争议。

不过，运用"互联网 +"执法的方式处理违章，需要处理以下问题。首先是执法程序和手段的改进，线上处理违章应当比传统的线下方式更为优化和简化。公安交管部门可以探索建立互联网执法平台，开发自己的专属 App[1] 或者通过地方政府与网络科技公司合作的方式，在微信上线城市服务功能以处理交通违章。[2] 违章司机只需要在移动终端即可完成对交通违法的处理。其次是违法告知的提示和送达问题，公安交管部门可以通过短信的方式及时提示司机违章，加盖电子印章的电子行政文书[3] 可以通过彩信或邮件的方式简易送达。[4]

---

[1]　蔡卫忠：《论"互联网 +"背景下的法治政府建设》，《山东社会科学》2018 年第 3 期。

[2]　李雅云：《运用大数据和"互联网 +"为政府决策服务——北京市行政执法信息服务平台的启示》，《中国党政干部论坛》2017 年第 3 期。

[3]　《国务院关于在线政务服务的若干规定》（国务院令第 716 号）第 9 条第 2 款：电子印章与实物印章具有同等法律效力，加盖电子印章的电子材料合法有效。

[4]　参见袁雪石《建构"互联网 +"行政执法的新生态》，《行政管理改革》2016 年第 3 期。

（二）开展失信联合惩戒

信用工具，如今已经成为一种新型规制手段[①]，而失信联合惩戒则是其中的核心环节。[②] 在交通治理领域，失信联合惩戒制度发挥的作用已经不可小觑。关于超载治理，2017 年就有 36 家单位联合发布《关于对严重违法失信超限超载运输车辆相关责任主体实施联合惩戒的合作备忘录》。[③] 在当前运用多元化的规制手段治理"互联网＋交通"的大背景下[④]，失信联合惩戒必然能对机动车年检时需要处理的交通事故和违法案件起到有效的分流作用。

在笔者看来，加强驾驶员的诚信建设是前提，通过政策与舆论宣传，可以让驾驶员主动去处理交通事故和违法。对于不及时处理的驾驶员，方可考虑失信惩戒的方式。具体而言，可由公安交管部门、银行、保险公司、征信机构等共同签订合作备忘录，进行信息共享，推动联合惩戒措施的有效施行。有了严厉的联合失信惩戒机制的约束，必然能够对未能履行公法之债的失信者产生威慑和警示作用[⑤]，从而有效维护交通管理的秩序与安全。

综上所述，在当前未能及时修改《道路交通安全法》第 13 条的过渡期，必然要推动相应分流措施的实施。"互联网＋"执法与失信联合惩戒措施可以作为督促驾驶员及时处理交通事故和违法的有效手段，将"捆绑执法"可能引发诉讼和复议的不利影响降到最低。不过，"互联网＋"执法与失信联合惩戒毕竟只是分流措施，并不能替代性解决当前"捆绑执法"引发的纠纷。因此，

---

① 王瑞雪：《政府规制中的信用工具研究》，《中国法学》2017 年第 4 期。

② 失信联合惩戒是在信用信息共享的基础上，以信用法律法规为保障，以政府部门及社会组织为主导，以企业和个人信用信息数据库为依据，综合利用经济、行政、司法、道德手段，由政府部门、行业组织、信用服务机构等对失信者共同实施包括经济和名誉代价在内的多种惩戒形式，使得失信者付出相应的失信成本。参见刘洪波、卢盛羽《健全和完善我国失信联合惩戒机制》，《宏观经济管理》2018 年第 12 期。

③ 严蔚兰：《失信联合惩戒合作备忘录若干问题研究》，《中国工商报》2018 年 1 月 11 日。

④ 郑琳：《"互联网＋交通"下政府规制模式研究》，《太原理工大学学报》（社会科学版）2017 年第 5 期。

⑤ 史玉琼：《关于建立失信惩戒机制的研究》，《征信》2018 年第 9 期。

公安交管部门、法制部门与全国人大常委会、司法局等商议《道路交通安全法》第 13 条的修改，才是具有长远制度意义的举措。

五　结论

机动车年检应当先行处理交通事故和违法，是对实质法治精神的恪守。对于当事人应当履行的公法之债，"捆绑执法"只是一种间接强制的新型行政担保手段，目的就在于确保法律实施的实效性。应当说，从立法目的上来看，这也是《道路交通安全法》的应有之义。当前面临的规章与法律抵触问题，或者说是增设许可条件问题，乃至于进一步延伸的行政许可和行政处罚混淆问题，错不在于公安部的规章"画蛇添足、多此一举"，而在于《道路交通安全法》第 13 条立法的缺位。无论是从实质法治的内核出发，还是考虑到道路交通安全管理实践的需要，在法律解释失灵的情况下，都应当从源头出发，修改《道路交通安全法》第 13 条以杜绝争议，地方立法的回应也证实了这一点。在此过渡期间"互联网 +"执法和失信联合惩戒等分流措施的使用，能够尽量降低产生的不利影响，在维护道路交通安全和秩序的同时，保障当事人的合法权益。

（责任编辑：熊樟林）

占有保护主体论之检讨

杨兴岳[*]

摘　要　我国《物权法》第 245 条在文本表述上未能明确可以适用占有保护规则的主体范围，这片模糊的地带被留予理论学说加以解释。为此有些观点认为，占有保护规则的适用主体应当包括间接占有、无权占有，而不应当包括占有辅助。检讨这些观点，可发现间接占有保护说的必要性不强、无权占有保护说的基础不牢、占有辅助不受保护说脱离实践问题。

关键词　占有保护　间接占有　无权占有　占有辅助

我国《物权法》第五编用五个法律条文规定了占有制度。其中，《物权法》第 241 条旨在规范基于合同关系而占有物的人与本权人之间的法律关系，"基于合同而占有物的承租人、保管人、借用人、运输人等，在其与合同相对人的关系上，应当首先适用合同的约定"。①《物权法》第 242 条、第 243 条、第 244 条在将无权占有人区分为善意占有人和恶意占有人的基础上，调整无权占有人与本权人之间的利益关系。这些条文均旨在调整占有人同本权人之间的法律关系。而《物权法》第 245 条则与此不同："占有的不动产或者动产被侵占

---

*　作者简介：杨兴岳，北京师范大学法学院法学硕士。
①　石佳友：《〈物权法〉占有制度的理解与适用》，《政治与法律》2008 年第 10 期。

的，占有人有权请求返还原物；对妨害占有的行为，占有人有权请求排除妨害或者消除危险；因侵占或者妨害造成损害的，占有人有权请求损害赔偿。"显然，占有保护规则规范的重点是占有人与侵害动产或者不动产之第三人之间的法律关系。该法律关系的内容表现为占有人对侵害动产或者不动产之第三人的三类请求权：返还原物请求权、排除妨害或者消除危险请求权、损害赔偿请求权。法律却未明确交代此处"占有"及"占有人"之内涵，致使占有保护规则的适用主体范围不甚明确。需说明，与其说这是《物权法》提出的新问题，毋宁是《物权法》没有解决的老问题。不论是在《物权法》实施之前还是实施以后，学界始终有认为占有保护规则应当适用于间接占有、无权占有，同时不适用于占有辅助的观点。对此，笔者认为存有检讨之必要。

一　对间接占有应受保护说的检讨

间接占有这个概念规定于《德国民法典》第 868 条，理由谓之曰：间接占有人有期待回复为直接占有人的利益，该种利益应当受到保护。[①] 在这里有必要稍加回顾一下德国民法典上占有保护制度的滥觞及沿革：在古罗马，占有保护以占有令状的形式存在，早期的占有令状之诉旨在为公田使用者定分止争，或是保护公田使用者抵抗他人侵占其所用的公田。但当时的公田使用权并非所有权，占有令状也并非是在保护当事人事实上对物的管领状态，而更像保护一种类似于用益物权的权益。后来，占有令状的内涵发生了些许变迁："占有令状保护被逐渐扩大适用于一切以所有人的意思实施占有之人，而无论他是否拥有占有的本权"[②]，在这里，占有保护强调"所有"之心素，没有心素就不是占

[①]　参见张双根《间接占有制度的功能》，《华东政法学院学报》2006 年第 2 期。

[②]　刘家安：《含混不清的"占有"〈物权法〉草案"占有"概念之分析》，《中外法学》2006 年第 2 期。

有，而是持有。而日耳曼法上的占有保护则恰好相反，"占有概念仅指对物的直接的、实际的控制而言"。① 唯德国民法典上之占有制度又是调和了罗马法与日耳曼法的产物。"由于《德国民法典》已于第 854 条第 1 款规定直接占有因取得'对物的事实管领而取得'，所以如果要承认不同于直接占有的间接占有，必须对此予以明确"。② 20 世纪 80 年代，"以《民法通则》为核心而建立的我国现行物权体系既不能满足我国社会主义市场经济的需要，也违背了传统物权法基本原理，重新构筑我国的物权法体系乃是大势所趋"。③ 经过一番学界论战，"大多数学者建议以传统民法的物权体系为基本框架，汲取现代各国在此方面的新经验，结合我国的一些特殊制度建立我国的物权体系"。④ 理论实践中，我国学界主要吸取了德国立法例的经验，因此不难理解为何有关间接占有的论争如此之多。

主张间接占有受保护论的学者们首先驳斥了另一派观点——这种观点认为："《物权法》上根本就没有规定间接占有的概念，既然如此，占有制度当然不能包括间接占有的内涵，进而，占有保护规则当然不存在保护无权占有的可能"。⑤ 驳斥的角度不一，有的学者从现实出发，认为："《物权法》是否承认间接占有制度纯属价值判断以及利益考量之下的法律解释与法律构造问题，以《物权法》对于间接占有法无明文而得出《物权法》不承认间接占有制度，既不符合逻辑也不符合我国物权法的立法事实"。⑥ 还有的学者基于体系解释、

---

① 刘家安：《含混不清的"占有"〈物权法〉草案"占有"概念之分析》，《中外法学》2006 年第 2 期。

② 吴香香：《〈物权法〉第 245 条评注》，《法学家》2016 年第 4 期。

③ 张晓军：《论占有制度在物权法上的定位》，《中国人民大学学报》1998 年第 4 期。

④ 参见中国社会科学院法学研究所物权法研究课题组《制定中国物权法的基本思路》，《法学研究》1995 年第 3 期，转引自石佳友《〈物权法〉占有制度的理解与适用》，《政治与法律》2008 年第 10 期。

⑤ 参见李锡鹤《物的概念和占有的概念》《华东政法大学学报》2008 年第 4 期。

⑥ 章正璋：《无权占有和间接占有的两个基本问题——与李锡鹤教授商榷》，《学术界》（月刊）2014 年第 2 卷。

目的解释乃至司法实践的角度作出具体判断:"《物权法》第 27 条规定的占有改定制度中推导出法律隐含了认可间接占有的逻辑"[①]、亦有学者从实证的角度入手,"通过对司法裁判的实证研究亦可以得出我国民事立法、司法解释和司法实践已经承认间接占有的结论"。[②]

不过,间接占有具备在我国《物权法》中存在的可能,并不意味着间接占有必然受到占有保护规则的保护。欲证成此观点,还需论证间接占有应受保护的必要性。对此,主张间接占有受保护论的学者们多把间接占有人需要被保护作为论据:"当侵害占有的行为发生以后,直接占有人不能或者不愿行使占有保护请求权,自身又缺乏赔偿能力,那么承认间接占有之占有形态,使得间接占有人亦有权行使占有保护权,这对于切实地维护间接占有人的利益,最大限度地实现占有保护的立法功能,有益无害"。[③]

笔者以为,就间接占有人的利益保护而言,前述论据虽然完成了必要性论证,却忽视了分析占有保护规则保护间接占有的充分性,兹举一例:甲出租房屋予乙且同意乙转租予丙,倘若此房被丁非法侵占且丙怠于行使权利,如果不承认间接占有人乙得受占有之保护,那么乙是不是便无法直接向丁追讨房屋了呢。当然不是,就法律关系而言,乙对丙既然享有合同期满后的返还房屋请求权,于丙怠于向丁追讨房屋前之际,乙自法理上当可代位行使丙之占有返还请求权,以保护自己对丙的合同之债得以履行。况且,在民事诉讼程序上,假使间接占有人期待以占有之诉保护己之占有,若想胜诉,间接占有人必须在诉讼中主张自己与被侵夺的占有之物之间存在占有媒介关系,否则便不会被法院认为具有诉的利益。假使占有媒介关系断裂,比如合同失效,则总会伴随着

[①]　参见张双根《间接占有制度的功能》,《华东政法学院学报》2006 年第 2 期。

[②]　参见章正璋《我国民法上的占有保护——基于人民法院占有保护案例的实证分析》,《法学研究》2014 年第 3 期。

[③]　章正璋:《无权占有和间接占有的两个基本问题——与李锡鹤教授商榷》,《学术界》(月刊)2014 年第 2 卷。

返还原物请求权、不当得利请求权等。因此，在总免不了要承担证明责任的前提下，间接占有人行使代位权与行使占有保护之诉在效率高低上其实没有区别。①

另有学者认为，保护间接占有对时效取得制度影响甚巨。② 就此观点而言，笔者存有三点疑问：1. 虽然间接占有在学理上得视为是占有之持续，但占有之持续的前提是间接占有人有权占有，而在时效取得的场合中并没有这个前提，不论间接占有人是以何种方式实现间接占有，总归免不了无权处分，这样一来是否能成就时效取得之"持续"的要件。2. 与此同时，间接占有人于无权处分下之转移占有，是否能够构成时效取得之"公然"的要件。3. 最后，姑且前两个要件均得成立，倘若间接占有人与直接占有人均占有某物达到特定期限，那么，应当由他们当中的谁能够取得时效呢。

有学者认为，间接占有本就是一种被虚构出来的事实，这种事实已经不符合占有的通说定义了，即占有是人对物在事实上的管领和支配。③ 其实更深层次的原因在于，间接占有并不具备直接占有的外观，如果承认间接占有可以适用占有保护规则，将从根本上动摇我们法教义学的价值信仰——占有的权利推定功能，扰乱我们的理论体系。事实上，在《物权法》制定之前，占有的权利推定功能一直是我们理解和把握占有制度的主要矛盾，基于此，占有保护规则的适用范围就应当限缩于直接占有。④

前文已述，德国法乃是在继受罗马法的同时又受到了日耳曼法之影响，这个过程恰好伴随着民族国家的形成，免不了种族的融合。因此德国人一方面继

---

① 虽然我国《合同法》及司法解释暂时把代位权行使的对象限定在金钱债权上，但这并不妨碍学理上的讨论。

② 参见王洪亮《占有法律制度重构》，《国家检察官学院学报》2017 年第 4 期。

③ 参见李锡鹤《物的概念和占有的概念》，《华东政法大学学报》2008 年第 4 期。

④ 参见中国政法大学物权立法课题组《关于〈民法草案·物权法编〉制定若干问题的意见》，《政法论坛》2003 年 2 月第 21 卷第 1 期；参见喻文莉、屠世超《占有保护请求权若干问题探讨》，《河北法学》2004 年 9 月第 22 卷第 9 期。

受罗马法的古老规定，另一方面又尊重日耳曼民族的私法习惯，将二者调和并形成民法典，这可能是一个自发和自觉互相作用的结果，并没有多少实质的价值判断在里面，更何况在德国的法典化运动中，概念法学的方法论仍然占据主导，这使得德国的立法例具有一定的局限性，例如："德国学者对占有的权利推定效力的限定表明，至少就占有的这一效力而言，德国民法不要求'心素'的双重占有结构过于宽泛了"。[①]

二 对无权占有人应受保护说的检讨

持无权占有应受到占有保护的学者多分两个阶段展开论证，即对无权占有人是否应当保护，如果应当保护，那么应当如何保护。维护和平秩序说，或者说禁止私力说是第一阶段的论据基础。在第二阶段，学界观点则多主张无权占有者可提起一个独立的占有之诉以行使占有返还请求权，盖占有基于维系和平秩序之价值可以独立而存在，占有之诉不以占有人享有本权为必要，因此，即便无权占有人为恶意，本权者亦不得以本权为抗辩，只能另行提起返还原物请求权之诉。

所谓维护和平秩序说，最早由萨维尼提出，认为占有令状的功能在于平息农民之间因耕种国家土地而产生的疆界、饮水等问题的纠纷。因此，令状的目的在于制裁那些擅自变更占有现状者，以维护社会秩序。[②]

对此，笔者将从四个角度进行检讨：1. 就制度价值言，坚持间接占有应当适用于占有保护规则的学者们同样也坚持无权占有应当适用于占有保护规则，这就使得对同一项制度的价值阐述中出现了完全对立的两种立场，一种是宁可

[①] 刘家安：《含混不清的"占有"〈物权法〉草案"占有"概念之分析》，《中外法学》2006 年第 2 期。

[②] 张晓军：《论占有制度在物权法上的定位》，《中国人民大学学报》1998 年第 4 期。

虚构一个间接占有的概念也要拼命保护本权人的利益，另一种则是宁可侵夺占有者系是恶意的无权占有者，也要对本权人的占有回复利益作出一定程度的牺牲。除此之外，另有一种有代表性的观点认为，这种处理有违起码的法正义原则。① 不过，刘家安先生则认为，形成这种观点的原因在于：我们一方面把占有理解为一种法律保障之事实而非权利，另一方面却坚持权利——救济的法律推理模式，那么必然导致这样一种结论——法律不应对缺乏本权支持的单纯占有设定保护性规定。② 2. 何以法律保障之事实能够催生出无权占有之人可以现实享有的请求权。笔者以为，所谓和平秩序维护说似不足以证成占有保护的正当性，因为它所侧重的其实不应是占有制度本身具备某种意义，而仅仅是强调暴力使用权被国家垄断后，公民不可以靠私力手段来处理问题，这种态度不仅存在于民法领域，也存在于刑法领域乃至一切法秩序存在的地方。因此本权人不得基于本权而为抗辩，应当理解为，不得抗辩者系私力救济这种行为的非法性本身，而非权利复归之效果。这也解释了为什么在实践中，法院在不认可本权人以本权抗辩的同时，却认可本权人提起一个反诉或另行起诉。在古罗马时代，占有保护令状和普通诉讼并不是同一个程序，在性质上占有保护令状之诉更像某种行政程序，如果一开始我们就把这种和平秩序维护看成是行政机关保护公共利益的当然使命，则公民彼此之间免受私力侵害自性质上则仅仅是和平之法秩序下的反射利益而已，占有制度和其他诸多法律制度一道，仅仅是体现了法秩序禁止私力的要求。不过，彼时大概尚无行政法学，该问题遂被私法学者发现和研讨，进而被纳入民法范畴。即便如此，民法领域仍有学者注意到了占有保护背后的行政法身影："即使占有人时非法占有，那么也只能由

---

① 参见廖新仲《关于〈物权法〉第 245 条占有保护适用范围的理解以我国所谓 "小偷的占有保护" 之不成立为中心》，《法律适用》2011 年第 9 期。

② 刘家安：《含混不清的 "占有"〈物权法〉草案 "占有" 概念之分析》，《中外法学》2006 年第 2 期。

有关国家机关通过一定的程序对其占有进行剥夺。任何单位和个人不能以其是非法占有，而任意对其进行暴力剥夺。"① 3. 无权占有应当适用于占有保护规则的结论系站在一个全知的上帝视角以绝对的理性作出的结论，该观点的著名代表——"小偷的占有亦受到保护"——就是出自这种前提，也即在一幅图式中，我们清晰地知悉谁是占有人之占有为无权占有，甚至是无权占有当中的恶意占有。可若这种全知的视角能够存在的话，我们也就不需要为占有确立权利推定功能了。恰恰是因为我们没有能力做到全知，才不得不把占有视为是所有权证明的表面证据。这背后的道理在于日常经验已向我们表明，占有人与本权人通常是一致的，一方面我们想不出有什么方法能比赋予占有以权利推定的功能更能高效便捷地辨识产权秩序，快速低成本地流转财产的方法，另一方面我们又不得不承受高度盖然性与绝对盖然性之间的误差。② 自法理讲，除非存在相反证明，占有一概被推定为有权占有，无权占有一概被推定为善意占有。在权利推定的作用下，即便某占有人系无权占有，我们也不得而知，只要占有人没有暴露占有的无权性，无权占有是否应受保护的问题就会被掩盖，而一旦暴露，自然有行政程序甚至是司法程序等候着，因此纠结于客观事实似无太多必要。拿刚才小偷的例子来说，即便是第三人侵夺小偷之占有，在没有案发的情况下，小偷自然会被推定为善意占有甚至是有权占有并得到法律保护。一旦小偷被发现是无权占有甚至是无权占有中的恶意占有，案件随即会被移送行政机关或司法机关加以处理，民事诉讼程序中止或者终止。倘若恶意占有亦受到保护，反而会对社会产生负面激励。但学者坚持认为占有保护规则保护无权占有仍然是有必要的，例如，在 A 之无权占有被 B 盗走，若无法及时报案，或者虽报案却无法证明其占有物系被盗走的情况下，仍有占有保护之诉的适用余

---

① 王利明：《试述占有的权利推定规则》，《浙江社会科学》2005 年第 6 期。

② 参见芦雪峰、李凤章《反思占有"事实"说》，《东方法学》2014 年第 1 期。

地。① 对该观点，笔者以为：若想通过占有之诉取回占有，A 仍然要主张其成立在先占有，而一旦 A 能够对此作出有效举证，法律自会推定 A 为有权占有，这个时候，A 其实是作为直接占有人而受到保护的，与所谓占有保护具备维护和平秩序之功能，遂使得无权占有应受保护之论调并无关联。4. 最后，姑且认为无权占有能够受到占有保护规则的庇护，但在涉及能够被庇护到什么程度的问题上，支持无权占有保护说的学者却又认为："因为无权占有人不具有占有权源，因而无法受领或者保持基于占有产生的利益，进而不享有占有损害赔偿请求权。② 如若，则《物权法》虽在体系上将三种请求权同列于第 245 条第 1 款，却不得不在适用时进行人为割裂。笔者以为这恰恰从反面说明了占有维护和平秩序说并不能给足无权占有以足够的正当性，做不到如学者宣扬的那般，维系好经济效率和产权秩序。

综上所述，维护和平秩序并非占有制度创制的功能，对于无权占有人来说，和平秩序下禁止其受到暴力侵害仅仅成立一种反射利益。占有保护规则不能成为无权占有人的提起占有保护之诉的请求权基础。

三　对占有辅助不适用于占有保护规则说的检讨

学界通说观点认为占有辅助不能受到《物权法》第 245 条之占有保护：一方面，占有辅助仅是学理概念，《物权法》上并没有对占有辅助的表述。另一方面，以王利明、梁慧星为代表的权威学者均主张占有辅助人不能作为占有保护的权利主体，理由多是基于逢占有辅助之情形，占有的体素与心素并不统一，占有辅助人仅仅依照主人之指示辅助主人作物之管领，因此占有辅助人不能代替主人成为占有人。此论证逻辑如下：一个经过抽象的，被定义为依照本

---

① 参见李锡鹤《物的概念和占有的概念》，《华东政法大学学报》2008 年第 4 期。
② 吴香香：《〈物权法〉第 245 条评注》，《法学家》2016 年第 4 期。

权人的指示管领和支配占有物的、体素和心素相分离的占有类型不属于物权法上之占有，而占有保护规则当然仅保护占有，由于占有辅助这种从定义上就不是占有的类型，所以占有辅助适用于占有保护规则就理所当然地成了结论。笔者认为，这种推论的小前提是有问题的：很明显，此处的小前提是静止的、教科书式的、经类型化后的模型式概念。作为民法理论，这个模型帮助我们理解占有制度的精髓时是有效的，但如果把它套用于现实生活中却会出问题，这是因为占有人的主观方面也即心素的内容，并不是恒定的。况且若仅从外观观察，则占有辅助之状态与并不强调心素的《德国民法典》上之直接占有并无区别。另一方面，在任何一个基于债之关系而产生的占有关系中，占有人对物的管领和使用必然都会或多或少地受制于本权人的指示，也即，占有辅助与有权的他主占有之间的界限是模糊的。与此同时又并不存在一种能把握占有辅助人内心意思的方法，兹举一例，公司将车交予司机，令司机定期接送高管，则司机成为公司法人的占有辅助人，但他则可能误把车理解为附条件赠予从而成立善意占有，或者产生侵占的念头从而成立恶意占有。不管是哪一种占有，均已突破占有辅助心素要件之外观，从而在实然的层面架空了占有辅助的概念内容，而此时，我们却仍然刻舟求剑式地以占有辅助的形式去认定事实，岂不荒唐。反过来，若我们不以占有辅助的模型去套用现实的话，这个概念就会产生有用性争议。

退一步，就算占有辅助人初心不改，自始至终均按照本权人之指示辅助主人管领被占有之物，也并不意味着占有辅助人对此占有没有利益。占有辅助往往伴随着某种合同关系而成立，比如雇佣关系、承揽关系，此关系中占有辅助人仍然需要尽到特定的注意义务或者善良保管义务，一旦发生占有物被侵夺，占有辅助人未必不会对本权人承担违约责任。考虑到这一事实，学说多认为占有辅助人逢侵害占有之情形，可以进行私力救济或者正当防卫。但何以在本权人对无权占有人进行私力救济不被认可的情况下，在概念上被认为是与占有并无直接利益关联及利益归属的占有辅助人却被允许私力救济或者正当防卫呢。另有学者认为，在占有侵夺情形下，占有主人不妨授权占有辅助人代其行使返还请求权[①]，此方式虽可两全，唯该种代履行在法律上系何性质仍存有疑问。值得注意的是，在司法实践中，法院对于占有辅助人的占有利益是予以肯定的。[②] 这充分体现了那句至理名言："法律的生命不在于逻辑，而在于经验"。

四 结语

欲尽其利，必先知其弊。法律学说之论证不能仅仅看到可见的优势，还应当充分地对预期优势作经验上的证伪、必要性上的检验、副作用方面的评估。追根溯源，占有保护制度的正当性乃是源自当下社会经济秩序之高效运行及产权秩序之稳定的强烈需求，社会经济秩序之高效运行及产权秩序之稳定乃属一种客观上之公共利益。能够最大程度实现此种公共利益的有效手段其实是占有制度的权利推定功能，间接占有没有权利推定的前提外观，其不具备受保护的品格自不待言，维护和平秩序说系对占有制度功能的误会。一旦权利推定结论被打破，无权占有者现形，继续坚守对无权占有的保护只会动摇占有制度的权利推定功能，于公共利益言无利反弊。最后，理论论争在秉持理性主义的同时应当关注实践，尊重经验，适当吸取实用主义思潮的影响，以期躲避概念法学之陷阱，创设占有辅助概念并将这个概念直接套用于对现实的做法，似需作进一步的检讨。

（责任编辑：杨志琼）

[①] 参见芦雪峰、李凤章《反思占有"事实"说》，《东方法学》2014 年第 1 期。

[②] 参见章正璋《我国民法上的占有保护——基于人民法院占有保护案例的实证分析》，《法学研究》2014 年第 3 期。

行政公益诉讼证明责任的分配规则*

丁金钰　熊樟林**

摘　要　证明责任系行政公益诉讼体系构建中不可回避的重要问题，合理分配证明责任对于主要待证事实的查清和公共利益的保护影响甚巨。《行政诉讼法》第 34 条确立了举证责任倒置的一般原则，但在行政公益诉讼的司法实践中却出现了某种程度的异化，以诉讼担当人身份起诉的检察院事实上承担了较重的证明责任，而证明标准的立法缺位也给法院裁判的统一带来了挑战。诚然检察机关相较于行政私益诉讼的原告具有更强的举证能力，但基于公共利益最大化的价值追求，在行政公益诉讼举证规则的具体配置时，仍应坚持"被告证明行政行为合法性"的基本准则，同时考量证据偏在、保障检察院调查核实权等因素，实施证明责任与证明标准的动态化配置。

关键词　检察院　行政公益诉讼　证明责任　证明标准　公共利益

---

* 本文系 2018 年度最高人民检察院理论研究课题"公益诉讼制度框架下行政违法行为检察监督"（项目编号：GJ2018D35）的阶段性成果。

** 丁金钰，中国人民大学法学院硕士研究生；熊樟林，东南大学法学院副教授，硕士生导师。

引　言

随着现代社会的日益复杂化，行政活动的公益性日渐增强，与之相适应的是行政诉讼的受案范围呈现出不断扩大的趋势。行政诉讼法的目的，不再仅限于解决行政争议或纠纷，还在于通过法院的神圣裁决制裁违法行为从而达到生态利益平衡，实现许多人共同享有的非经济价值的保护。在违法行政侵害国家和社会公共利益的情形中，[①] 受损害的主体常常分散在各地，这些"不特定多数人"的诉讼能力和经济能力同侵害方相比，往往处于弱势地位，权利缺乏有效的保障手段。"倘若限制公民只有在权利受到侵害时才能起诉，不仅混淆了公法关系和私法关系的性质，而且过于束缚法院对公共机构违法行为的监督，不符合现代行政法发展的趋势。"[②] 因此，将行政公益诉讼纳入行政诉讼范畴成为法治国家的共识。

历经两年的公益诉讼试点期，修改后的《行政诉讼法》于 2017 年 7 月 1 日开始实施，自此"检察机关有权提起行政公益诉讼"正式被写入行政诉讼法典，[③] 标志着行政公益诉讼制度建设由试点先行阶段过渡到全面推进的新时期。作为一项全新的诉讼制度，检察公益诉讼每推进一步，均需有立法上的明文依据，否则，难免遭遇杯葛，行进困难。[④] 在为期两年的试点实践中，检察院提起行政公益诉讼面临一系列争议和困境，伴随着公益诉讼试点工作的持续

---

① 这些情形包括但不限于税务机关不积极履行税务稽查职责，环保机关工作人员环境监管失职致使环境污染，文物保护机关工作人员失职造成珍贵文物流失等等。参见王珂瑾《行政公益诉讼制度研究》，山东大学出版社，2009，第 126 页。

② 王名扬：《英国行政法》，中国政法大学出版社，1987，第 199 页。

③ 根据《行政诉讼法》第 25 条第 4 款的规定，检察机关作为唯一法定的公益诉讼起诉人，在生态环境和资源保护、食品药品安全、国有财产保护、国有土地使用权出让等领域，有权向人民法院提起行政公益诉讼。

④ 参见汤维建《八方面配套改革促进检察公益诉讼》，2018 年 4 月 16 日《检察日报》。

推进而日益凸显，① 明责任如何在当事人之间进行合理配置便是存在争议的问题之一，对于主要待证事实的查清和公共利益的保护影响甚巨。但是，2017 年《行政诉讼法》有关行政公益诉讼的条文仅仅停留在第 25 条第 4 款，并未对行政公益诉讼证明责任作出特别规定；2018 年 3 月，"两高"联合发布《最高人民法院、最高人民检察院关于检察公益诉讼案件适用法律若干问题的解释》（以下简称"《公益诉讼解释》"），对检察公益诉讼的基本原则、程序实施进行了细化，为地方各级司法机关办理公益诉讼案件提供了统一的规范依据。其中第 22 条被视为检察机关提起行政公益诉讼所应证明事项之规定，② 然而遗憾的是，该条规定只明确了检察机关应提交的诉讼资料和证据资料，对于被告所应承担的证明责任范围则付之阙如，由此引发了行政公益诉讼能否径行沿用行政私益诉讼"被告负举证责任规则"的追问，以及行政公益诉讼中是否还有其他更为特殊的举证规则，这些新型规则会对司法实践带来何种影响。

一 行政公益诉讼证明责任规则的功能

（一）划分当事人证明责任，合理分担诉讼风险

证明责任对当事人而言是一种诉讼上的风险。也就是说，当待证事实在诉讼中处于真伪不明的状态时，举证不利一方的主体有可能承担不利的裁判后果。③ 证明责任规范发挥作用的方法，是将事实情况的不确定性交由一方当事

---

① 丁金钰：《试论行政公益诉讼的举证规则》，《开封大学学报》2018 年第 4 期。

② 《公益诉讼解释》第 22 条规定，人民检察院提起行政公益诉讼应当提交下列材料：（一）行政公益诉讼起诉书，并按照被告人数提出副本；（二）被告违法行使职权或者不作为，致使国家利益或者社会公共利益受到侵害的证明材料；（三）检察机关已经履行诉前程序，行政机关仍不依法履行职责或者纠正违法行为的证明材料。

③ 参见李浩《民事判决中的举证责任分配——以〈公报〉案例为样本的分析》，《清华法学》2008 年第 6 期。

人负责证明，从而有利于另一方当事人。① 近年来，诉讼法和证据法领域的学者对证明责任的功能已进行过多次研究和大量探讨，并已基本形成共识：对任何一种诉讼制度而言，证明责任如何科学、合理分配都格外重要，因为其所解决的是由谁来"提出主张、提供证据、进行说服，并且在举证不能的情况下承担不利后果"的问题，对案件争点事实的查清、当事人诉讼风险的分担和实体正义的实现影响甚巨。1990 年以前，我国行政诉讼中的举证责任适用民事诉讼"谁主张、谁举证"的规则，行政诉讼的举证责任与民事诉讼并无多大区别。理论界有一大批学者提出了各种有关行政诉讼举证责任的学说，多数人支持根据具体行政行为对公民权益的侵害或受益程度的差异分别适用不同的证明责任规则。1989 年《行政诉讼法》的出台，标志着我国行政诉讼脱离了民事诉讼真正成为一项独立的法律制度。

根据《行政诉讼法》第五章关于行政证据规则制度设计的规定，我国行政诉讼实行"被告负举证责任规则"，除法律规定的特殊情形②，一般由行政机关承担行政行为的合法性的证明责任，将被诉行政行为的"案卷"移送给法院。③ 这样规定的原因大致有二：(1)合法性证成原则的贯彻。原告的诉讼请求能否得到实现，需要法院对被诉行政行为的合法性加以判定，当事人在行政诉讼中实施的攻击或防御方法，都要围绕具体行政行为的合法性展开，以证明诉争行政行为是否合法为核心目的，此即为合法性证成原则。④ 合法性证成原则作为对行政诉讼基本原则的延续，决定了行政诉讼举证责任分配机制、证据

---

① 参见〔德〕莱奥·罗森贝克《证明责任论》(第 5 版)，庄敬华译，中国法制出版社，2018，第 80 页。
② 根据《行政诉讼法》第 38 条规定，原告在以下情形负有一定的举证责任：涉及行政补偿、赔偿的案件，原告应举证证明被诉行政行为造成其自身权益受损；在起诉被告不作为案件中，原告应当提供其向被告提出申请的证据。
③ 《行政诉讼法》第 34 条规定：被告对作出的行政行为负有举证责任，应当提供作出该行政行为的证据和所依据的规范性文件。
④ 参见吉罗洪《行政诉讼证据前沿实务问题研究》，中国法制出版社，2015，第 40 页。

认证方式等诸多行政诉讼证据制度的确立，在整个行政诉讼证据制度的基本原则中居于核心地位。（2）行政机关做出任何行政裁量均应是在严格遵守行政法定程序的前提下进行的，都必须坚持"先取证后裁量"的基本规则。涉案证据材料和卷宗一般由行政机关占有和控制，相较于行政相对人而言，被告行政机关显然对其作出的具体行政行为的根据更为知悉，距离证据较近，而在行政法律关系中往往处于弱势地位的原告通常很难掌握其权利发生事实所必需的证据资料，因此，行政诉讼中"被告负举证责任规则"显然更符合公平理念，也符合"最有利于客观事实再现"的证据原则，为法官做出更接近客观事实的裁判提供依据。

笔者以为，证明责任规范不仅使得法官在对事实问题存有疑问时避免法律问题的真伪不明成为可能，而且它还清楚地规定在此等情况下为法官裁判提供依据。作为一种新型行政诉讼模式，行政公益诉讼证明责任分配不仅为了解决公益诉讼起诉人（检察院）和被告（行政机关）承担证明责任范围的问题，同时也具备重要的实践价值，可为法官在争点事实难以查清时提供更加具体化的可操作性规则，合理公正地分配检察机关和行政机关的诉讼风险，也会对检察院提起行政公益诉讼能否最终胜诉产生直接影响。毫无疑问，证明责任是行政公益诉讼制度建设的核心内容与重点环节之一，具有显著的理论价值和实践意义。

（二）完善行政诉讼证明责任分配体系

依照原告诉讼目的的不同，可将诉讼划分为主观之诉与客观之诉。前者是指原告将救济私益作为首要目标提起的诉讼，例如大多数民事争讼案件和刑事自诉案件。在这类案件中，证明责任的分配更多遵循"主张者负证明责任"的规则。反之，原告起诉并非为了保护私权，而是出于维护客观法秩序的目的则属于客观之诉范畴，[①] 例如民事诉讼中的公益诉讼，大多数刑事诉讼中的公诉

---

① 参见邓刚宏《行政诉讼举证责任分配的逻辑及其制度构建》，《政治与法律》2017 年第 3 期。

案件（由公诉方承担被告人有罪的证明责任）等[①]。这类诉讼更倾向于实现维护客观法秩序的目的，其在举证规则的设计上一般会把"举证责任倒置"作为举证要求和责任分配的基本模式。基于这样的逻辑，笔者认为行政诉讼亦有主观之诉与客观之诉之分。在行政公益诉讼中，检察机关以"公益维护者"的角色提起行政公益诉讼，检察机关实际并非行政相对人和直接利害关系人，其诉权来源于法律明确的授权，这属于法定的诉讼担当。检察机关提起行政公益诉讼并非为了实现某个人的私权，而是将监督被告依法行政和维护社会公益作为核心价值取向，因而行政公益诉讼亦属于客观之诉的范畴。行政公益诉讼是维护国家和社会公益的重要手段，亟需通过系统化、深入化举证责任制度来实现。

不过，现行《行政诉讼法》和有关司法解释并未对行政公益诉讼举证规则进行特别规定，而我国行政诉讼举证规则理论研究一直缺乏统一的逻辑起点和分析框架，导致理论界与司法实践中争议不断。就行政公益诉讼证明责任分配规则而言，一些学者认为，检察机关提起行政公益诉讼，虽然系以"诉讼担任人"身份来行使行政程序法上的诉权，但在本质上仍属于行政诉讼的范畴，并且该诉讼目的的实现仍要通过对被诉行政行为进行合法性审查才能达到，故行政公益诉讼与传统行政私益诉讼的举证规则并无明显不同，仍应依照客观之诉实行"举证责任倒置"。[②] 然而不同观点认为，检察机关在诉讼经验和举证能力方面与行政机关可谓势均力敌、旗鼓相当，已突破了传统行政私益诉讼中原告处于弱势的情境。此外因行政行为具有公定力，检察机关必须有切实、充分的事实和理由才能对其提出挑战，否则不利于行政秩序的稳定。况且，随着

---

① 刑事诉讼中公诉案件遵循"不得强迫自证其罪"原则，一般由检察机关承担被告人存在犯罪事实的举证责任，这也符合客观之诉的基本规律。

② 参见朱全宝《论检察机关提起行政公益诉讼：特征、模式与程序》，《法学杂志》2015 年第 4 期。姜涛：《检察机关提起行政公益诉讼制度：一个中国问题的思考》，《政法论坛》2015 年第 6 期。

行政诉讼举证责任认识的深化和实践的深入，对行政赔偿和行政不作为案件的举证责任承担主体日渐倾向于不一刀切地归于被告，而是强化原告对提出过申请或对行政侵权损害结果的举证要求及责任分配。因而，行政公益诉讼应遵循"主张者负主要证明责任"的规则。①

笔者以为，在划分当事人的证明责任时，必须关注该诉讼制度本身所具有的特殊性，考量原则、理念、权利等多重关系的平衡与协调。申言之，行政公益诉讼举证规则的构建，必须全面考量行政公益诉讼的初衷及其与行政私益诉讼的区别。"任何一制度之创立，必然有其外在的需要，必然有其内在的用意。"② 可以肯定的是，无论是"举证责任倒置说"还是"主张者负证明责任说"，都没有考虑到全面考虑到行政公益诉讼的兼具的"救济之诉"和"监督之诉"双重属性，为了更好地查清行政主体是否存在违法行使职权或不作为导致国家和社会公共利益遭受侵害的事实，机械地适用"举证责任倒置"抑或是一刀切让"主张者负证明责任"都并非理想的构造路径，行政公益诉讼的举证责任应当有别于传统的行政私益诉讼，却也不能与行政诉讼证据的一般原则相去甚远。

行政诉讼举证责任分配规则一直在行政诉讼制度体系中占据至关重要的地位。2017 年新修订的《行政诉讼法》将"检察机关提起行政公益诉讼"正式确立为一项法律制度，并列举了行政公益诉讼案件的范围③，笔者以为此类案件的举证责任如何分配是一个值得深入探索的问题，检察公益诉讼制度的确立打破了行政诉讼限于"民告官"的陈规，使维护客观法秩序的行政公益诉讼

---

① 参见傅国云《行政公益诉讼制度的构建》，《中国检察官》2016 年第 3 期。

② 万进福：《行政公益诉讼中的举证责任分配》，2017 年 9 月 27 日《人民法院报》。

③ 《行政诉讼法》第 25 条第 4 款列举了人民检察院提起行政公益诉讼案件的范围，即生态环境和资源保护、食品药品安全、国有财产保护、国有土地使用权出让四个领域。与《人民检察院提起公益诉讼试点工作实施办法》相比，新法列举的行政公益诉讼范围增加了食品药品安全领域。

和保护个体权益的行政私益诉讼得以并存，在《行政诉讼法》对传统行政私益诉讼举证规则已有较为严密、翔实的规定的前提下，研究新型行政公益诉讼证明责任规则对于完善我国行政诉讼证明责任分配体系具有重要意义，也有利于优化我国行政诉讼制度结构，更好地发挥行政诉讼的功能与价值。

二　行政公益诉讼证明责任的实践争议

（一）"被告负举证责任规则"在司法实践中的异化

行政公益诉讼能否径行沿用"举证责任倒置"的证明责任分配规则是一个需要在理论层面理清的重大问题。从立法和司法实践层面来看，2015 年 12 月 16 日，最高检通过了《人民检察院提起公益诉讼试点工作实施办法》（简称《高检院实施办法》），并针对检察院提起行政公益诉讼的条件资格以及举证责任分配方面进行了规定，集中反映在第 44 条和第 45 条。然而两年的公益诉讼试点已经证明，其实难满足司法实践中案件多样性与复杂性的要求。兹举两个实例加以说明。案例 1：在"柳河县检察院诉柳河县林业局不履行林地林木监督管理职权案"中，[①] 法官最终支持了公益诉讼人的诉请，判决被告柳河县林业局行为违法，并履行监管职责。然而，在整个诉讼过程中，公益诉讼人动用了大量的人力、财力、物力来主张权利发生事实，并单独承担了本案全部的举证责任，而被告自始至终未提交任何证据。案例 2：在"西和县人民检察院诉西和县水务局确认水务征收行政行为违法、没有履行法定职责案"中，[②] 公益诉讼起诉人认为被告擅自降低河道采砂管理费收费标准的水务征收行政行为违

[①] 参见柳河县人民法院（2017）吉 0524 行初 25 号行政判决书。本案中，柳河县检察院提起该行政公益诉讼时，向法院提交了大量的诉讼资料用来证明：（1）公益诉讼人的主体资格；（2）被告负有法定监管职责；（3）社会公共利益仍在遭受侵害的事实；（4）公益诉讼人已实际依法履行诉前程序，但被告对检察建议置若罔闻，拒不纠正其违法行为。

[②] 参见礼县人民法院（2017）甘 1226 行初 1 号行政判决书。

法，造成国有资产流失，给国家财政收入造成巨大损失。本案系典型的行政机关违法履职而造成公共利益受到损害的情况，在诉讼中被告提供其作出行政行为所依据的规范性文件（即被告单位收费的政策文件依据），来证明河道采砂管理费收费标准的水务征收行政行为合法。

综合以上两个案例不难看出，检察公益诉讼在当下的司法实践中，在举证责任方面存在一个突出问题，即"被告负举证责任规则"的行政诉讼基本原则出现了明显的异化。具体而言，首先，根据《高检院实施办法》第45条之规定，^① 检察机关需承担的举证责任事项主要有二：（1）起诉符合法定条件；（2）检察机关已合法履行诉前程序。该条规定并未对被告的证明责任事项作出分配，但这并不意味着被告无需承担举证责任，更不能推导出被告不会因举证不能而及于自身危险或不利益。在法律未对行政机关的证明责任作出明确减轻的前提之下，被告在公益诉讼中仍然要遵循《行政诉讼法》第34条承担相应的证明责任，案例一中被告不实施举证行为显然违反了行政诉讼中"被告负举证责任规则"的一般性原则，也严重背离了行政诉讼举证规则的基本逻辑。其次，被告敢在诉讼中频频"打无准备之仗"，很大程度上是源于《高检院实施办法》和《公益诉讼解释》仅为各级检察机关设定了行政公益诉讼中所应承担的举证责任事项，却将行政机关的证明责任付之阙如，甚至连"行政行为的合法性应由被告证明"的原则性表述都未曾出现。当初，我国行政诉讼法设立"被告负举证责任规则"，一方面是对"合法性证成"原则的贯彻，另一方面也体现了维护客观法秩序的立法目的。^② 众所周知，行政行为具有复杂性、多样性、封闭性等特征，法律规范内部也时常出现抽象模糊、互相矛盾等问题，再加上公益

---

① 《高检院实施办法》第45条规定，人民检察院提起行政公益诉讼，对下列事项承担举证责任：（一）证明起诉符合法定条件；（二）人民检察院履行诉前程序提出检察建议且行政机关拒不纠正违法行为或者不履行法定职责的事实；（三）其他应当由人民检察院承担举证责任的事项。

② 参见邓刚宏《行政诉讼举证责任分配的逻辑及其制度构建》，《政治与法律》2017年第3期。

诉讼本就利益交错，政府失灵现象时有发生，行政执法面临政绩考核、财政体制、管理体制、社会观念等外部强大阻力，行政执法人员易于被"俘获"而放任污染环境或破坏生态行为发生，[①] 如果一直不采取概括式与列举式的方式明确规定行政机关在公益诉讼中所应承担的证明责任，则不但未能与行政诉讼证据规则完成有效衔接，也难以实现行政公益诉讼制度的规范目的。最后，行政公益诉讼的启动须以公共利益受到损害为前提，并且这种损害的发生是基于行政机关违法履职抑或行政机关未履行法定职责所致。案例 1 系典型的负有监督管理职权的行政机关不作为的违法案件，而案例 2 则属于行政机关积极地作出行政法律规范所禁止的行为。虽然二者最终都不约而同地导致了公共利益受损的不利后果，但因损害发生原因的不同，在进行举证责任配置时，应对作为与不作为两类行政公益诉讼案件设置合理区别。

（二）检察机关面临举证负担较重与证据偏在的双重压力

1.检察机关实际承担的举证负担过重

在公益诉讼司法实践中，检察机关在举证证明国家和社会公共利益受到侵害的过程中可谓举步维艰，远远超过了《高检院实施办法》第45条所列举的范围，[②] 在许多案件里实际承担了较重的举证责任。例如案例3：在"四川省荣县人民检察院诉国土资源局不依法全面履职案"中，[③] 荣县人民检察院派出检察技术人员、法警多次参与调查，拍摄照片80余张，收集各类证据49份，制作现场勘验笔录2份，无人机航拍3次，先后3次咨询专家意见，最终从技术和法律两个层面确认行政机关未依法全面履职，遂向法院提起行政公益诉讼，诉请确认荣县国土资源局对鸿康公司非法压占土地的行为怠于履行土地监

---

① 参见肖建国《利益交错中的环境公益诉讼原理》，《中国人民大学学报》2016 年第 2 期。

② 参见岳金矿等《检察机关提起公益诉讼制度设计》，《人民检察》2015 年第 17 期。

③ 本案系最高人民检察院网上发布厅于 2019 年 10 月 10 日发布的《检察公益诉讼全面实施两周年典型案例》中的案例 12，https://www.spp.gov.cn/spp/xwfbh/wsfbh/201910/t20191010_434047.shtml，最后访问时间：2019 年 10 月 28 日。

督管理职责违法；判令荣县国土资源局依法履行对鸿康公司复垦被其非法压占土地的监督管理职责。法院支持了检察机关全部诉讼请求。本案与前述案例一具有很大相似性，案例一中柳河县检察院亦动用了大量的人力、财力等诉讼资源和技术手段，来主张和证明被告的行政不作为导致公益受损。而不同的是，案例一中检察院单独承担了全部举证责任，被告在诉讼中未提交任何证据，也没有积极采取调查询问、现场勘查等行为以证明依法履职。① 案例 3 则更直观地反映出行政公益诉讼中当事人诉讼能力的势均力敌，特别是在证据收集和调查取证方面，检察机关作为法律监督机关享有专门的调查核实权和较为先进的取证技术，具备足以与行政机关相抗衡的能力，已突破了传统行政私益诉讼中原告处于弱势的情境，因此让检察机关作为公益诉讼起诉人，并承担部分举证责任，具有显著的正当性基础。案例三中真正值得深思的是，在立法缺位的情形下，被告不主动举证，是否会产生未负担举证而导致败诉的法律后果？以及，即便法院最终判决被告败诉，则司法资源的大量消耗又是否实现了目的与手段之间的比例原则？司法资源终归是有限的，我们很难期待每一个检察机关都能像荣县检察院这般具备强大的证据收集能力和强烈的公益维权积极性，将公益诉讼进行到底。唯有在立法上建立一套符合行政公益诉讼特点的证明责任分配制度，才能激发原告的行政公益诉讼动机，才可以达到行政公益诉讼的目的，否则行政公益诉讼还是纸上谈兵。

2. "证据偏在"加重调查取证的"力不从心"

行政诉讼中当事人争议焦点系被诉具体行政行为的合法性。因该行为由行政主体以"先取证，后裁决"的方式做出，其相较于在行政法律关系中处于

---

① 在行政公益诉讼司法实践中，被告行政机关在诉讼中未提交任何证据的情况较为常见，参见泰州医药高新技术产业开发区人民法院（2017）苏 1291 行初 23 号行政判决书、普安县人民法院（2017）黔 2323 行初 11 号行政判决书、天水市秦州区人民法院（2019）甘 0502 行初 1 号行政判决书、长岛县人民法院（2017）鲁 0634 行初 4 号行政判决书、和龙林区基层法院（2018）吉 7502 行初 2 号行政判决书等等。

弱势地位的行政相对人天然具有较强的举证能力，对被诉具体行政行为的做出过程及法律根据也更为知悉，有更大可能性实质保管、控制直接证据，这反映出证据分布的客观真实性与举证责任的法律拟制性不可能完全对应，诉讼中常常出现证据仅存于一方当事人而导致另一方当事人举证困难的"证据偏在"现象。于行政公益诉讼而言，亦是如此。大多数损害国家、社会公共利益的行为，往往不存在权利受损的直接利害关系人，[①] 行政机关掌握证据具有单方性，涉案关键性证据材料通常是行政机关单方面收集、认定和留存的，即使是具有法定调查取证权的检察机关也很难收集到这些证据，更不必说收集证据手段匮乏的社会组织和个人了。若检察机关仍需承担被告行为与环境污染、国有资产流失的损害结果之间存在因果关系的证明责任，则将会对查清行政主体违法行使职权或不作为导致公共利益受侵害的事实造成极大阻力，不但给公益诉讼实施权主体带来了严峻挑战，导致其诉讼积极性的消磨，也不符合"最有利于客观事实再现"的原则。值得强调的是，公益诉讼试点期间，由于"两高"制定了指标，各地方检察院为了推进试点工作，圆满完成试点指标任务，耗费大量司法资源集中查办了一大批损害国家利益和社会公共利益的案件。在试点期内检察院起诉的积极性和制度运行情况尚可，但摆脱了政治指标的压力，又被课以严重的举证负担，我们对之后检察机关的举证积极性与起诉动力可能存疑。

三 行政公益诉讼证明责任的分配规则

（一）一般原则："被告负举证责任规则"重新归位

公益诉讼与一国市民社会的发展与公益维权运动的兴起密切相关，行政公益诉讼法律制度在我国的创立与发展亦源于整个社会对环境资源、食品安全

---

① 王珂瑾:《行政公益诉讼制度研究》，山东大学出版社，2009，第70页。

等公共利益保护的紧迫需求。传统行政诉讼的目的旨在"私益"范围内监督行政机关依法行使职权，保护行政相对人的合法权益。而构建行政公益诉讼制度的初衷更侧重于在"公益"范围内监督行政机关，核心价值取向在于维护公共利益而非私人利益，公益诉讼实施权主体的举证责任显然不能直接与行政相对人或其他利害关系人划等号。从这个意义上讲，面对司法实践中出现的检察机关证明责任过重、专业领域举证难、证据偏在等问题，行政公益诉讼仍应回归"被告负主要举证责任规则"的道路，只要检察院掌握初步证据表明某行政机关违法行使职权或不作为有侵害国家、社会公共利益之虞，该行政机关就应当提供做出行政行为的行政程序依据。而为了保障行政公益诉讼制度建立的初衷得以实现，公益诉讼起诉人亦可以针对具体行政行为的违法性及其对公益造成的损害后果、滥用职权事实或不作为事实进行举证，且根据《行政诉讼法》第37条的规定，如果行政机关没有提出充分有效的抗辩事由，则应推定检察机关主张为真实，检察机关便可依法履行诉前程序，通过发出检察建议等手段履行监督职能，让违法机关及时改正和损害填补。

鉴于检察机关的证据收集能力并不亚于被告，一些学者主张检察机关提起的环境公益诉讼应当采取与环境私益诉讼相同的举证责任分配规则与证明标准，以免造成双方当事人诉讼地位失衡。[1] 对于此观点，笔者认为这的确适用于环境民事公益诉讼，但行政公益诉讼则有所不同。其一，行政公益诉讼属于广义行政诉讼的范畴，不应仅因提起主体的不同便设置截然不同的举证规则。其二，败诉风险的客观存在能促使被告行政机关积极举证。如果检察机关提出的初步证据构成了被诉行政行为具备违法性的表面证据，被告此时如不提出反证，那么其败诉风险无疑会大大增加，这从另一侧面更强化了行政机关依法行政的意识，[2] 有利于实现公共利益最大化。其三，被诉行政行为系被告作出，

---

① 参见肖建国、黄忠顺《环境公益诉讼基本问题研究》，《法律适用》2014年第4期。

② 参见王珂瑾《行政公益诉讼制度研究》，山东大学出版社，2009，第233页。

被告对案件真相最为了解，理应对自己的行为承担客观证明责任，如果要求检察机关重新对所诉行政行为进行全面细致的调查，这无疑是一种重复行为，会浪费有限的司法资源。

图 1　行政公益诉讼举证责任配置原则

当事人	证明责任分配
检察机关	诉讼主体资格证明：应证明起诉符合法定条件，具有诉讼主体资格。
	损害事实：公益受到违法行政行为危害的事实（主要是损失的大小）
	被告行为违法事实：如果是主张被告滥用职权，需举出被告滥用职权的事实；如果主张被告行政不作为，需举出被告不作为的事实。
	诉前程序已履行：起诉时需要提供检察建议书、送达回证等证据来证明已履行相关诉前程序。
行政机关	行政机关的身份资格和职权范围
	具体行政行为的法律依据
	具体行政行为的行政程序依据
	事实依据：作出具体行政行为的证据（但对于公益损害事实、滥用职权事实、不作为事实可由公益诉讼起诉人提供或法院依职权探知主义调查取得）

（二）"证据偏在"化解路径：证明责任与证明标准的动态化配置

在一个法治国家，有损害必有救济。为已经发生或即将发生的损害提供法律救济，是法治国家司法制度设立的天然本能。"单单一个行动就致使许多人或许得到利益或许蒙受不利的事件频繁发生，其结果使得传统的把一个诉讼案件仅放在两个当事人之间进行考虑的框架越发显得不甚完备。"① 行政违法行为造成的影响有时是全社会性质的，全面推进行政公益诉讼，在客观上能够有效地预防和补救受损的公共利益，并为后续私益诉讼发挥着支持功能。

在行政公益诉讼中，为了更好地查清行政主体是否存在违法行为导致国家、社会公共利益受侵害的事实，应当遵循"最有利于客观事实再现"原则，

---

① 〔意〕莫诺．卡佩莱蒂：《福利国家与接近正义》，刘俊祥等译，法律出版社，2000，第 68 页。

实施证明责任与证明标准的动态化配置。具体而言：首先，由检察机关提供起诉要件的证明材料，法院适用优势证明标准，主要审查公共利益受到损害的初步证据是否成立；其次，诉讼阶段被告承担行政行为合法的证明责任，需要注意的是，此时被告负担是法定的举证责任，不属于举证责任的转移；再次，如果被告提出的"行政行为不具有违法性"的本证达到了高度盖然性的标准，才开始第一次真正意义上的举证责任转移，由检察机关对于公益损害事实和被告滥用职权或不作为的事实具有因果关系进行举证。如果发生了"证据偏在"的现象，负证明责任的检察院可按照民诉法文书提出义务的规定，申请法院向文书持有人发布命令，责令被告提交该书证。法院发出文书提出命令的，该行政机关应向法院提交被诉行政行为合法性的证明文件。① 被告无正当理由拒不提供的，可推定检察院主张为真。在言辞辩论终结之前，可能伴随着举证责任的数次转移，直到一方当事人提不出强有力的举证或者抗辩，双方的举证责任转移才宣告终结。以轰动一时的"8.12天津滨海新区爆炸事故案"为例②，来阐述举证责任转移的具体操作：本案中的焦点问题有二，一是检察院能否提起行政公益诉讼，二是相关部门是否应当承担责任。对于前者，随着检察公益诉讼制度的有法可依，目前已无争议。对于重大事故责任认定问题，如检察机关提起行政公益诉讼，虽然检察院取证能力较强，但其毕竟不是行政相对人也非实质诉讼当事人，难以获得基于爆炸事故受害人的亲历性才能获取的全部案件信息。因此为了推动案件客观事实的再现，笔者认为有关行政部门应根据与证据距离的远近、法定职权范围大小、与事故发生因果关系强弱等因素承担相应证明责任。在检察机关已证明起诉要件成立时，倘若某行政机关不能证明自身不

---

① 参见张卫平《当事人文书提出义务的制度建构》，《法学家》2017年第3期。
② "8·12天津滨海新区爆炸事故"是一起发生在天津市滨海新区的重大安全事故。2015年8月12日深夜，位于天津市滨海新区天津港的瑞海公司危险品仓库发生火灾爆炸事故，造成165人遇难、8人失踪，798人受伤，304幢建筑物、12428辆商品汽车、7533个集装箱受损。

具有履行特定法定职责的义务，就应当推定该行政机关具有相应法定职责。①

通过举证责任转移，负担举证责任的主体并不是一成不变，而是在双方当事人之间动态流转，双方当事人极尽所能实施攻击或防御方法，试图达到相应行政诉讼证明标准，来将证明责任之风险转移给另一方，法官则通过不同的角度获得正反两面的案件信息，更全面地了解案件细枝末节，为法官形成终局心证，还原客观真实，作出终局判决奠定基础。考虑到检察机关在专业知识水平、费用承担能力、证据调查手段、法院认可度等方面均优越于直接受害人，行政公益诉讼的先行进行对后续利害关系人的私益诉的讼进行具有类似中间确认判决的功能，通过节约诉讼成本、降低诉讼难度、提高胜诉概率、激发诉讼动力等方式在客观上为私益诉讼发挥着支持功能。②

（三）规则配套：检察院调查核实权的刚性落实

在行政公益诉讼试点过程中，一大批检察院民行部门的公职人员指出，检察机关在调查取证的过程中遇到了很大阻力和困境，不但很难查清国家和社会公共利益受到侵害的事实，也难以证明公益受损乃行政主体行政乱作为或行政不作为所致，公益诉讼起诉人总在承受着"不能承受的举证之重"。③ 与国家和社会公共利益密切相关的环境资源、食药安全等领域的违法现象，从行为实施到危害结果的发生，往往具有周期长、隐蔽性强、难以认定因果关系等特征，④ 在行为实施完毕到线索被发现再至被追责的过程中，随时都存在意外或

---

① 基于这样的逻辑，笔者认为本案中作为港口危险货物的直接监管主体，天津交通运输部未履行对港口危险货物进行安全管理和督促检查的法定职责，应对该重大责任事故的发生负主要责任，而海关、港口、规划、安监等部门及相关公职人员不能证明自身依法履行了应尽职责，应承担次要责任。不过，假设被告完成了有效证明，则行政行为是否具有违法性的举证责任便转移给检察院。

② 参见肖建国、黄忠顺《环境公益诉讼基本问题研究》，《法律适用》2014 年第 4 期。

③ 参见黄学贤《行政公益诉讼回顾与展望——基于"一决定三解释"及试点期间相关案例和〈行政诉讼法〉修正案的分析》，《苏州大学学报（哲学社会科学版）》2018 年第 2 期。

④ 户恩波：《附带民事公益诉讼不能适用刑事诉讼证明标准》，2018 年 5 月 2 日《检察日报》。

人为导致证据灭失的风险，如果检察机关调查取证的权力得不到保障，或检察机关被课以过高的举证责任标准，那么很可能导致检察机关贻误起诉良机，最终产生侵权者逍遥法外、受到侵害的公共利益难以得到及时有效修复的后果。

针对上述情况，私以为除了需要适当减轻公益诉讼起诉人举证责任，明确被告行政机关举证责任外，检察机关的调查取证权问题应予以高度重视，亟待通过体制机制来进一步保障和完善，此应视作行政公益诉讼制度未来发展的重要路径之一。尤其是监察体制改革的大背景下，检察院反贪局职能被监察委所吸收，检察公益诉讼已成为检察权监督行政权的最后一个抓手，如果不赋予检察院在行政公益诉讼案件中享有自侦权，则检察建议书极易丧失权威性和威慑力而形同虚设，实践中这样的情形也时有发生。笔者以为，基于检察机关法定的公益诉讼起诉主体和国家法律监督机关的双重身份，为了使公益维权工作得以更顺利开展，应赋予检察机关在行政公益诉讼诉前程序、启动环节和执行阶段更多调查取证的权力范围，涉及国家秘密、商业秘密、个人隐私的证据，检察机关亦有权在一定范围内进行调取。同时，各地区司法行政部门也应对公益诉讼起诉人给予更多支持。例如针对行政公益诉讼证据易灭失的特点，法院应当与公证机构加强联系，指导公证机构为检察公益诉讼案件提供法律服务，在检察公益诉讼案件的调查取证、保全等环节充分发挥公证法律服务的作用，从而避免证据灭失风险或以后难以取得的情况，更有利于保持证据在行政公益诉讼案件中的真实性和证明力。①

伴随行政公益诉讼立法工作在试点期内不断完善，公益诉讼人调查取证制度已初步建立。例如《高检院实施办法》第 33 条已对"检察院具有调阅、

---

① 在这个方面，湖北省人大常委会 2019 年 7 月审议通过《关于加强检察公益诉讼工作的决定》，其中第 6 条"要求司法行政部门加快公共法律服务体系建设，指导公证机构为检察公益诉讼案件提供法律服务。"笔者以为，湖北省这项规定可圈可点，公证机关在未来的行政公益诉讼中应该发挥更大作用，通过公证保全的手段来协助法院查清公共利益遭受损害的事实，这一做法值得借鉴和推广。

复制行政执法卷宗材料,询问行政机关相关人员以及行政相对人、利害关系人、证人等调查取证的权力"予以确认;《公益诉讼解释》第 6 条也再次明确检察院办理公益诉讼案件享有调查取证权,并且可以根据诉讼法相关规定采取证据保全措施。但这些条文的内容侧重于法律规范中"行为模式"的规制,却往往忽视了"法律后果"。行政公益诉讼的核心是监督公权力行政 (Offentliche Verwaltung),此为刚性监督,必须辅以刚性的手段和措施。如将全国检察机关视为一个整体,则相较于社会组织和个人而言,检察机关在提起公益诉讼方面的确有着众多优势,其中之一就是检察机关具备较强的调查取证能力。然而,这只是应然层面的法律推定,具体落实到检察公益诉讼司法实践之中,则因立法上欠缺"调查取证工作的刚性保障措施和手段"之缘故,致使检察机关往往心有余而力不足,很难采用充分有力的调查取证手段及时查明案件真相,检察建议也时常沦为一纸空文。为此,笔者建议日后再次进行"行政公益诉讼"立法、修法工作时,应针对阻碍检察机关调查取证工作所应承担的法律后果予以明确。对于拒绝配合公益诉讼人进行调查取证的行政公职人员,应根据情节严重程度,对相关责任人员进行相应处分。此外,为促进检察机关与监察委员会的有效衔接,可在二者之间建立起常态的线索交流机制,对于在诉前程序发出的检察建议书所列整改意见不及时回应甚至置若罔闻的机关,公益诉讼人可立即请求同级监察委员会进行调查并反馈,加强对侵权机关和违法行为人的监督、追责力度。[①] 这一定程度上还促进了检察建议之威慑力的提高,有利于更多行政公诉案件在诉前程序中便得以顺利解决,节约司法资源,实现法律监督和国家监察监督优势互补和良性互动,充分发挥监察委员会和检察公益诉讼制度形成的监督合力,切实消除其他不正当因素的阻力和干扰,完善国家利益和社会公共利益的司法保护机制。

---

① 参见丁金钰《试论行政公益诉讼的举证规则》,《开封大学学报》2018 年第 4 期。

四 余论

在中国经济、社会、法治均发生巨大变革的当下，为了避免日益膨胀的行政权对国家和社会公众利益造成侵害，寻求加强对公权力行政限制与监督行之有效的路径，促进我国行政诉讼制度不断健全与完善，行政公益诉讼制度应运而生，它是当代社会根源和结构深刻变动、政治法律思想全面革新的必然产物。[①] 通过公益诉讼这一渠道，法律舞台成了一种特殊的政治论坛，法律参与具有了政治的一面。法律参与增进了法律秩序，扩增了民主价值。[②] 基于公益纠纷的基本特点，在我国行政公益诉讼中，以事实为根据、发现真实、被告恒定、当事人武器平等、具体行政行为合法性审查、人民检察院法律监督等诉讼原则都需要具体的制度予以落实，而这些制度的建构必须考量原则、理念、权利等多重关系的平衡与协调。行政公益诉讼证明责任分配规则也同样如此。在进行具体规则的建构时，必须考虑公益诉讼的目的和我国当下诉讼体制转型的现实，把维护公共利益作为核心价值取向，坚持"被告证明行政行为合法性"的基本准则，同时考量"证据偏在""保障检察院调查核实权"等因素，实施证明责任与证明标准的动态化配置，使得公益诉讼起诉人和行政机关的举证责任划分更加科学、合理，进而完善我国行政公益诉讼举证责任分配体系，并有效地发挥行政公益诉讼维护公益和监督行政权的双重功能，为我国司法体系的日益完备和社会公共治理事业的蓬勃发展发挥其应有之义。

最后需要指出，从完善行政公益诉讼举证规则的必要性和紧迫性来看，《公益诉讼解释》虽然颁布实施不久，但从实践来看，似乎又到了需要再次修

---

① 蔡虹、梁远：《也论行政公益诉讼》，《法学评论》2002年第3期。

② 〔美〕诺内特、塞尔兹尼克：《转变中的法律与社会——迈向回应型法》，张志铭译，中国政法大学出版社，2004，第107、110页。

改的时候。这就是中国社会实践推动型的法治发展规律。《行政诉讼法》及公益诉讼司法解释对行政公益诉讼的证明责任分配存在着亟待填充与完善的立法空间，而证明标准的付之阙如亦会导致法官在价值判断与利益衡量时陷入无所适从之感。洞察法律适用歧见，司法输出不能因妙手偶得而抱守残缺，更不能因跌跌撞撞而裹足不前。回应司法实践的呼唤，平衡好当事人的证明责任，已现实地摆在了我们面前。现在，是时候拆除装饰的围栏，构建一套行之有效的举证规则和证明标准，着力推进行政公益诉讼法治的建设。

域外法制

南非约束力事先裁定的电子化申请与发布系统介绍 *

虞青松 **

摘　要　南非吸取多国建构税收事先裁定的成功经验，通过立法建立起完备的网上申报制度，裁定申请的驳回和裁定的发布均以电子化方式生成并生效，其内含的协商机制和公平的收费机制，以及为保障开放性、包容性、便利性和透明度而采取的多项程序性措施独具特色，值得我国建构税收事先裁定程序借鉴。同时，我国参与"一带一路"走出去的企业，可以充分利用该项制度提高企业在南非进行税务处理的确定性。

关键词　税收事先裁定　拘束力集体裁定　拘束力个人裁定

一　南非约束力事先裁定概述

为增加税法确定性，南非在 2006 年建立税收事先裁定（Advance Tax

---

* 本文系2014年度国家社科基金一般项目"适合我国税收征管体制环境的事先裁定模式建构研究"（14BFX179）成果。

** 虞青松，东南大学法学院讲师。

Ruling，以下简称"裁定"）制度，裁定只能由南非税务局（South African Revenue Service，下称"SARS"）总部的法律政策局——税收事先裁定组发布，并采用电子化裁定申请与发布系统。[①] 裁定本身是一份书面声明完整的信函，用于阐明 SARS 对相关税法的解释，以及如何将它们适用到裁定描述的预期交易中，裁定对申请人的主管税务机关（下级税务机关）产生拘束力。

南非的裁定可以分为以下三种类型。[②]

"约束力一般裁定"（Binding General Ruling，下称"BGR"）是指税务局高级官员发布的书面声明，涉及税法解释或本身适用声明的事实或情形。BGR 类似于美国的税收裁定和澳大利亚的公共裁定，是适用于不特定人的裁定。

"拘束力集体裁定"（Binding Class Ruling，下称"BCR"）是指税务局发布的书面声明，涉及将税法适用于"预期交易"的特定"集体"中不特定的人。其中，"集体"（Class）是指：（1）人数不特定的股东、成员、受益人或类似于公司、协会、养老基金、信托；（2）可能不相关的一群人，且税法适用于"预期交易"产生相似影响或同意由一个申请人作代表。而"集体成员"或"集体成员们"是指适用"拘束力集体裁定"的"集体"中一个或多个成员。在 BCR 中，裁定的申请和发布、裁定的撤回或修改或与裁定相关的其他信息或事项，由申请人单独负责与受影响集体成员们的沟通。

"拘束力个人裁定"（Binding Private Ruling，下称"BPR"）是指税务局发布的书面声明，涉及将税法适用于一个或多个特定主体的预期交易。亦即，BPR 就是由特定纳税人向 SARS 提出申请，要求 SARS 就特定交易的税法适用做出解释，进而由 SARS 做出书面复函。这与美国私人信件裁定和澳大利亚私人裁定一致。

---

① South African Revenue Service（2003），Discussion Paper Proposed System on a Proposed Advance Ruling.

② South African Revenue Service（2013），Comprehensive Guide to Advance Tax Rulings.

其中,"预期交易"是指申请人提出着手实施,但尚未同意实施的交易,而不是处于搁置状态的协议方式或没有拘束力的协议。"交易"是指任何事务处理、生意、商务、安排、营运或计划,包括一系列交易。

BCR 与 BPR 属于依申请的裁定类型,且仅限于预期交易。虽然对于在裁定发布之前不能成立预期交易没有明确的法律限制,但这是有争议的。因此,为获得预期交易的确定性,申请人希望与总部事先裁定组就预期交易的执行可能性展开磋商。

除以上三种裁定外,SARS 还发布无拘束力个人观点,通常是由税务局发布的非正式指引,涉及特定系列事实和情形或"交易"的税务处理,但是没有约束效力。

依据《南非税收征管法》第 7 章和 SARS 在 2013 年发布的《税收事先裁定综合指南》(Comprehensive Guide to Advance Tax Rulings)的相关规定,下文就申请南非 BCR 与 BPR 的相关程序和要求详细介绍如下。

二 开放式的申请人制度和裁定类型的选择

(一)申请人

BGR 由 SARS 主动发布,涉及不特定的纳税人,不需要纳税人申请,而 BCR 或 BPR 需要纳税人提出申请才能发布。因此,在南非事先裁定程序中,"申请人"是指为申请拘束力个人裁定或拘束力集体裁定而递交申请的人。"申请"是指拘束力个人裁定或拘束力集体裁定申请。

任何自然人、公司、信托或财产是或意图是预期交易的一方,都可以申请关于该交易的约束力裁定。申请人不必是所得税法定义的居民,或者在申请时承担南非税款。纳税人的代理人,例如律师或会计师,可以代表客户递交申请。代理人代表客户提出申请必须递交授权委托书或同等书面声明,由申请人签字,授权代理人递交申请书和在申请过程中代表申请人。没有参与或没有意图参与交易的人不得提出裁定申请，代理人除外。

此外，特定主体申请还要遵循一些特别规则。

1. 合伙的特别规则

合伙不得以所得税为目的申请 BPR，因为合伙不是所得税目的上的"人"，但是合伙人个人可以提出申请。与预期交易相关的合伙可以代表合伙人申请 BPR。合伙也可以申请其他税法问题的 BPR。在以增值税为目的的 BPR 申请情形下，合伙是或可以是注册供应商，满足 BPR 申请资格。合伙可以代表某一类型合伙人申请涉及所有税种的 BCR。

2. 非居民申请人的特别规则

如果申请人是考虑在南非做经营或投资的非居民个人或公司，他们在递交申请时，有可能没有南非身份或税号。为此，南非在线申请程序包括特定表格用于这些实例。这些表格要求申请人提供他们所在国的身份证号码代替南非身份证号或税号。

此外，税务局电子申报系统仅能接受从南非四大银行之一的账户支付申请费用。如果纳税人的申请正在被当地的代理人递交，电子申报系统能接受代理人持有的四大银行之一的账户，代理人可以代表纳税人支付申请费。如果申请人自己递交，那么申报系统中有特定程序可用于支付。详细说明可以在税务局电子信息申报系统中获取。

（二）BCR 和 BPR 申请的选择

BCR 和 BPR 申请都会出现超过一个"申请人"的情形。如果对于一项预期交易有超过一个申请人，税务局可以基于申请人申请，就该申请收取一笔规定费用。因此，税务局将接受一个申请人的一份申请，以及共同申请人。例如，共同申请人可以涉及多个公司提议达成一个交易，该交易为社团内部救济处理的各方主体。

当裁定申请超过一个申请人时，申请人必须指定一个领头的申请人代表共同申请人。这时，会出现纳税人该作成 BPR 申请还是 BCR 申请的选择问题。

为明晰申请应当作 BCR 还是 BPR，可以参照以下界分场景。

虽然双方（例如，公司 A 和特定目的工具 SPV 具体化一个股票投资计划）属于同一交易的各方，但是 BPR 申请必须由 A 公司递交，而 BCR 申请必须由股票投资计划作为投资者的代表递交。对他们的每一个主体而言，税法的解释和适用完全不同。因此，在双方是同一个交易中的多方时，电子申报中一个申请是不够的，亦即应当是申请两个裁定：一个 BPR；一个 BCR。在类型表中，仅一个申请人能够申请 BCR，因此在 BCR 中没有共同申请人。

其他例子如下。公司 A 提议给雇员支付奖学金，他们申请裁定，该支付对公司 A 而言将可扣除，且奖学金不计入雇员的总收入。BPR 将发布给公司 A，BCR 将发布给雇员。当然，公司可以选择只是就扣除申请裁定，而保留员工税款。在这种情形下，公司将不得不代表雇员申请 BCR。

如果不同交易发生，虽然他们是同一整体计划的一部分，但是要求两个不同的裁定。例如，公司雇员从顾客处收到的小费，为安全起见由公司保管，随后支付给员工，依据某些条件，是否构成公司的总收入而申请裁定。就支付给员工的数额是否构成所得税法定义的"报酬"而论，要求额外裁定。给雇员的支付源自小费收取，但是也是从一个独立交易引发的（支付给雇员），因此需要两个申请。

三　便利的网上裁定申请

约束力裁定只能由 SARS 总部的法律政策局——税收事先裁定组来发布。所有事先裁定申请必须在网上（www.sarsefiling.co.za.）递交申请，电子文件系统也能提供 SARS 网站进入。这两点是南非事先裁定最重要的特征。事先裁定程序无疑是正式的程序。为了获得裁定，申请人必须遵循相应的特定程序和特定规则，所涉及信息必须与申请一起在网上递交。

（一）递交申请的要求

申请程序始于在线申请表格的完成和递交。这些表格必须通过税务局电子申报系统递交。"申请表"是为递交申请书而必须在网上完成和递交的表格，包括：电子申请表（事先检查表、契约细节和关于引发问题的基本信息，与标准条件和状况声明一致）；必须上传的约束力裁定申请。该电子申报系统上传文件最大为 10 兆。

1. 尽早递交

很多复杂的交易在预期交易被定型之前，可能经历大量变化和修改。在这一点上，交易通常会很快完成，一旦预期交易达到审慎考虑阶段，申请必须尽快递交。这么做可以让纳税人的申请在"队列"中占有一席之地，让专家熟悉预期交易和可能引发的潜在问题的一般实质。如有任何变化，应通知专家关于预期交易的进展。任何实质性的变化或发展可能导致成本回收费用预估和时间框架的修正。

2. 及时递交

申请应当及时递交。在特别情形下，递交申请时，提前的时间必须足够，足以让税务局审查和对预期交易发布裁定。递交裁定申请时，也应当考虑所引发问题的数量和复杂性、预期交易的复杂性。

纳税人的申请至少在预期交易发生日、纳税人要求的其他任何日期或截止日期、纳税人申请中指定日期（以较早者为准）之前的 40 个工作日内递交。

3. 递交迟延

以下情形的申请有可能不被接受。首先，除非关于预期交易的特殊情形导致，且已经递交迟延申请的良好理由。其次，在任何情形下，递交之时少于 20 个工作日，在上述"及时递交"所指的更早日期之前。再次，随后的重新确认或延期申请可能不会被接受，除非延期递交是特殊情形导致的。最后，在最初约束力裁定到期日之前有效期内，递交之日少于 20 个工作日的。

4. 完成递交

申请不被认为"已递交"，直到以下事项完成：成本回收费预估已经在线接受；约定函已经接受并递交；已经支付预付款。

（二）预筛选检查表及信息核对

该检查表是决定纳税人的申请是否会被驳回的检查工具。如果纳税人的回答可能会被驳回，申请系统将会出现一个消息框，指明纳税人申请潜在的问题。

如果纳税人的裁定申请被驳回，纳税人将无法进一步处理申请。

纳税人需要注意的是预筛选检查表必须正确及准确地完成，如果纳税人不能完成，那么（例如，属于排除事项的问题，仍回答"不"）可能导致纳税人的申请在初审后被驳回，申请费不予退还。

如果纳税人对其申请的问题是否会被驳回不确定，那么可以将该问题的疑问或理由的简洁概述递交到事先裁定组邮箱 Info@sars.gov.za。事先裁定组将通知纳税人其的申请是否有可能被驳回。

预筛选检查表也包括适用于纳税人申请的标准条款和条件的声明。这些条款和条件涉及事项包括支付条件，关于纳税人申请需提供信息的义务，如果发现任何相应的排除事项税务局有权驳回申请等。在进入下一个表格前，纳税人被要求接受这些条款和条件。

预筛选检查表完成后，进入下一个界面。紧接着的表格要求纳税人提供基本信息。

（三）支持信息

申请人必须提供与申请有关的、详尽的支持信息和其他要求递交的材料。该信息一般在申请书递交后在线上传，且在付款前完成。如果支持信息没有同步递交，必须在 5 个工作日内递交，除非获得书面授权延期。

　　纳税人必须将某些实质性信息与在线申请书一起递交。纳税人也被要求起草发布的裁定，以及描述纳税人认为应当在税务局发布的最终裁定中删除的机密信息。这些文件必须在确认之后的 5 个工作日内与纳税人的在线申请一并递交。税务局仅在收到所有材料之后，才会处理申请。处理过程中，税务局还有权要求提供额外信息。

　　纳税人必须递交与纳税人预期交易和裁定申请相关的以下信息。

　　1. 完整的描述

　　裁定所寻求的预期交易，包括其融资及税务影响；无论是原则还是实践，预期交易可能对纳税人的纳税义务或与纳税人或任何集体成员的关联人的纳税义务（通过提供预期交易税款计算）产生影响；纳税人在递交申请之前已经参与的或在递交申请之后参与的任何其他交易，如果可能对预期交易的税务后果有影响；可能被认为是涉及预期交易的一系列交易的一部分。

　　在裁定书中，申请人还必须阐明以下事项：所申请的特定裁定（BPR 或 BCR）；相关法律规定或法律问题；纳税人确信参照相应的法律、特定裁定应当被授予的理由；关于纳税人或关联人将获得或丧失的税收利益；纳税人就相关法律规定或问题所做的解释。与此同时，提供纳税人认为或关注到的、任何相关的主管机关分析，无论它们是否支持纳税人所寻求的裁定；尽纳税人所能，申请不是公布在政府公报上的额外排除考虑清单。

　　2. 相关声明

　　在裁定申请书附件中，申请人必须随附以下声明：尽其所能，近期没有与申请引发的问题相同或实质性相似的问题；面临审计、调查、异议和上诉，税务机关或法院正在处理的其他程序。同时，申请人还须随附以下声明：尽其所能，其税务事项（BCR 中的集体成员，如果少于 10 个）是有序的，即在裁定申请递交日，无注册事项、未递交纳税申报表、没有未清偿的到期税款。此外，申请人必须同意经税务局删节后最终裁定的公开。以上声明必须包括在纳税人在线递交的申请文件中。如果未递交，那么会导致裁定程序的迟延。

此外，涉及可能与纳税人预期交易的税务后果有关的其他交易时，纳税人必须提供任何涉及纳税人已经参与或未来可能参与的其他交易的描述。至少，该要求将适用于任何先前交易，对纳税人已经申请的裁定而言，先前交易将或将导致纳税人预期交易不合格。在这方面，纳税人多提供信息是明智的，而不能太少。此外，纳税人必须考虑先前的或随后的交易有可能与任何反避税规则的适用有关。

纳税人必须确保这些要求得到满足。纳税人如果对这些要求的范围和适用有任何疑问，应当咨询专家指定纳税人的申请所适用的范围。

需要注意的是，如果与纳税人预期交易有关的任何实质性事实失实陈述或未予披露，将导致纳税人裁定自始无效（从裁定发布之日起）。

纳税人所提出问题的声明应当尽可能准确和特定，且应当限定在纳税人预期交易期待解决的直接问题。如果纳税人所提出问题的声明是模糊的或过度宽泛的，专家不得不修正，这将导致纳税人裁定发布的拖延。

3. 起草将被发布的 BPR 或 BCR 的草案

纳税人必须递交将发布的裁定草案。如果没有按要求递交该裁定草案，可以驳回纳税人的申请，所收费用不予退还。裁定审查工作将暂停，直到收到裁定草案为止。

4. 删除信息描述书

为了在最终裁定公开之前保护纳税人的机密信息，纳税人必须递其认为应当在税务局公开最终裁定之前删除信息的描述书。如果纳税人没有递交该描述书，其申请将被驳回，所收费用不予退还。申请处理工作将暂停，直到收到该信息为止。

注意，税务局必须保护纳税人身份信息。为了便于获得有利于裁定集体的沟通，在某些情形下有必要将纳税人身份信息包括在公开的裁定中。在这种情形下，申请人必须书面同意包括这些必要信息。

申请人不得要求保留预期交易细节，以保护其身份或集体或任何申请中提及的任何人，从税法的适用或解释到交易并不需要考虑披露的那些身份信息。税务局有法定职责在保护纳税人机密信息前提下公开裁定。由于参与交易的纳税人具有独特性，他们的信息披露可能让纳税人妥协，为此在做出事先裁定申请之前，他们应当审慎地考虑这个方面。

以上信息意图确保税务局对预期交易、交易涉及每一方的潜在税务后果有完整的认识。例如，纳税人预期交易的描述至少必须：披露所有必要的和重要的条款，涉及的所有各方，阐释其中的每一个步骤，以及这些步骤执行的时间和顺序，并为整个交易和其中的每一个步骤解释非税目的。如果纳税人的预期交易涉及多个步骤，纳税人必须提供包括那些步骤的一个完整说明。

相似地，前述要求的税收和融资信息，必须包括纳税人对预期交易的预期税务影响进行的量化，以及详尽的现金流分析。纳税人也必须提供对该问题金额的预估。如果纳税人正请求一个与以股息税为目的的预期股息处理有关的特定裁定，纳税人必须声明预期股息的金额，如果不可能，纳税人必须声明为何不可能并提供预估。相似地，如果纳税人请求一个与资产预期处置中资本利得税处理有关的裁定，纳税人必须声明预期资本利得税的金额。

5. 税务局的额外信息要求

税务局在任何时候可以要求与裁定申请相关的额外信息。例如，专家可以要求申请人提供近期财务报表副本、与预期交易相关的协议或协议草案副本。

所要求的额外信息递交材料的时间期限，将由指定处理该申请的专家沟通，且将依赖于所寻求信息的容量和可获得性。所要求的额外信息将被上传到网上，应当成为支持申请递交记录的一部分。

如果所要求的额外信息没有在协商的时间内递交，纳税人的申请有可能被驳回，所收费用不予退还，且须支付驳回前已产生的费用。

（四）组织纳税人的递交材料

纳税人的递交材料必须随附"文件检查表"。该表列明支持信息的不同项目，其他要求递交的材料，要求纳税人指明要么是纳税人正递交问题的项目，要么与该项目不适用。例如，所提出的问题涉及单一的预期契约。在这种情形下，要求在交易之前或之后可能受影响的税务后果，将不能适用于预期交易；仅在纳税人保证不适用的前提下，才是该案中的事项。

纳税人的递交材料应当按照文件检查表阐明的顺序递交。此外，每个项目应当在文件名或适当的标题中得到清晰的表述。文件名必须按顺序编号，确保专家能按顺序打开文件。

为了能快速地审查和处理纳税人的申请，这些要求是必需的。如果不同的申请人组织的他们的材料完全不同或无法清晰地识别所递交的项目，大量实质性的时间将不得不用于发现相关信息。

文件检查表与支持信息、其他要求递交材料一起，在裁定申请被评估受理之前必须递交给事先裁定组。

一般而言，这些支持信息必须在提出申请之日起 5 个工作日内递交。如果纳税人没有在给定的期限内递交，纳税人的申请将被驳回，且所交费用不予退还。如果税务局同意合理情形导致的拖延，则期限可以延长。申请工作将暂停，直至收到支持信息为止。

（五）保密性

纳税人所递交的任何信息适用税法保密条款，将被严格保密。

如果纳税人递交的申请有一个或更多的共同申请人，且纳税人不想披露某些信息给这些共同申请人（例如，商业秘密或专利），纳税人必须：在递交这些信息之前将纳税人的要求通知被指定处理纳税人申请的专家；清晰认定信息中的问题；清晰地说明限制适用的共同申请人。

如果这些要求被表述在纳税人的申请中，该信息中的问题将不会被披露给特定的共同申请人。

该程序也必须适用于申请中的任何共同申请人，若该共同申请人不想披露某些信息给申请人或其他共同申请人。

（六）重新确认

"重新确认"是对事先裁定组先前发布的约束力裁定的再申请，该裁定的有效期已到。如果纳税人正申请重新确认已经发布给纳税人的最初约束力裁定函，最初裁定函必须随附声明，该声明确认包含在最初裁定中的事实没有变化。税务局发现有实质上变化的情形，可以驳回重新确认申请。如果提供的事实保持相同，申请人可以申请重新确认对该裁定的适用期限。重新确认是拘束力裁定申请，且适用于申请的所有条件和情形均适用于重新确认的裁定，包括申请费。

四　公平的申请费用负担机制

递交申请表格时，应当在线支付申请费。在线递交申请表后，裁定申请系统状态将显示为"已递交－未支付"。进一步的指引将帮助纳税人完成在线支付。

如果未能在申请递交之日起 10 个工作日内付款，该申请将自动终止。如果纳税人要继续，得重新申请。

（一）费用类型

南非在吸收了美国、加拿大和新西兰的收费制度的成功经验之后，建立了更为公平而独特的收费制度。纳税人申请约束力裁定必须同时承担成本回收费和申请费。

1．成本回收费

"成本回收费"可以视为申请裁定基本费，是指 SARS 所描述的费用，用于 BCR 或 BPR 的发布。该费用不包括申请费，申请费是超过成本回收费用的费用。

纳税人申请裁定要承担成本回收费，基于审查纳税人申请引发问题所花的时间来计算，和发布裁定相关的任何直接成本一样。这些直接成本可能包括差旅费，如果去现场更有帮助。该费用还有可能包括获得顾问和专家服务而发生的成本，例如，工程师或科学家，若有必要对预期交易的技术部分获取建议。成本回收费的金额依赖于很多因素。这些因素典型的包括问题的数目和复杂性，预期交易自身的复杂性，合同、文件和其他信息的数量，与申请相关必须审查的资料。重新确认和申请延期也将收取成本回收费。该费用将基于重新确认要求的复杂性确定。这里"延期"是指由于一次性交易没有在有效期间内发生，而申请延长由事先裁定组先前发布的有效期间。

2. 申请费

为了取得约束力裁定申请，纳税人在递交裁定申请时必须支付申请费。"申请费"是指高于成本回收费用的付款。该费用必须在纳税人递交申请时支付。除了少有的实例，经税务局先前批准，申请费用必须在网上通过电子申报系统支付。特定程序也适用于没有南非银行账号的申请人。详细说明可在税务局电子申报系统网站获取。当申请人递交申请时须支付申请费，该费用一般不得要求退还。依政府公报，每个中小制造企业的申请费是 R2500。这包括 8 个小时免费审查费用。就 BCR 或 BPR 而言，所有其他申请人将支付 R14000 申请费。申请费的最大额度不会被超过，除非申请人修正申请或在裁定过程中新问题引发或被识别。申请人如果不愿或拒绝接受修正后的费用，那么申请可能被驳回，不得放弃或中止支付在该点已经发生的任何费用并且没有任何退款。

SARS 会把"预估成本回收费用"（见表 1）在网上公开，让纳税人可以自己计算对成本回收费用的预估。

表 1　预估成本回收费用

申请类型	费用预估范围	预估押金	每小时费用	预估完成时间（天）
标准	R10000—R35000	R7000	R650	20
一般复杂	R35000—R70000	R14000	R650	45
高度复杂	R70000—R105000	R21000	R650	60
离奇的	个案	个案	R650	个案
紧急申请	个案	个案	R1000	个案

中小型企业关于 BPR 和 BCR 的申请费最近是 R2500。其他人的申请费都是 R14000。该申请费是不可退还的，除非有例外情形。以减少费用为目的的"中小制造企业"被定义为——任何人，除了清单外公司，如果最近评估年度的毛收入没有超过所得税法规定的"小商业公司"所描述的金额；关于增值税裁定申请，仅适用于，任何合伙，最近评估年度的毛收入没有超过"小商业公司"定义所描述的金额。

（二）缴费程序

缴费是确认纳税人已递交申请的前提条件。只有当申请人已经接受电子申报系统给出的预估成本回收费、签署和寄还电子申报系统给出的《约定函》，支付预付款后，申请才能被考虑为已递交。

纳税人申请约束力裁定必须承担成本回收费。如果纳税人的申请被接受，那么纳税人将收到缴纳与纳税人申请相关的成本回收费预估，该项成本回收费预估，将在纳税人收到裁定受理通知之日起 5 个工作日内，通过自动邮件与纳税人沟通。

成本回收费综合考虑纳税人申请所提出的问题，按小时数计算，以及任何与裁定问题有关的直接成本。这些直接成本将包括差旅费，例如，观察纳税人的营运可能有帮助时；也可能包括获取顾问或专家服务时发生的费用，例如，工程师或科学家，在预期交易技术部分需要建议时。

重新确认申请须缴纳的申请费，以及成本回收费，由基于特定重新确认的复杂水平决定。

1. 接受成本回收费的预估

成本回收费预估和发布约束力裁定的时间期限，将通过电子申报系统在线公布，纳税人将收到自动邮件通知。如果纳税人愿意接受成本回收费用的预估，需在网上确认。该预估的有效期为15天。纳税人可以联系专家要求延长。是否同意延期是税务局的自由裁量权。

如果预估被接受，纳税人必须认真阅读《约定函》，在线接受条款与条件。已签署的《约定函》必须上传。

裁定申请工作不会开始，除非：在线接受成本回收费预估和时间期限；《约定函》被接受；预付款已支付。

如果以上条件得不到满足，纳税人的申请有可能被驳回，所收费用不予退还。

2. 预付款支付要求

"预付款"是指依据成本回收原则，申请裁定需要事先支付的成本回收费，通常按照最高申请费额的20%计算，预付款必须在SARS对申请进行实质性审查之前收到。

专家将为纳税人提供一个在线成本回收费用评估。纳税人申请的相关工作，需要纳税人阅读并接受《约定函》，同时接受电子化的成本回收费评估，并支付成本回收费最高额的20%预付款。纳税人须先行支付成本回收费预估最高额的20%。预付款可以在确认成本费用预估和《约定函》时一并在网上缴纳。申请工作直到收到预付款时才开始。如果该要求得不到满足，纳税人的申请可能被驳回，所收费用不予退还。

3. 预估费用的修正

如果随后出现成本回收费的修正，可能超过最初的预估，税务局必须通知纳税人。这有可能发生，例如，纳税人修改申请会导致预期交易产生变化。

4．讨论最初成本回收费预估或成本回收费修正

如果纳税人认为最初成本回收费预估或成本回收费修正过高，纳税人可以与分配处理纳税人申请的专家讨论。如果无法达成协议，税务局的成本回收费预估是最终的决定。

如果该费用没有在 15 天内被接受，该申请可能被驳回，所收费用不予退还。

5.《约定函》

在接受预估的成本回收费后，纳税人必须在相关栏目里打勾，表示纳税人已经阅读和接受《约定函》。《约定函》是一份在纳税人与税务局之间具有约束力的契约，阐明管理裁定程序的基本条件和情形，包括纳税人可接受的预估费和同意支付预付款和尾款。

在纳税人的申请工作开始之前，《约定函》必须在线确认。该函包括与纳税人申请和裁定程序有关的基本权利、义务、条款和条件。该函构成纳税人与税务局的约束力契约。

标准条款和条件内含的《约定函》包括的事项涉及成本回收费的开票及支付条件，迟延时支付利息的义务，如果待付款尚未付清，税务局有拒绝随后申请的权利，在此情形下要求按全额成本回收费预估支付预付款的权利。

依赖于纳税人申请的特定目标事项，税务局可以在《约定函》中规定额外条款与条件。例如，纳税人的申请需要聘请外部专家，《约定函》将包括纳税人同意外请专家且在必要的情形下不披露外部专家的信息。

（三）支付条件

纳税人必须支付因税务机关审查裁定申请而产生的费用。发票将在支付后 30 天内在线获取。如 30 天后未支付，将收取利息。如果款项在 60 天后仍未支付，有可能被移交给债务征收局。纳税人需对在征收过程中发生的任何费用负责。这些支付条件规定在标准条款和条件、《约定函》中。申请仅依据这些条款受理。

1. 拖欠款项

在付清所有到期款项之前，税务局不会接受申请人及其代理人的任何新申请。此外，随后申请工作开始之前，该申请人及其代理人未来的新申请必须先行全额支付预估成本回收费。这里的"随后申请"是指在电子申报系统中递交的任何申请，在预期交易发生日之前或在其他的任何日期或截止日期或关于申请的特定更早的日期之前，少于 20 个工作日。①

2. 退款

税务局在有限的情形下可以退还已支付的申请费或成本回收费，包括：纳税人的申请已经被受理，但是在裁定发布前，一个或多个问题面临驳回（例如，所主张的问题面临法院正在审理的事项）；如果事先裁定公开了最初成本回收费已经进行预估，随后发现将发生的与纳税人申请有关的成本回收费被低估，而纳税人不同意修正的成本回收费。在这种情形下，如果修正成本申请费将超过原预估成本回收费，那么将退还申请费。纳税人收到不利裁定不得要求退款。如果已收取的成本回收费超过纳税人裁定已发生的事实成本，那么在发布最终裁定的同时退还相关款项。退款不支付利息。

五　高效的裁定申请审查程序

一旦纳税人成功地递交申请表，支付申请费，纳税人将收到电子确认函。

裁定申请的处理通常遵循"先来后到"原则。已收取更高成本回收费的紧急申请，如果容量允许，仅能接受紧急状况。对此，税务局可以接受或拒绝申请。

（一）确定专家处理

在收到支持信息和其他所要求递交的材料、预付款和《约定函》后，裁

---

① 在交易日之前，除非有足够的时间用于裁定申请，否则申请不会被接受。

定机关的专家将对纳税人的申请进行实质性审查。发布裁定的预估时间框架从前述三项要求满足之日起开始计算。

如果申请与支持信息和其他要求递交材料已经一起递交，将立即对是否受理进行评估。如果受理，申请将被分配给专家。专家将负责裁定初步审查、处理纳税人的申请、发布约束力裁定。裁定申请如果出现排除情形，则在审查过程中有可能被驳回。

一旦收到纳税人的支持信息和其他要求递交的材料，将对能否受理进行评估，确保不存在应当驳回的情形。纳税人将在递交支持信息和其他材料之日起 5 个工作日内收到受理的电子通知（受理通知）。在发布受理通知书之日起 5 个工作日内，将在线告知发布约束力裁定的成本回费用的预估。

（二）实质性审查

实质性审查通常涉及评估纳税人递交的、与纳税人的预期交易有关的信息，并考虑问题所涉及的相关主管机关。在某些情形中，该工作可能涉及向专家的咨询，例如，科学家或工程师。专家可以要求与纳税人举行会议，以澄清预期交易或所提出问题的任何不清晰的方面。如果纳税人相信有助于促进审查过程，在实质性审查期间，纳税人也可以要求与专家举行会议。

纳税人可以在任何时间，使用分配给纳税人的事先裁定参考识别码，在线核对纳税人申请的状态。

如果将发布的裁定与纳税人申请的草拟裁定有本质区别，税务局必须通知纳税人。纳税人可以就该问题与专家协商。协商之后，如果税务局仍然意图发布不利裁定，纳税人将被再次通知，给纳税人机会改变申请或要求税务局停止申请工作，不予发布裁定（告知终止）。该通知必须在税务局通知之日起 10 日内递交，在线撤回申请，并把撤回的动机说明递交给专家。

纳税人须对申请在系统中被撤回、专家收到撤回动机说明之日前所有的工作负责。已讨论的一般条款和条件均适用于该申请。

如果不利裁定归因于预期交易的特定部分或步骤中的问题或缺陷，纳税人意图修正该预期交易，解决该问题或缺陷，那么纳税人可以要求修正纳税人的申请，反映修正预期交易的条件。如果税务局同意，纳税人必须在该期间内递交纳税人的修正申请，除非纳税人在特定时间到期之前，递交通知终止，否则税务局能处理该不利裁定。如果纳税人随后决定申请与修正预期交易有关的裁定，纳税人必须提出新申请、遵循该程序、支付前述的申请费。

六　电子化裁定的生成和删节公开机制

发布裁定的预估时间也会告知纳税人。一旦预估被接受，将会在线告知。此外，12月与1月份的部分工作日不受理申请。从12月16日到1月15日的工作排除裁定申请。该冰冻期适用于所有在处理中的申请。

（一）审查和评论裁定草案副本

如果税务局意图发布一个有利裁定，那么裁定草案将在线发布给纳税人审查和评论。纳税人必须详细审查该裁定草案，任何错误或遗漏都必须向税务局提供反馈。未能纠正实质性错误或遗漏，可能导致纳税人的裁定自始无效，或可能导致随后被撤销或修改。

如果在最初裁定草案上进行纠正，新裁定草案将再次在线发布，供纳税人审查和评论。

税务局不会发布纳税人裁定的洁净版（删节后发布）或最终裁定，除非纳税人书面或在线确认纳税人已经审查裁定草案，并且确认在裁定中没有实质性错误或遗漏。

（二）发布裁定

税务局必须将裁定发布给申请书载明地址的申请人，除非该申请人在裁定发布前，以书面方式提供其他说明。BCR或BPR须以规定的格式和方式发布，必须由税务局高级官员签字且包含以下内容：声明其为 BCR 或 BPR 申请；申请人的姓名、税号、邮寄地址；在 BCR 中，受影响的集体成员清单或描述；相关的法律规定或法律问题；"预期交易"的描述；裁定有效性以及由税务局做出的任何假设或强加的条件；所做的裁定结论；裁定有效的适用期间。

值得注意的是，税务局可以依据裁定中描述的条件和假设来发布 BCR 或 BPR。这些条件和假设必须在拟定裁定中声明。条件和假设具体有两种：标准和特定。标准条件和假设包括在每一份约束力裁定中。他们解决关于纳税人裁定的某些基本事项。这些事实纯粹是基于所递交的信息，与纳税人申请、已修正税法、裁定发布时的影响有关。与纳税人的裁定所依赖的纳税人预期交易的本质以及特定的裁定申请有关的问题，可能要求特定条件和假设。

（三）裁定的公开和保密信息处理（洁净或删节版裁定）

一旦纳税人接受裁定草案，且同意公开洁净版裁定，税务局将上传在线裁定。纳税人可以要求把裁定原件邮寄到纳税人在申请中提供的地址。该要求必须在纳税人认可裁定草案时一并提交，在纳税人在线认可洁净版裁定之前，最终裁定不会被发布。

税务局必须公开已发布的约束力裁定，作为公开信息供公众获取。因此，要求公开是确保为所有纳税人提供一个公平竞争的环境，阻止裁定被滥用为纳税人或从业人员取得裁定的"私人法律"。

但是，在公开裁定的同时，必须保护申请人或其他参与人在预期交易中的识别信息（保密信息）。保密信息包括：姓名、地址和申请人的其他识别信息，以及裁定中认定或提及的任何人；披露将会导致毫无根据的侵害私人隐私的任何信息。

税务局也被要求提供洁净（删节）版的裁定草案供纳税人审查和评论。税务局必须考虑纳税人提议的额外编辑或删节。但是，税务局关于洁净裁定的决定是最终的。

在某些限定情形下，由于涉及预期交易参与方或预期交易自身的单一事实，公开裁定将不可避免地披露保密信息。在这些情形下，税务局可以发布申请所提出问题的概述以及给予的裁定。

如果相似的交易已经有公开的裁定，税务局可以同意对于重复的申请人洁净版裁定不予公开。在这种情形下，有该影响的裁定将被上传到网络，纳税人被要求接受该决定、提供反馈或撤回裁定申请。如果纳税人撤回裁定申请，纳税人将承担裁定撤回之前发生的费用。

此外，对预期交易的税法适用或解释不构成保密信息，且不得做以上处理。

七 南非建构事先裁定的成功经验及启示

（一）以立法保障裁定制度的运行

经过多年发展，在国际上，特别是在发达国家，税收事先裁定制度已经成为一个重要的程序机制，为纳税人在复杂的税法环境中提供确定性。国际经验表明，对纳税人来说，事先裁定提供了关于特定交易的税收后果的确定性，并据此可以了解他们的全部成本来做出决定。同时，裁定的公布提供了额外行政实践的传播，并使纳税人普遍受益，即使公开的裁定对纳税人没有正式的直接价值。从税务当局的角度来看，裁定能提高纳税人对税收系统管理的信心，并促进纳税人与当局之间良好的工作关系。此外，裁定制度也为税务机关提供机会，让其可以预览纳税人正在考虑的交易类型。这常常可以在实务中暴露立法存在的缺陷，并产生意想不到的后果。因此，在未来进行评估时，裁定制度可以让税务当局更好地准备可能出现的问题。

在 2003 年之前，SARS 已开始对税收裁定制度的国际发展状况展开调查学习。经过对 54 个国家的事先裁定制度进行调查后，其最终对下列国家的制度进行更密切的研究：澳大利亚、加拿大、印度、墨西哥、荷兰、新西兰、瑞典和美国。SARS 经调研发现，国际公认的事先裁定制度可以实现以下目标：为交易的税务处理提供确定性；可以促进自我评估；可以促进税务机关和纳税人之间的良好关系；可以确保法律适用更大的一致性；可以将争议和诉讼最小化；可以让税收征管体系更协调。

为了促进确定性，南非财政部部长在 2003 年的预算审查中宣布，SARS 正在积极审查是否有可能引入事先裁定程序，并基于前期调查针对裁定制度发布了一份讨论文件。该讨论文件提供了所建议裁定系统的详细信息。

全球化是影响任何经济体的一个重要因素，南非需要使其税收制度与国际标准和趋势保持一致。然而，重要的是，考虑到南非独特的经济状况，任何税收变化均与其发达国家和发展中国家的混合体相关。因此，南非财政部认为需要制定一个具体的事先裁定制度，以提高税法确定性，促进投资和经济增长。同时，考虑到南非正在向法治和民主社会过渡，SARS 提出了一个在立法框架内运作的事先裁定制度。

此后，就裁定程序建构进行最终立法之前，由 SARS 负责就裁定程序入法征求意见。该过程为 SARS 提供了与纳税人以及不同利益相关者分享其观点和选择的机会，并解释为何偏爱特定的制度选择。该过程还为利益相关者提供了一个机会，在立法出台之前就该系统的设计发表评论。

最终，南非借鉴澳大利亚、新西兰模式，决定将事先裁定制度纳入《税收征管法》，将做出裁定列为 SARS 的法定职责。南非事先裁定制度汲取了多国裁定制度的优点，特别是在纳税人权利配置上，主要参照美国、新西兰，赋予申请人裁定起草权、协商权、撤回权等，因此属于协商式裁定。[1]

该项制度可以为我国参与"一带一路"倡议的企业提供预期交易的税法

---

[1]　虞青松：《我国建构税收事先裁定制度的模式选择》，《税务研究》2018 年第 11 期。

确定性。

（二）南非电子化事先裁定发布系统的启示

澳大利亚最早建立电子化裁定发布机制，南非电子化裁定发布系统汲取了澳大利亚事先裁定电子化处理系统的相关经验，但比澳大利亚的裁定发布系统更具有包容性和一致性，其建构电子化裁定系统的以下经验值得借鉴。

首先，采用事先裁定制度的目的在于：促进税法的解释和适用问题，在促进税法应用的确定性和一致性的同时，帮助纳税人遵守税法，这将有助于促进税务机关与纳税人的良好关系。为此，与澳大利亚电子化裁定系统确立由税务机关单方面生成裁定不同的是，南非赋予裁定申请人协商参与的程序性权利，将相关程序措施嵌入电子系统，并在电子系统中辅以撤回权，以此减少争议和税务诉讼。

其次，在事先裁定制度的结构上，南非选择了集权化。与澳大利亚电子化裁定系统由地方税务机关负责裁定的生成和发布不同的是，南非的电子化裁定系统由中央税务局的专门单位负责电子化裁定的生成和发布。这样能优化技能的使用，并确保税法适用的一致性，同时，为纳税人提供了最大限度的便利。此外，在特殊情况下，SARS 可以任命税务机关工作人员之外有专业技能的人员就具体事项提出建议。当然，在做出这样的任命时，必须小心谨慎，以确保保密，避免利益冲突。我国国家税务总局工作人员的编制有限，南非任命相关专家参与裁定发布的相关经验也值得借鉴。

最后，在适用范围上，南非的事先裁定制度涵盖所有的税收、关税或其他政府收入，包括在 1964 年关税和消费税法案之外的任何行为。我国在关税领域已经建构了行政裁定和预裁定制度，国内税收领域应当借鉴南非，将所有税收类型纳入裁定申请范围。

（责任编辑：叶　泉）

法典编纂、外国法的影响与比较法：以希腊和以色列为个案的考察[*]

〔以〕巴勃罗·勒纳 著

唐 超 译^{**}

摘 要 法制演进呈现为形式上或者实质上有连续性的变化过程，而立足于比较法的法典编纂工作是应对现代化与传统之间紧张关系的方便工具。希腊利用民法典实现法律统一与创制国族法的抱负，以色列的目标则转向更为技术性的方面即提升法律的效率。通过继受德国法，希腊找到了虽说多少有些操作困难但能实现理想的道路，将法制现代化目标与传统及民族遗产很好地融合在一起。以色列却因英国委任统治而继受了普通法模式，德国法律概念只能移植入普通法的法律文化，而没有发育出德国风格的法律传统。

关键词 法典编纂 比较法 希腊民法典 德国民法典 犹太法

---

* Pablo Lerner, "Codification, Foreign Influences and Comparative Law: The Cases of Greece and Israel", *Revue Hellénique de Droit International*, vol. 57（2004）. 感谢作者和杂志社授权翻译出版。

基金项目：教育部人文社会科学研究规划基金项目"医疗合同写入民法典的路径及规则设计研究"（19YJA820039）。

** 巴勃罗·勒纳（Pablo Lerner），以色列拉马特甘法律与商业学院副教授；唐超，汕头大学法学院副教授，法学博士。

考察希腊、以色列法制的演化历程，当会发现两国法律传统有诸多共性。两国历史皆逾三千年，可谓悠久，都曾受外国法制管辖，又都在吸收外国法的基础上颁布了自己的民事法律。两国皆以多元法律传统并立为特色，受不同法制渊源影响。还在古希腊时代，比较法即扮演了重要角色，当时的立法者如梭伦和普鲁塔克都曾以比较法路径著书立说。① 希腊独立后，外国法的影响似乎更为显著。颇有学者主张，独立希腊的历史就是比较法的历史。② 比较法对于理解以色列法制同样重要，盖以色列法制本身就是由诸多法律传统协力造就的。③

今天，尤其是欧陆各国，面临着不同法律体制一体化的趋势。④ 鉴于希腊、以色列法律演化的独特构造，比较两国法制，当有助于理解外国法对于特定法制形成的影响以及比较法对于法律趋同化进程的重要意义。⑤ 若要找寻

---

① See K. Assimahopoulou, "Comparative Law in the History of Greek Law", *Revue Hellenique de Droit Comparé*, vol. 38/39（1985-86）, p. 324.

② See K. Assimahopoulou, "Comparative Law in the History of Greek Law", *Revue Hellenique de Droit Comparé*, vol. 38/39（1985-86）, p. 330.

③ See A. M. Rabello & P. Lerner, "Israeli Contract Law: A Laboratory for Europe", in S. Espiau & A. Vaquer eds., *Bases of a European Contract Law*, Valencia, 2003, pp. 689-709.

④ 例如，欧洲议会 2001 年 11 月 15 日关于各成员国民商事法律一体化的决议（the Resolution of the European Parliament on the Approximation of Civil and Commercial Law of the Member States, 15th Nov. 2001）。

⑤ 本文使用"趋同"（harmonization）术语，不牵扯该术语与诸如"统一"（unification）、"一体化"（approximation）或者"汇流"（convergence）等表述的技术差异。试着解说如下：法律"统一"更多表示以文本一致为目标，"趋同"更多从功能统一角度理解；"法律一体化"术语更为灵活，可能指完全统一，也可能指超越了各法律传统间差异的某件事体。法律趋同主题的文献甚多：R. Zimmermann, "Codification: History and Present Significance of an Idea-ÀPropos the Recodification of Private Law in the Czech Republic", *European Review of Private Law*, vol.3（1995）, p. 95 ff; M. Glendon, M. Gordon & P. Carroza, "Comparative Legal Traditions in a Nutshell", *St. Paul*, 1999, p. 27; J. Pirrung, "Unification du Droit en Matière Familiale: La Convention de l'Union Européenne sur la Reconnaisssance des Divorces et la Question de Nouveaux Travaux d'Unidroit", *Uniform Law Review*, vol.3（1998）, p.629; O. Lando, "European Contract Law after 2000", *Common Market Law Review*, vol. 35（1998）, pp. 821-831; U. Mattei, "The Issue of European Civil（转下页注）

"共同核心"[①]（common core），不该只考察不同法律体制下（应对法律问题）的各种解决办法，还要考察这些法律体制接受各式解决办法的途径，这样的工作当然会促进不同国家法学家的对话。正如鲁道夫·施莱辛格教授指出的，比较法研究不能只是立足于大国，还应关注小国，盖小国法制往往是不同法律传统与制度的混合成果。[②]

本文的比较法研究将立足以色列视角，关注以色列法学家感兴趣的话题：法典编纂，对外国模式的整合与吸收，以色列法学家必须解决的那些难题以及法制演化过程中滋生的难题。

一　引言

自勒内·达维德的法系分类学说风行，[③] 针对特定法律体制开展比较法研究，首先便要界定该法律体制属于普通法系还是民法法系，已为惯常操作。[④]

（接上页注⑤）Codification and Legal Scholarship: Biases, Strategies and Developments", in A. Gambaro & A. M. Rabello, eds., *Towards a New European Ius Commune*, Jerusalem, 1999, pp. 149-168; M. Dougan, "Minimum Harmonization and the Internal Market", *Common Market Law Review*, vol. 37 (2000), pp. 853-885。

① "共同核心"提法源于施莱辛格教授在康奈尔大学牵头并由特伦特小组（Group of Trent）接续的项目，试图找到不同法律体制的共同基础，循此途径迈向法律一体化：See e.g., M. Bussani & U. Mattei, "Les Fonds Commun du Droit Privé Européen", *Revue International de Droit Comparé*, vol. 52 (2000), pp. 29-48; V. Grosswald Curran, "On the Shoulders of Schlesinger: The Trento Common Law of European Private Law Project", *European Review of Private Law*, vol. 11 (2003), pp. 66-80。

② R. Schlesinger, "Twentieth Century Comparative and Conflict Law", in *Legal Essays in Honour of H. Yntema*, Ley den, 1961, p. 67. cit. in A. Chloros, *Yugoslav Civil Law*, Oxford, 1970, p. 5.

③ See R. David & J. Brierley, *Major Legal Systems in the World Today*, London, 1985, 3rd. ed., p. 22. 今天，随着法制一体化的深入以及政治变迁，不敢说这样的类型化还有多大价值。

④ 新进路可参见 P. Glenn, *Legal Traditions of the World*, Oxford, 2000。

希腊法的结构当然是典型大陆法系风格。① 这从希腊法的系统化与高度抽象、法官担负的任务以及在创设法律中起到的作用、法典体制的事实这些方面都表现得很清楚。可要将以色列法归入特定"法系"，却不那么容易。以色列法大体上合乎所谓"混合法系"的特点。粗略而言，混合法系包含了来自不同法律传统的结构要素，尤其是来自大陆法系与普通法系的结构要素。②

以色列法制的"混合"特征在若干方面表现明显：③ 如同大陆法系（民法法系）国家，立法居主导地位，但法官位置显要，法院如同在普通法系国家那样于法律发展过程中起到积极作用；学说于法律创制至关重要（希腊法制也是如此，这是大陆法系的传统），但法院尤其是最高法院亦参与学说发展，盖以色列法有普通法的判例法特征，先例具有拘束力。④ 多数混合法律体制都是从民法转向普通法，以色列法制的发展却不一样，某些领域是由普通法转型为民法。⑤ 而以色列"民法"包含的法律方案来自德国、法国以及意大利这些不同法律传统。⑥

若是更灵活地界定混合法制，希腊也可以算作混合法制，盖希腊法是大

---

① See P. Zepos, "The Greek Legal System", *Revue Hellenique de Droit Comparé*, vol. 14（1961）, pp. 1, 6; M. Stathopoulos, *Contract Law in Hellas*, Hague, 1995, pp. 1, 21.

② 关于混合法制的文献，see A.M. Rabello, ed., *Aequitas and Equity: Equity in Civil Law and Mixed Jurisdiction*, Jerusalem, 1997; V. Palmer ed., *Mixed Jurisdictions Worldwide: the Mixed Legal Family*, Cambridge, 2001; J. Smits, "Mixed Legal Systems and the European Private Law", in J. Smits, ed., *The Contribution of Mixed Legal Systems to European Private Law*, Tilburg, 2001, pp. 1-14; J. Smits, *The Making of European Private Law: Towards an Ius Commune Europaeum as a Mixed Legal System*, Antwerp: Intersentia, 2002。

③ See A. Barak, "The Tradition and Culture of the Israeli Legal System", in A. M. Rabello, ed., *European Legal Traditions and Israel*, Jerusalem, 1994, p. 479.

④ 尤其近些年来，以色列最高法院部分法官也是法学教授，这是重要原因。

⑤ See U. Yadin, "Judicial Lawmaking in Israel", in *Memorian Uri Yadin*, Jerusalem, 1990, p. 363.

⑥ See A. Barak, "The Tradition and Culture of the Israeli Legal System", in A. M. Rabello, ed., *European Legal Traditions and Israel*, Jerusalem, 1994, p. 477.

陆法系不同法律传统尤其是法国传统与德国传统的结合体。德国法的影响在民法领域格外显著，法国法更多影响商法、[①] 程序法[②]。另外，在行政法领域，国政院（conceil d'etat）充任最高行政法院，也是法国模式的明确表现。

　　对那些有着悠久法律传统的国家来说，欲考察其法制，历史视角当有助于更好地理解该法制的特征、如何受到外国因素的影响，又如何接受这些外国因素。比较法分析与历史分析不但不相抵触，[③] 两条路径甚至天然地彼此依赖。[④] 比较法分析必然牵扯历史，历史分析必然包含着比较。[⑤] 是以，下面即从历史背景介绍开始讨论。

二　历史背景

　　依本文的历史分期思路，法制演进呈现为形式上或者实质上有连续性的

[①] See G. Rodolakis, "L' Adoption du Code de Commerce Français en Grèce", in Centre de Recherches Néohell é niques, ed., *La Révolution Française el l'Hellénisme Moderne*, Athènes, 1989, pp. 379-392.

[②] See K. Kerameus, "Neuere Entwicklungen der Zivilprozeßrechts in Griechland", in H. Fange & N. Papantoniou, eds., *Griechisches Recht in Wandel*, Darmstad, 1987, p. 17. 不过德国法对程序法尤其是对学说的影响也不能忽视。See K. Bexs, "Die Ausstrahlung des deutschen zivilprozessualen Denkens auf das griechiches Recht der Privatrechtsstreitigkeiten", in W. Habscheid, ed., *Das deutsche Zivilprozeßrecht und seine Ausstrahlung auf anderen Rechtordungen*, Bielefeld, 1991, pp. 300-332.

[③] See R. Sacco, *Introduzione al Diritto Comparato*, Torino, 1989, 3rd. ed., p. 57; P. Legrand, "Questions à Rodolfo Sacco", *Revue International de Droit Comparé*, vol. 48（1995）, p. 965.

[④] 事实上，对特定法制的任何研究都包含历史维度的考察。诸如达维德、梅里曼这样的大家，即在比较法的框架下展开历史分析：See R. David & C. Jauffret Spinosi, *Les Grand Systèmes de Droit Contemporain*, Paris, 1988; J. Merryman, *The Civil Law Tradition*, Standford, 1969。

[⑤] See R. Sacco, *Che Cos'é il Diritto Comparato*, Milano, 1992, p. 77. 就比较法与历史之间的关系，see B. Blugojevic, "The Comparative Method in the Study of Customary Law as an Historical Category", *Melanges de Droit Comparé en l'honneur du A. Mamström*, Stockholm, 1972, pp. 30-41; F. Maintland, "Selected Papers", cit. in Stein, "Legal History: the British Perspective", *Tidjachrift voor Rechtsgeschiedenes*, vol. 62, 1994, p. 76。

变化过程。应该注意到，没有纯粹、突兀的阶段，某个阶段的特征会延续到下个阶段，是以，法律传统是连续的而非断裂的。[①] 但在诸多不同因素作用下，尤其是对外国法律观念的继受，这个连续性伴随着法律体制的自然转型。每个阶段都包含了前面阶段的元素，同时吸纳了其他法律文化的因子。下面的讨论参考了两国法制公认的历史分期，当然，完全无意抹平两套法律体制演化的差异。正如其他比较法研究那样，下面的分期会利用两国各自法律文化都熟悉的一般概念。换言之，希腊法学家很熟悉希腊法律史的分期，以色列法学家当然通晓以色列法律史，但彼此并不了解对方的法律史。是以，两国文献都要提到。

（一）希腊法律史分期

希腊学说往往将悠久的希腊法律史分为五个阶段。[②]

1. 第一阶段，古希腊法（迄至公元前 146 年罗马征服）。[③] 从"技术"角度看，古希腊法尤其是古希腊私法对当今希腊法制并无直接影响。古希腊人更感兴趣的是政治制度而非法律科学[④]，关注伦理学、逻辑学与哲学，对法律不甚措意。古典希腊时代的法律思想从来没有发展成为科学。[⑤] 但我们不能无

---

① 就历史的连续性，see F. Wieacker, *A History of Private Law in Europe*（trans. T. Weir），Oxford, 1995, p. 25; R. Zimmermann, *Roman Law, Contemporary Law, European Law-The Civilian Tradition Today*, Oxford, 2001; A. M. Rabello & L. Sebba, "Continuity and Discontinuity of Law in Times of Social Revolution: The Case of Israel", in A. M. Rabello, ed., *Israeli Reports to the XIV International Congress of Comparative Law*, Jerusalem, 1994, pp. 1–16。

② See K. Assimahopoulou, "Comparative Law in the History of Greek Law", *Revue Hellenique de Droit Comparé*, vol. 38/39（1985–86）, p. 323; P. Zepos, *Greek Law*, Athens, 1949, p. 11.

③ 这个长时段可分为若干小阶段：早期，立法者时期（公元前 6 世纪—公元前 7 世纪），古典法时期（公元 5 世纪以后）。A. Yiannopoulos, "Historical Development", in K. Kerameus & Ph. Kozyris, eds., *Introduction to Greek Law*, Deventer, 1993, 2ed., pp. 1–12.

④ See K. Assimahopoulou, "Comparative Law in the History of Greek Law", *Revue Hellenique de Droit Comparé*, vol. 38/39（1985–86）, p. 325.

⑤ See P. Zepos, *Greek Law*, Athens, 1949, p.18.

视这个阶段对于西方法律文化成长的重要意义。古希腊法将基本概念留传给西方法律文化。① 比方说，赖以创立现代契约法哲学基础的那些原则，诸如公平、分配正义或者践行允诺，皆可溯源至亚里士多德的学说②，而在西方法律思维包括美国法律思维中，古希腊法的影响历历可见。③ 此外，古希腊有些法律制度，像永租权（emphyteusis）或者不动产抵押（antikresis），在今天诸多法制下还可看到。④ 古希腊法上有些不能和罗马法传统兼容的法律观念，今天或能拓宽比较法的路径。⑤

2. 希腊 – 罗马（Greco-Roman，或称希腊化罗马）时期，自罗马征服至优士丁尼皇帝（公元 533 年）。这个阶段的特征是罗马法输入希腊，某种程度上可以说古典法律传统中断。但这个过程是双向而非单向的，盖罗马法和罗马文化亦受到希腊影响。这个阶段的特征最后在《国法大全》上得到淋漓尽致的表现，而《国法大全》对于塑造西方法律文化的重要意义从来不会受到

---

① See P. Yessiou-Faltsi, *Civil Procedure in Hellas*, The Hague, 1995, p. 8.

② See J. Gordley, "Good Faith in Contract Law in the Medieval Ius Commune", in R. Zimmermann & S. Whittaker, eds., *Good Faith in European Contract Law*, Cambridge, 2000, p. 106; J. Gordley, "The Enforceability of Promises-Some Perennial Promises", in J. Gordley, ed., *The Enforceability of Promises in European Contract Law*, Cambridge, 2001, p. 5.

③ See A. Yiannopoulos, "The Hellenic Legal Tradition in the United States", *Revue Hellenique de Droit Comparé*, vol. 48（1995）, pp. 21–51.

④ 如路易斯安那：See Yiannopoulos, "The Hellenic Legal Tradition in the United States", *Revue Hellenique de Droit Comparé*, vol. 48（1995）, p. 35. 今天的希腊法制没有这两项制度：See N. Fragistas, "Contribution a'l'Etude de la Technique du Code Civil Grec", *Revue Hellenique de Droit Comparé*, vol. 4（1951）, p. 52。

⑤ 以契约法为例。对希腊来说，契约拘束力的基础在"侵权法"，而不像罗马法那样在"允诺"。今天可以看到，契约法和侵权法的边界似乎多少有些模糊。See H. Wolff, "La Structure de l'Obligation Contractuelle en Droit Grec", *Revue Historique de Droit Français et Étranger*, vol. 44（1966）, pp. 569–583; Comp. R. Hyland, "Pacta Sunt Servanda-una reflexión", in C. Petit, ed., *Del Ius Mercatorum al Derecho Mercantil*, Madrid, 1997, pp. 359–381.

质疑。[①]

3. 拜占庭时期（迄至 1453 年君士坦丁堡陷于奥斯曼帝国）。这段时期，法律和文化强烈希腊化，[②] 同时习惯法有很大发展。[③] 拜占庭法以罗马法为基础，并依拜占庭模式写成，主要表现为法律汇编，例如利奥三世的《法律汇编》（Ecloga），以及更为重要的《巴西尔法典》（Basilica），该法典是《国法大全》的改编并顺应时代有所更新。[④] 14 世纪，萨洛尼卡的法官康斯坦丁诺斯·哈门纳普罗士（Konstantinos Harmenopulos）以《巴西尔法典》为基础，编纂了《法律六书》（Hexabiblos）。[⑤]《法律六书》的编纂意图在于方便法官而不在于理论建树，故其质量堪虞，但在奥斯曼时代尤其是希腊独立之后，这部法律汇编却格外重要，盖希腊人所知晓的国法渊源，已别无其他了。[⑥] 自 1946 年《民法典》颁布，拜占庭法于希腊即不再施行，但其遗痕在诸如时效、嫁妆、家族信托等事宜上宛然可辨，保持了当代希腊法一定的历史连续性。[⑦]

---

① R. Zimmermann, "Roman Law and European Unity", in A. Hartkamp et al., eds., *Towards a European Civil Code*, Hague, 1998, 2ed., pp. 21–40; M. Glendon, M. Gordon & P. Carroza, *Comparative Legal Traditions in a Nutshell*, St. Paul, 1999, p.16. 若能看到《国法大全》在希腊文化氛围下编纂，处理的是希腊法律制度，即可知其不但为罗马法的遗产，亦是希腊留给今日的遗产。

② See P. Zepos, *Greek Law*, Athens, 1949, p. 25.

③ See J. Sontis, "Das griechische Zivilgesetzbuch im Rahmen der Privatrechtsgeschichte der Neuezeit", *Zeitschrift de Savigny Stiftung für Rechtsgeschichte–Romanische Abteilung*, vol. 78（1961）, p. 367.

④ See J. Haldon, *Byzantium in the Seventh Century*, Cambridge, 1990, rev. ed., p. 254; J. Sontis, "Das griechische Zivilgesetzbuch im Rahmen der Privatrechtsgeschichte der Neuezeit", *Zeitschrift de Savigny Stiftung für Rechtsgeschichte–Romanische Abteilung*, vol. 78（1961）, p. 365.

⑤ Konstantinou Armenopoulou, *Proxeiron Nomon e Exabiblos*, Athens, 1971（in Greek）.

⑥ See A. Watson, *Roman Law and Comparative Law*, Georgia, 1991, p. 86; A. Chloros, *Yugoslav Civil Law*, Oxford, 1970, p. 14.

⑦ See N. Emmanoulidis, "Byzantine Law in the Jurisprudence of Hellenic Courts", in Ch. Papasthasis, ed., *Byzantine Law–Proceedings of the International Symposium of Jurists*（Thessaloniki Dec. 1998）, Thessaloniki, 2001, pp. 97–107.

4. 奥斯曼统治时期或者"后拜占庭时期"。这个阶段,拜占庭法继续适用于希腊,是理解"法律连续性"的好例子。奥斯曼统治者给了希腊本地人法律自主权,允许希腊人使用拜占庭法。在土耳其人统治的四个世纪里(1453—1821 年),① 拜占庭法成为希腊人中间的"属人法"(Personal Law),由基督教地方当局或者主教适用。② 在这里可以看到拜占庭法和习惯法的连续性。③ 奥斯曼法的影响微弱,当然,在古老拜占庭法的某些方面仍可以找到奥斯曼法制的痕迹。④

5. 现代希腊法时期。其从 1821 年希腊独立开始,主要标志是摆脱奥斯曼法并创建独立法律体制。希腊在独立之后经历诸多变化,是以不能将这个阶段过度简化为单一色调。有两件里程碑式的大事,可以将这个阶段分期:一件是 1946 年颁布《民法典》;一件是 1981 年加入欧盟,不论是对法律适用,还是推动法律一体化,欧盟法都对希腊法产生了重要影响。

(二)以色列法律史分期

以色列的法律史分期与希腊的分期学说颇有关联。不过很显然,以色列法律史的历程要简短许多。犹太人固然历史悠久,可 19 世纪末犹太人定居巴勒斯坦以后,才谈得到以色列国。以色列在通常将法律史(私法部分)分为三

---

① 拜占庭陷落于 1453 年 5 月 29 日,拜占庭帝国的瓦解与衰落要早得多。

② See P. Zepos, *Greek Law*, Athens, 1949, p. 37; P. Agallopoulou & Ch. Deliyanni-Dimitrakou, "L' Utilisation du Droit Comparé par les Tribunaux Helleniques", *Revue Hellenique de Droit Comparé*, vol. 47 (1994), p. 49.

③ J. Sontis, "Das griechische Zivilgesetzbuch im Rahmen der Privatrechtsgeschichte der Neuezeit", *Zeitschrift de Savigny Stiftung für Rechtsgeschichte-Romanische Abteilung*, vol. 78 (1961), p. 371.

④ See S. Tzortzakaki-Tzaridou, "Traces of Byzantine Legal Institutions in Ottoman Law", in Ch. Papasthasis, ed., *Byzantine Law-Proceedings of the International Symposium of Jurists* (Thesaloniki Dec. 1998), Thessaloniki, 2001, pp. 79-87; D. Apostolopoulos, "Le Droit Byzantin dans le Cadre de L' Empire Ottoman", idem, pp. 71-78.

阶段。^①

1. 奥斯曼时期。这个时期到第一次世界大战。在奥斯曼帝国统治下，阿拉伯人（有穆斯林也有基督徒）和居住在巴勒斯坦的人口较少的犹太人，在诸如婚姻、遗嘱等身份事宜上享有法律自治，在民事生活的其他方面适用伊斯兰教法（Sha'aria），盖多数人口是穆斯林。现代化进程启动后，伊斯兰教法也走上法典编纂道路。1867年，伊斯兰教法在私法领域的"法典"《麦加拉》（Mejelle）颁行，^② 这部法典一定程度上参考了欧洲立法风格。^③《麦加拉》在英国委任统治期间，甚至在以色列立国之后都还在有效施行。

2. 从1917年开始的英国委任统治时期。这个时期引入了普通法系新的法律制度和制定法，奥斯曼法律传统断裂。虽说奥斯曼法并未被全部取缔，尤其是《麦加拉》仍继续施行，但旧法也都开始依普通法模式来解释，比方说契约法领域即接受了对价理论（直到1973年立法废弃对价要求）。

3. "国族法"（National Law）时期。以色列学界将1948年看作这个阶段的开始。前面针对希腊独立时期所发表的意见，亦得适用于以色列：正如委任统治时期的法律也包含了奥斯曼时期的诸多元素，国族法时期同样保存了委任统治时期的很多法律和制度。另外，这个时期同样可以分为数阶段，不能过度简单化地理解为铁板一块。20世纪60年代，以色列开始颁布新的本国法，取代奥斯曼法（《麦加拉》）。1980年《法律基本原则》（Foundations of Law Act）

① See e.g., Y. Shachar, "History and Sources of Israeli Law", in A. Shapira & K. DeWitt-Arar, eds., *Introduction to the Law of Israel*, Hague, 1995, p. 3; U. Procaccia, "Israelisches Recht", *Juristen Zeitung*, vol. 45 (1990), pp. 1037-1041; P. Lerner, "Legal History of Israel: Its Place in Law Studies", in A. M. Rabello, ed., *Israeli Reports to the XV International Congress of Comparative Law*, Jerusalem, 1999, p. 10.

② 但不涉及身份事宜（personal status）。

③ See D. Friedmann, "The Effect of Foreign Law on the Law of Israel: Remnants of the Ottoman Period", *Israel Law Review*, vol. 10 (1975), p. 196. 除《麦加拉》外，奥斯曼帝国受欧洲影响还颁布了《商法典》（1850）、《海事法》（1859），后在英国委任统治期间废弃。

的颁布具有重大意义，终于切断了与英国法的联系（参见下文"宗教法"部分）。以色列法官倒是继续援引英国判例，不过并非基于遵循先例原则（Stare Decisis），而是在比较法探讨的路径下为之（参见下文）。近些年以色列私法的发展状况，或以所谓私法"宪法化"来概括，即（在以色列这个并没有形式宪法的国家）以宪法原则来处理私法事务。① 在希腊也可以看到同样的动向。② 但在以色列，由于缺乏清晰的宪法性法律框架，③ 私法宪法化催生了一系列棘手的法律难题。④

三 外国法的影响与法典编纂进程

下面讨论法制演化进程当中的法典编纂阶段。特别要谈到法典编纂在界定两个法律体制的模式时起到的作用，以及如何利用外国模式来应对连续性与传统之间的紧张关系。

将以色列与希腊的法典化拿来比较似乎有些奇怪，盖希腊私法早有民法

---

① 以色列国会 1992 年颁布了两部基本法：《基本法：人格尊严与自由》（Basic Law: Human Dignity and Freedom）和《基本法：职业自由》（Basic Law: Freedom of Occupation）。这里的问题是，基本法只具有垂直效力（规制人民与政府间的关系），还是亦具有水平效力（规制私人间的事务）？以色列最高法院采纳了宽泛进路。越来越多的律师学会了在诉讼中援引"宪法价值"（例如人格尊严、财产权）。今天的以色列法官不同往昔，懂得依据这些价值来裁判案件。在极端案件中，认为法律抵触基本法原则的，甚至得宣布法律无效；更为一般的做法，至少依据基本法的原则来解释法律，或者利用这些原则来实现当事人间的利益平衡。

② See A. Georgiadou, "La Constitutionnalisation de l'Ordre Juridique", *Revue Hellenique de Droit Comparé*, vol. 51（1998），pp. 231–276.

③ 不同于欧洲，以色列缺乏坚实的宪政传统，盖以色列并未颁布宪法，而制定宪法的道路漫长多阻。故而，基于议会主权原则（Sovereignty of the Parliament），基本法的效力颇成问题。

④ 颇有声音主张设立宪法法院。想法是将最高法院的权力分割，区分上诉事宜与宪法事宜。这个欧洲法学家看来很自然的方案在以色列却遭到反对，其认为这个动议压制了最高法院的权力从而构成对以色列民主政治的挑战。

典为基础，以色列还没有形式上的民法典；但也不尽然，盖以色列的民法典编纂工作已启动，并稳步走向在财产法领域颁布民法典的目标。

（一）法典编纂的作用

这个话题目前在欧洲很时兴，[①] 讨论欧洲法的统一，相当程度上就是讨论欧洲法的法典化。[②]

考察希腊和以色列两国的法典化进程，首先注意到的就是制定民法典所花的时长。希腊早在 1835 年就决定制定民法典，到 1946 年《民法典》颁布，历时 111 年（甚至以 1821 年希腊革命为起点，那就更久了）。以色列的法典化事业始于 1962 年，在契约法的不同领域制定法律，[③] 到现在民法典项目还没有大功告成。在某些方面，以色列法的演进过程类似于希腊法在 19 世纪的经历；当时希腊陆续颁行了《抵押法》（1836 年）、《有关法律有效性、个体权利以及

[①] See e.g., A. Hartkamp, "Das neue niederländische Bürgerliche Gesetzbuch aus europäischer Sicht", *Rabels Zeitschrift*, vol. 57（1993）, pp. 664-684; M. Hesselink, "Il codice civile olandese del 1992: un esempio per un codice civile europeo?" in G. Alpa, E. Buccico, eds., *La Riforma dei Codici in Europa e il Progetto di Codice Civile Europeo*, Milano, 2002, pp. 71-82; Y. Lequette, *Quelques remarques à propos du projet de code civil européen de M. von Bar*, Dalloz, 2002, pp. 2202-2214; W. Van Gerven, "Codifying European Private Law? Yes, if…", *European Private Law*, vol. 27（2002）, p. 163; P. Legrand, "European Legal Systems are not Converging", Int. *Comp. Legal Quarterly*, vol. 45（1996）, p. 81; P. Legrand, "Against a European Civil Code", *Modern Law Review*, vol. 60（1997）, pp. 44-63; P. Legrand, "On the Unbearable Localness of the Law: Academic Fallacies and Unreasonable Observations", *European Review of Private Law*, vol. 10（2002）, pp. 61-76; G. Alpa, "The European Civil Code: 'E Pluribus Unum'", *Tulane European and Civil Law Forum*, vol. 14（1999）, pp. 1-14; M. Bonell, "Do We Need a Global Commercial Code?" *Uniform Law Review*, 2000, p. 480.

[②] W. Van Gerven, "Codifying European Private Law? Yes, if…", *European Private Law*, vol. 27（2002）, p. 163; G. Alpa, "The European Civil Code: 'E Pluribus Unum'", *Tulane European and Civil Law Forum*, vol. 14（1999）, pp. 1-14.

[③] See e.g., Guardianship Law（1962）, Agency Law（1965）, Gift Law（1968）, Sales Law（1968）, Land Law（1969）, Contract Law（Remedies for the Breach of Contract）（1970）, Contract Law（General Part）（1973）, Trust Law（1979）, etc.

出生、婚姻、死亡登记的法律》(1856 年)、《不动产登记法》(1856 年)以及《未成年人与监护法》(1861 年),^① 这些法律一直施行到 1946 年《民法典》颁布。这难免引人深思,为何如此执着于制定民法典?为何不任其(法律制度)自然发展?

法典化传统上和几个目标联系在一起。^② 民法典有助于构建国族法、世俗法、现代法。下面即考察这几点,看看这几点对于希腊、以色列的法律演化起到了怎样的作用。

1. 实现法律统一的工具

这个特征在 19 世纪的法典尤其是德国和法国民法典身上表现得格外显著。法国、德国、意大利都曾处于诸多法律体制并存的状态,民法典有助于各国实现法制统一。^③ 希腊也很类似。尤其在巴尔干战争后,希腊境内诸多法律体制并立,竟有好几部民法典:有法国风格的《爱奥尼亚民法典》(1841 年)、《萨摩斯民法典》(1899 年),还有德国风格的《克里特民法典》(1900 年)。^④ 是以,形势需要民法典排除多样性的地方法制,实现法律同质均一。

以色列不存在这种情况,没有地方政权并立的难题。此外,在今天的欧洲,法典化已不再是国族问题,制定欧洲民法典已经是"超越国家的"

---

① See S. Vrellis, "Influences Juridiques Étrangeres et Droit Comparé dans la Grèce du XIX siecle", in Inst. Suiss Droit Comparé, ed., *Permeabilité des Ordres Juridiques*, Zürich, 1992, p. 214.

② See J. Basedow, "Das BGB im künftigen europäischen Privatrecht: der hybride Kodex", *AcP*, vol. 200 (2000), p. 467.

③ 法律统一并非国家统一的必备条件。比如美国各州有不同法制。

④ See J. Sontis, "Das griechische Zivilgesetzbuch im Rahmen der Privatrechtsgeschichte der Neuezeit", *Zeitschrift de Savigny Stiftung für Rechtsgeschichte-Romanische Abteilung*, vol. 78 (1961), p. 362; P. Zepos, *Greek Law*, Athens, 1949, p. 32; P. Zepos, "Twenty Years of Civil Code Achievements and Objectives", *Revue Hellenique de Droit Comparé*, vol. 20 (1967), p. 21; P. Mamopoulos, "L'Etat Actuel de l'Unification du Droit en Grèce", *Revue Hellenique de Droit Comparé*, vol. 3 (1950), pp. 14-19.

（Transnational）问题。

2.法律世俗化的工具

过去，为斩断与宗教法的联系，法典化被视作有利工具，从而也是走向世俗化的重要步骤。比方说，法国的拿破仑民法典即适例。①

在希腊和以色列，宗教的地位格外显要，但民事立法与世俗化之间的紧密联络不能无视。在希腊，希腊正教与拜占庭法之间的关系清晰可见，② 奥斯曼统治时期，由牧师充任司法职位。③ 希腊独立之后，法律世俗化遂为大势所趋，甚至身份法与家族法概莫能外，④ 牧师亦不再介入司法。不过结婚离婚被看作完全的宗教事务，甚至在 1946 年《民法典》颁布后，希腊正教也维持着自己的管辖权。

犹太法的基础是律法书（Torah，妥拉）、《塔木德经》（Talmudic）以及拉比的解经作品，⑤ 在结婚离婚事务上，甚至在财产法以及继承等领域，这些宗教法在犹太人的历史上一直支配犹太人的生活。⑥ 但犹太法并不完全等同于以色列国族法。或许曾有期待，犹太人复国也能同时意味着犹太法转型成为新国家的实证法。但以色列终究成为世俗国家，立法权交在了民选国会而不是犹太传统手里。⑦ 这当然不等于说哈拉卡（Halacha，犹太教律法）对以色列法律全然失去影响，可影响着实有限。犹太法以两条途径在以色列法制中凸显

① 当然，法国社会的世俗化过程时间很长，直到 1905 年才基本完成。

② See S. Vrellis, "Influences Juridiques Étrangeres et Droit Comparé dans la Grèce du XIX siecle", in Inst. Suiss Droit Comparé, ed., *Permeabilité des Ordres Juridiques*, Zürich, 1992, p.197.

③ See M. Stathopoulos, *Contract Law in Hellas*, Hague, 1995, p. 21.

④ See G. Michaelidès-Nouaros, "L' Influence de Idées de la Revolution Française sur le Droit Pirvé Hellénique", in Centre de Recherches Néohelléniques, ed., *La Révolution Française el l' Hellénisme Moderne*, Athènes, 1989, p. 353.

⑤ See M. Elon, *Jewish Law*: *History*, *Sources*, *Principles*, vol. 1-4, Philadelphia, 1994.

⑥ 犹太法也受外国法影响，如希腊法和罗马法。甚至在大流散时期（Diaspora），依 "地主国之法即为法"（dinei de malkhuta dina）的格言，犹太法也吸收了外国法的元素。

⑦ 就立国之初采纳犹太法的讨论，参见下文。

其存在：^① 一是在结婚、离婚、抚养事务上援引犹太法，并将犹太法律原则吸收进立法；^② 二是利用犹太法术语。^③ 除了诸如身份等特定领域^④，民事法官不会依哈拉卡裁判。^⑤

《希腊民法典》维持了当时希腊社会家庭法的基本格局，从这个角度看，法典构造的制度仍是家长制的保守风貌。^⑥ 就结婚离婚事宜而言，希腊法严于以色列：希腊人纵使在境外结婚，亦必须遵守宗教仪式。^⑦ 直到 1983 年，方才引入新婚姻形式，允许以民事婚姻替代宗教婚姻。^⑧ 以色列到现在也还没有采纳希腊式承认民事婚姻替代地位的方案，但已经有了往这个方向努力的动作，可能终会使两国婚姻制度走得更近。^⑨

---

① 就以色列法制继受犹太法的情况，see I. Englard, *Religious Law in the Israeli Legal System*, Jerusalem, 1975, p. 53.

② 例如，临终或者面临死亡之际，得为口头遗嘱（1965 年《继承法》第 23 条）。

③ 例如，"代理人的地位如同本人"（shlujo shel adam c'moto）（《代理法》第 2 条）。See D. Friedmann, "The Effect of Foreign Law on the Law of Israel: Remnants of the Ottoman Period", *Israel Law Review*, vol. 10（1975）, p. 103; M. Elon, "Jewish Law: History, Sources", *Principles*, vol. 3, Philadelphia, 1994, p. 1592. 民法若包含了来自宗教法的术语，就生出法官是否应依宗教含义解释这些术语的问题，主导立场持否定态度。B. Lifshitz, "Israeli Law and Jewish Law—Interaction and Independence", *Israel Law Review*, vol. 24（1990）, p. 516.

④ 结婚离婚事宜由宗教法院专属管辖。但诸如抚养之类其他事宜亦得提交于民事法院。此时，虽应依宗教法裁判，但家事法院的法官是否应该适用宗教法或者是否遵从实际考虑，仍颇有疑问。

⑤ 以色列区分世俗法院法官（shofet）和犹太教法院法官（dayan）；穆斯林法院的法官则称 khadi。

⑥ See A. K. Georgiadi, *The Jubileum of the Civil Code*, Armenopoulos, 1996, p. 812（in Greek）.

⑦ 以色列认可于国外缔结的世俗婚姻为有效婚姻，故新人中若有异教徒或者不愿举行宗教婚，即赴塞浦路斯结婚，盖地理相近，且外国人缔结世俗婚甚为方便。

⑧ See M. Stathopoulos, "Secularization of Family Law in Greece", *Israel Law Review*, vol. 22（1988）, pp. 365-376; N. Papantoniou, "Grundzüge der Reform des griechischen Familienrechts", in H. Feuge, N. Papantoniou, eds., *Griechisches Recht im Wandel*, Darmstadt, 1987, pp. 7-19.

⑨ 随着社会转型，以宗教婚为唯一结婚形式已不合时宜，故以色列也在讨论引入世俗婚的可行性，或会对希腊的方案感兴趣。结婚的替代途径大概是解决难题的好办法。

3.实现国族法的抱负

过去，法典化赋予了相当的民族主义内涵。如众所知，希腊的法典化观念在独立之后兴起。[①] 在希腊人看来，废除奥斯曼法是与殖民体制的彻底决裂。国家独立激扬起国族法复兴的理念，[②] 法典化值此当口起到了象征作用。[③] 法典成为国族法的标志、法律独立的标志。正如其他国家，政治独立之后总是要通过重申国族法的地位来宣示法律独立。在 19 世纪，法典化的这个动力可谓醒目，但于今日已失其意义。今日谈论国族法已不那么重要，越来越多的立法者都受到日益壮大的跨国法的影响。法典化的价值已经从国族法的象征转向更为技术性的路径即提升法律的效率。[④]

新法典意图为新的法律秩序奠定基础，在这个意义上，法典化被看作与过去的决裂。在这个话题上，可以看到以色列和希腊对待奥斯曼法的不同态度。以色列对奥斯曼法的厌恶情绪不像希腊那么强烈；废弃奥斯曼法的必要性，更多在于理解和适用上的客观困难，而不是情绪激昂的国族法抱负。以色列对于英国委任统治或者奥斯曼帝国时期的殖民地法并没有那么"厌恶"，取缔旧法主要是出于实际考虑：以色列需要更为现代的法律，《麦加拉》不堪重任。

4.法典化与现代化

法典化或者说法典的全面改革是法制现代化的途径。[⑤] 法典，更具体地说是法典编纂过程，包含着分析、比较以及选择学说理论等工作。所有这些都

---

① 这是由殖民地而独立的国家共同的特点。

② See A. Papachristos, *La Réception des Droits Privés Étrangers comme Phénomène de Sociologie Juridique*, Paris, 1975, p. 15.

③ See J. Basedow, "Das BGB im künftigen europäischen Privatrecht: der hybride Kodex", *AcP*, vol. 200（2000）, p. 467.

④ 《荷兰民法典》即为适例。See W. Van Gerven, "Codifying European Private Law? Yes, if…", *European Private Law*, vol. 27（2002）, p.159.

⑤ See S. Herman, "The Fate and Future of Codification in America", in A. M. Rabello, ed., *Essays on European Law and Israel*, Jerusalem, 1996, p. 89.

有助于法律革新。希腊和以色列通过乞援于外国模式来实现民法现代化，两者被理解为同义。① 两国皆以欧洲模式法典取代奥斯曼法，这并不令人惊讶，盖奥斯曼法诚然与完美的法律典范相去甚远，遭取代的命运不可避免。②

像这样利用外国法来取代旧体制同时又不丧失民族认同的方式，非为希腊和以色列所独有，实乃诸多不同文化欲解决其传统与现代化之间冲突的通常路径。③ 现代化目标与国族法理念之间难免存在一定紧张关系，盖就性质而言，国族法总是与传统密切联系。④ 法律继受通常可分两类：或凭借权威的力量（Ratione Imperii），或依从理性的权威（Imperii Rationis）。在前者，占领国强制施行其法律，如英国人将其法律施行于殖民地。在后者，其认为外国法值得采纳故而继受。以色列和希腊都是后种继受的适例，从而将非属其法律环境组成内容的法律传统吸收入本国法制。

这里要讨论希腊对德国民法的继受。通过继受德国法，希腊找到了一条虽说多少有些操作困难但能实现理想的道路，将法制现代化的目标与传统及民族遗产很好地融合在一起。这里先要指出，"现代化"这个术语的意义在这里可以开放讨论。在本文的框架下，现代化伴随这样的认知，即外国模式相较陈旧的本国法提供了更好的解决方案。但不能将这样的认知理解为等同于对最终结

---

① 事实上，整个世界范围内，多数法典编纂或法典改革相当程度上都受外国法影响并由比较法研究促成。

② 在土耳其，第一次世界大战后立旧法制即被取代。

③ See A. Shalakany, "Sanhuri and the Historical Origins of Comparative Law in the Arab World", in A. Riles, ed., *Rethinking the Masters of Comparative Law*, Oxford, 2001, pp. 152–188.

④ 传统与外国模式的摩擦颇类似拉美国家所发生者，这些国家废弃了立足于罗马法的西班牙传统（如《巴蒂达斯》Partidas）而采纳法国式法典。对《阿根廷民法典》的作者萨斯菲尔德（Dalmacio Velez Sarsfield）采纳外国模式的批评当然可以理解，可 19 世纪的形势变化以及现代化的紧迫要求并没有给其他方案留下太多余地。See P. Lerner, "European Influences in Argentine Codification", in A M. Rabello, ed., *European Legal Traditions and Israel*, Jerusalem, 1994, pp. 221–249.

果是否真正"现代"的评价；盖此处要点在于，到底什么是现代，取决于分析视角与历史发展，会有不同答案。有些曾被看作现代的模式，随着时间推移而成为障碍。比方说，可以听到有学者主张，《希腊民法典》诞生的时候就已经老了。[①] 这当然可能是实情，因为《希腊民法典》的制定历程太过漫长，还因为用作模板的《德国民法典》本身就是老派的民法典，反映的是 19 世纪的民事法律成果。[②]

（二）德国法对希腊的影响

希腊法学家面临着法律独立过程通常伴随的两个选项：[③] 要么采纳某外国模式，要么借助外国法律科学以发扬本国法律传统。希腊法学家选择了后者。

希腊刚独立时，就如何营造独立后的生活即受到外国思想的影响。英国哲学家边沁对希腊制度的兴趣众所周知。边沁撰写了大量作品，阐述对下面这些问题的看法：宪法、法治以及边沁所理解的适于希腊的法律秩序的基础。[④] 虽然边沁的作品未涉及民法的技术事宜，但他支持法典化思路。在边沁看来，法典保障了法制讲求逻辑、清晰易懂、体系完整，从而给最大多数人带来最大化利益。[⑤] 这位功利主义哲学家影响了不少参加战争的人，并努力将英国的法律

---

① See A. K. Georgiadi, *The Jubileum of the Civil Code*, Armenopoulos, 1996, p. 817 (in Greek)

② R. Zimmermann, *Roman Law*, *Contemporary Law*, *European Law-The Civilian Tradition Today*, Oxford, 2001, p. 100.

③ 就希腊法继受外国模式，see J. Sontis, "Das griechische Zivilgesetzbuch im Rahmen der Privatrechtsgeschichte der Neuezeit", *Zeitschrift de Savigny Stiftung für Rechtsgeschichte-Romanische Abteilung*, vol. 78 (1961), p. 379。

④ See P h. Schofield, ed., *The Collected Works of Jeremy Bentham*: *Securities against Misrule and Other Constitutional Writings for Tripoli and Greece*, Oxford, 1990, p. 181; F. Rosen, *Bentham*, *Byron and Greece*, Oxford, 1992, p. 77.

⑤ J. Bentham, "De L' Organisation Judiciaire et de la Codification", 333 quoted in S. Herman, *The Fate and Future of Codification in America*, in A. M. Rabello, ed., *Essays on European Law and Israel*, Jerusalem, 1996, p. 94.

与治理思想应用于希腊，① 可是这些思想为希腊人旋即抛弃，盖对希腊人的心智来说太过陌生。"功利主义进路"并不适合罗马－拜占庭法造成的法律背景以及希腊的文化环境。

希腊未采纳边沁的思想可以理解，可没有遵循法国模式制定民法典可就颇令人困惑了。希腊独立后，看起来会走向依法国模式制定民法典的道路。依最早的两部宪法，1821 年埃皮达鲁斯宪法（Epidauro）和 1823 年艾斯特罗斯宪法（Astrod），在民法典制定前，"我们永远纪念的基督教皇帝（指拿破仑）"颁布的法律将是希腊法的主要法源。② 虽未明白提及《法国民法典》，③ 但当时说到法典化就意味着指称拿破仑民法典确是不言而喻的事实。是以 1827 年特洛曾宪法（Trézène）就明确补充说，民法典、刑法典、军事法典都将以法国立法为依据。④

1831 年，临时总统卡波第斯特里亚斯（Capodistria）遭暗杀身亡，这个事件亦得解读为对"操之过急的希腊现代化"的反应，⑤ 来自巴伐利亚的奥托王子被指定为希腊君主（King Otto），使得希腊法从此转向德国路径。随同奥托一世到来的，还有司法部长路德维希·冯·毛雷尔教授（Georg

---

① See P. Zepos, "Jeremy Bentham and the Greek Independence", *Proceedings of the British Academy*, vol. 62, London, 1976, pp. 293-305; K. Lipstein, "Bentham, Foreign Law and Foreign lawyers", in G. Keeton & G. Schwarzer, eds., *Jeremy Bentham and the Law*, London, 1941, p. 211.

② See A. Yiannopoulos, "Historical Development", in K. Kerameus & Ph. Kozyris, eds., *Introduction to Greek Law*, Deventer, 1993, 2ed, p. 9; A. Georgiadis, *Genikes Arches Astikoy Dikaioy*, Athens, 2002, 3ed., p. 84（in Greek）.

③ 商法领域以《商法典》（Code de Commerce）为现行法。

④ See S. Vrellis, "Influences Juridiques Étrangeres et Droit Comparé dans la Grèce du XIX siecle", in Inst. Suiss Droit Comparé, ed., *Permeabilité des Ordres Juridiques*, Zürich, 1992, p. 202; Deliyannis, "le Cinquantenaire du Code Civil", *Revue Hellénique de Droit Comparé*, vol. 49（1996）, p. 1.

⑤ See G. Kaminis, "Le Droit a L'epoque des Revolutions Sociales-Absence de Révolution Sociale et Projets de Modernisation au XIXe Siècle: le Cas Grec", *Revue Hellenique de Droit Comparé*, vol. 47（1994）, p. 19.

Ludwig von Maurer）。这位"从身体到灵魂"彻头彻尾的德国人 ①，乃是
历史法学派的热烈拥护者，在不长的任期里，成功将其立场灌输给了希腊
人。② 追随萨维尼关于民族法发展与法典编纂的理念 ③，毛雷尔坚信希腊社
会的特质与法国法并不相谐，延续现行法的发展更为可取。拜占庭法继续适
用，编纂法典的思路也没有被放弃并写进 1835 年宪法。④ 法国法对希腊民
法的影响渐告衰落，终为德国法所取代。德国民法逐渐成为希腊法学理论的
基石与灵感源泉。

当然不能忽视下面这个事实，即在希腊社会某些阶层看来，《法国民法典》
是对 19 世纪保守的希腊社会过度的"自由主义反应"（Liberal Reaction），是
以，偏向拜占庭法代表的"旧制度"可以理解。这个分析思路除了可能招致的
批评外，并不足以解释何以希腊最终会转向德国路径，依《德国民法典》模式

① J. Sontis, "Das griechische Zivilgesetzbuch im Rahmen der Privatrechtsgeschichte der Neuezeit", *Zeitschrift de Savigny Stiftung für Rechtsgeschichte-Romanische Abteilung*, vol. 78 (1961), p. 373; A. Pantéllis, "Les Influences Allemandes et Françaises sur l' Evolution Juridique en Grèce", in J. Jurt, G. Krumeich & Th. Würtenberger, eds., *Wandel von Recht und Rechtsbewußtsein in Frankreich und Deutschland*, Berlin, 1999, p.170.

② See J. Sontis, "Das griechische Zivilgesetzbuch im Rahmen der Privatrechtsgeschichte der Neuezeit", *Zeitschrift de Savigny Stiftung für Rechtsgeschichte-Romanische Abteilung*, vol. 78 (1961), p. 375.

③ 萨维尼关于国族法及法典编纂的理念、萨维尼与蒂堡的论争，众所周知。See e.g., R. C. van Caenegem, *An Historical Introduction to Private Law* (trans. by D. Johnston), Cambridge, 1988, p. 142; F. Wieacker, *Storia del Diritto Privato Moderno* (trans. by U. Santarello), vol. 2, Milano, 1980, p. 53; K. Zweigert & H. Kötz, *Introduction to Comparative Law* (trans. by T. Weir), 1998, 3ed., p. 138; R. Zimmermann, "Savigny's Legacy Legal History, Comparative Law and the Emergence of the European Legal System", *Law Quarterly Review*, vol. 112 (1996), pp. 576-605。这些理论交锋今天只具有历史意义，不过围绕欧洲民法典展开的讨论倒有几分相似之处。

④ "拜占庭皇帝的法律，也就是哈门诺普罗斯六卷书编入的那些，继续生效适用，直到民法典颁布；至于因长期持续适用或者因法院判例而生成的习惯法，仍将有效。" P. Zepos, *Greek Law*, Athens, 1949, p. 56. 德语官方文本，see J. Sontis, "Das griechische Zivilgesetzbuch im Rahmen der Privatrechtsgeschichte der Neuezeit", *Zeitschrift de Savigny Stiftung für Rechtsgeschichte-Romanische Abteilung*, vol. 78 (1961), p. 375。

制定了自己的民法典。要说德国的法学理论比《法国民法典》更接近希腊的民族精神，实难说服人。要追溯希腊继受德国理论并最终颁布德国式民法典背后的原因，不能往意识形态上考虑，而应深入理解扎根于当时文化土壤的社会环境。

在奥斯曼帝国统治 400 年后，希腊已很难见到拜占庭法。事实上，找得到的拜占庭法律文本就只有哈门诺普罗斯编纂的六卷法律汇编。可即便这六卷书也不是随处可得，最接近罗马 – 拜占庭法的就要数德国潘德克顿法学家评注的《学说汇纂》（*Digest*）。希腊法院将"拜占庭法"（依宪，法这就是希腊的实证法）解释为包括了从优士丁尼皇帝直到拜占庭帝国瓦解为止的所有汇编。这样就可以将《国法大全》当作实证法来用，而利用《国法大全》最方便的途径就是借由德国学说汇纂体系，① 从这里继受德国法学理论堪称捷径。从希腊学者的著述，② 以及对德国学说汇纂体系的研究，③ 都可以看到德国法影响之深，通往拜占庭法的旁路侧道，遂成为希腊民法新发展历程的出发点。正如萨维尼将德国法等同于罗马法（而非习惯法），萨维尼的理论以同样方式在希腊，在经过潘德克顿学派阐释过的《学说汇纂》那里，找到了颇有关联的路径。在 19 世纪，还有不少希腊人试图制定法国式民法典，④ 到了 1930 年成立法典起草委员会的时候，就径直采取了德国模式。《希腊民法典》于 1940 年编纂完成并生

---

① See P. Zepos, *Greek Law*, Athens, 1949, p. 57.

② 萨维尼的学生卡里嘎斯（P. Kalligas）和曾在慕尼黑大学读书的奥科诺米德斯（B. Oekonomidès）大概是最合乎这潮流的两位教授。

③ 温德沙伊德（Windscheid）的著述译为希腊文的就有三个版本。A. Pantéllis, "Les Influences Allemandes et Françaises sur l'Evolution Juridique en Grèce", in J. Jurt, G. Krumeich & Th. Würtenberger, eds., *Wandel von Recht und Rechtsbewußtsein in Frankreich und Deutschland*, Berlin, 1999, p. 171.

④ 例如 1870—1874 年的项目。Deliyannis, "le Cinquantenaire du Code Civil", *Revue Hellénique de Droit Comparé*, vol. 49（1996）, p. 4; S. Vrellis, "Influences Juridiques Étrangeres et Droit Comparé dans la Grèce du XIX siecle", in Inst. Suiss Droit Comparé, ed., *Permeabilité des Ordres Juridiques*, Zürich, 1992, p. 206.

效施行，第二次世界大战后遭取代，旋于 1946 年再获采纳。^① 而后，《希腊民法典》又经历了若干变革，最主要的有二点：一是家族法的世俗化；二是将法典翻译为现代通俗希腊语。^②

漫长的法典编纂历程固然造成了好多难题，却也给了充裕时间培育出"希腊的"（à la grec）民族文化。罗马－希腊法源（表现于六卷书与习惯法）与对德国学说汇纂体系的利用之间互动，难免给希腊法制带来一定混乱^③，却也提供了坚实基础，发展出"德国导向"的希腊本国法律传统，从而（至少在民法领域）完全粉碎了采纳法国模式的计划。^④

萨维尼的理论在希腊个案中得以具体实现：发展出自己的民族传统并在此基础上制定民法典；但法制发展的基础不限于自己的传统，同时还要利用比较法上的模式，从而创造出传统与法律趋同之间的综合体。《希腊民法典》的制定竟延宕了 111 年之久，内中原因当然不合乎萨维尼的理论，但这样的长时段也提供了相应框架，得在法律传统（借助《学说汇纂》而在古代法基础上发展起来的传统）和该传统的现代化之间实现综合。法典编纂伴随着法律文化的发展。是以，虽说希腊民法颇类德国模式，但最终采纳的

---

① See Deliyannis, "le Cinquantenaire du Code Civil", *Revue Hellénique de Droit Comparé*, vol. 49（1996），p. 5.

② See G. Rigos, "Fifty Years of the Greek Civil Code", *Elliniki Dikaiozyni*, vol. 38（1997），p. 11（in Greek）.

③ See Deliyannis, "le Cinquantenaire du Code Civil", *Revue Hellénique de Droit Comparé*, vol. 49（1996），p. 10. 有批评认为，希腊法制演化过程中对《学说汇纂》的利用使得其背离了自己的罗马－希腊传统，这样的批评可以理解。P. Zepos, "Twenty Years of Civil Code Achievements and Objectives", *Revue Hellenique de Droit Comparé*, vol. 20（1967），p. 22.

④ See A. Hatzis, "The Short-Lived Influence of the Napoleonic Civil Code in 19th Century Greece", *European Journal of Law and Economics*, vol. 14（2002），pp. 253-263; S. Vrellis, "Influences Juridiques Étrangeres et Droit Comparé dans la Grèce du XIX siecle", in Inst. Suiss Droit Comparé, ed., *Permeabilité des Ordres Juridiques*, Zürich, 1992, p. 201.

法典确是希腊法学壮大的成就。自《希腊民法典》颁布，希腊法学家就不会将之看作外国法。① 自此以后，德国法学是不是复兴拜占庭传统的最好方式，不过只是历史的诘问。希腊人利用德国模式为地道希腊传统的发展提供了基础，德国法的影响固有启发之功，但《希腊民法典》的成功在于将这影响本民族化。

我们不能忽视外国学者和希腊学者对《希腊民法典》的不同看法。在外国学者看来，《希腊民法典》就是直接借用德国法律传统，② 希腊学者却多少有些不情愿承认这样的联系。明确否认希腊和德国民法典的相似性，肯定只是孤立现象；③ 希腊学者并不会否认德国法的影响，很愿意强调《希腊民法典》的比较法基础。④ 希腊某位顶尖法学家就曾说，《希腊民法典》当然颇为认同《德国民法典》，但同样受到《瑞士民法典》影响。⑤ 其他学者更强调法国法

---

① See Deliyannis, "le Cinquantenaire du Code Civil", *Revue Hellénique de Droit Comparé*, vol. 49（1996），p. 8.

② See K. Zweigert & H. Kötz, *Introduction to Comparative Law*（trans. By T. Weir），1998, 3ed., p. 155.

③ 过去，有些希腊法学家表现了对德国法影响极为夸张的厌恶。有位学者1944年写道："随着《民法典》颁布，已经被条顿学说（Teutonic Punditry）的梅毒感染的吾国法制，更是看不到治愈之日了。"这番议论当然不能看作对《德国民法典》的公允评价，而是特定情势下的愤激之言（当时希腊刚从纳粹统治下解放），可以理解。See A. Hatzis, "The Short-Lived Influence of the Napoleonic Civil Code in 19th Century Greece", *European Journal of Law and Economics*, vol. 14（2002），p. 260.

④ See P. Zepos, *Greek Law*, Athens, 1949, p. 85; P. Zepos, "Twenty Years of Civil Code Achievements and Objectives", *Revue Hellenique de Droit Comparé*, vol. 20（1967），p. 18. 同样的现象亦可见于以色列：也丁教授不承认与德国法的联系，认为是真正的"民族"立法。

⑤ See P. Zepos, "Der Einfluß des schweizerischen Privatrechts auf das greichische Zivilgesetzbuch von 1946", *Schweizerische Juristen-Zeitung*, vol. 56（1960），pp. 358-361. 背离德国模式而取向瑞士方案，这个做法时或招致批评。例如，《希腊民法典》免责条款立场不连贯：买卖契约章的第518条和第538条就标的物瑕疵不许订立免责条款，而没有提及总则部分第332条中的"重大过失"。这个不连贯就源于《瑞士债法典》。See M. Stathopoulos, *Contract Law in Hellas*, Hague, 1995, p. 222.

的影响。① 诚然，德国法的影响主要在总则、② 债法。③ 在财产法领域当然也可以看到德国印记，④ 但还是法国法和瑞士法的观念更显著。⑤ 罗马－拜占庭法的遗产主要在继承法、⑥ 家庭法。⑦ 这些差异不能轻易放过，可以看到，在欧洲法律趋同化进程当中，民法总则和债法同样是相对简单的部分，盖这些领域技术性更强，并不牵扯传统、习惯（如财产法）或者情感、宗教事宜（如家庭法）。故而总则和债法更容易受外国法影响，并成为法律趋同化进程的核心部分。

最后稍微论及法律趋同化。《德国民法典》债法编在 2002 年进行重大改

---

① 例如《希腊民法典》第 272—276 条关于推定的条款。《国际私法》的规则也遵循法国传统，see N. Fragistas, "Contribution a'l'Etude de la Technique du Code Civil Grec", *Revue Hellenique de Droit Comparé*, vol. 4（1951），p. 59; S. Vrellis, "Grèce-Droit International Privé", *Le Circulation du Modele Juridique Français-Journées Henry Capitant*, vol. XLIV, Paris, 1993, pp. 409-417。

② See S. Symeonides, "The General Principles of the Civil Law", in K. Kerameus & Ph. Kozyris, eds., *Introduction to Greek Law*, Deventer, 1993, 2ed., pp. 53-74.

③ See A. Georgiadis, "Der Einfluß des deutschen BGB auf das griechische Zivilrecht", *AcP*, vol. 200（2000），p. 495.

④ 不难在两部民法典的财产法编发现诸多相似处。例如《德国民法典》第 973 条（拾得人取得所有权）和《希腊民法典》第 1088 条，《德国民法典》第 965 条（拾得人的通知义务）和《希腊民法典》第 1081 条。希腊立法者甚至逐字照搬《德国民法典》上某些奇特的条款，例如先占部分有关蜂群的规定，参见《德国民法典》第 961—964 条与《希腊民法典》第 1078—1080 条。《希腊民法典》中的其他方案不同于德国模式，例如第 966 条、第 532 条、第 1044 条 b 款。

⑤ 法国的影响，例如基于合意转让不动产（《希腊民法典》第 1033 条），see Zepos, *Greek Law*, Athens, 1949, p. 105. 瑞士的影响，See A. Yiannopoulos, "Property", in K. Kerameus & Ph. Kozyris, eds., *Introduction to Greek Law*, Deventer, 1993, 2ed., p. 121。

⑥ See A. Grammaticaki-Alexiou, "The Law of Succession", in K. Kerameus & Ph. Kozyris, eds., *Introduction to Greek Law*, Deventer, 1993, 2ed., pp. 161-174; Zepos, *Greek Law*, Athens, 1949, p. 110.

⑦ See A. Georgiadis, "Der Einfluß des deutschen BGB auf das griechische Zivilrecht", *AcP*, vol. 200（2000），p. 501; J. Sontis, "Das griechische Zivilgesetzbuch im Rahmen der Privatrechtsgeschichte der Neuezeit", *Zeitschrift de Savigny Stiftung für Rechtsgeschichte-Romanische Abteilung*, vol. 78（1961），p. 385.

革。① 有些《希腊民法典》已经采纳而未见之于旧版本《德国民法典》的制度，例如缔约过失、情事变更，新版本亦将之写入。德国民法这次改革吸收了欧洲法的发展成果，依欧盟指令修改了国内法。是以，谈到外国法的影响，法制比较不能忽视动态进路（Dynamic Approach），应该注意法律一体化的发展，在不同程度上缩短了各法律体制间的距离。

（三）以色列法的"民法化"

以色列民法之所以继受德国民法概念，背景当然不同于希腊。在以色列，欧洲法律概念是由那些从欧陆迁移至以色列的法学家输入的（下文将详细讨论此点），迥异于希腊的"吸收同化"（Absorbed）。

总体来讲，以色列的法律演化并未排斥萨维尼的观念以及德国法的影响。还在以色列立国之前，在关于如何适用犹太法的讨论中即可见到萨维尼的观念。当时就有这样的主张，立足于据称塔木德经和犹太律法的以色列民族精神（Volksgeist）建设自己的法律体制。② 有些以色列人试图将犹太法现代化，将之当作新生国家的法律来适用；③ 基本的思路是，既然希伯来语能起死回生，

---

① 就《德国民法典》改革，see J. Schmidt-Räutsch, *Das Neue Schuldrecht*, Köln, 2002, p. 7; S. Lorenz & Th. Riehm, *Lehrbuch zum Neuen Schuldrecht*, München, 2002; G. Cian, "Significato e Lineamenti della Riforma dello Schuldrecht Tedesco", *Rivista di Diritto Civile*, vol. 49（2003）, pp. 1–18; C. Canaris, "La Mancata Attuazione del Rapporto Obbligatorio: Profili Generali. Il Nuovo Diritto delle Leistungsstörungen", *Rivista di Diritto Civilek*, vol. 49（2003）, pp. 19–38; O. Lando, "Das neue Schuldrecht des Bürgerlichen Gesetzbuchs und die Grundregeln des europäischen Vertragrechts", *RabelsZ*, vol. 67（2003）, pp. 231–245; R. Zimmermann, *Breach of Contractual Remedies under the New German Law of Obligation*, Rome, 2002.

② See B. Aksin, "Codification in a New State", in B. Schwartz, ed., *The Code Napoleon and the Common Law World*, N. York, 1956, p. 319.

③ See A. Likhovsky, "Hebrew Law and the Zionist Ideology in the Mandatory Palestine", in M. Mautner, A. Sagui & R. Shamir, eds., *Multiculturalism in a Democratic and Jewish State*, Tel Aviv, 1998, pp. 633–659（in Hebrew）.

犹太法也定能重新焕发生机。① 可是以色列法学家对待犹太法的立场并不统一，将犹太法当作国族法的理想也终遭放弃。② 放弃的主要原因是担心宗教法主宰这个国家，而宗教界同样拒绝这个理想，反对世俗法庭适用宗教法。③

除了将犹太法当作以色列国的一般法律这个思路外（对于非犹太人口来说，这个思路就很成问题），类似于 19 世纪的希腊，以色列政府还有两个选项：要么大力发展现行法，要么依外国模式制定国族法。虽说有些以色列"法律拓荒者"（Legal Pioneers）精通犹太法，例如艾森施塔特博士（Shmuel Eisenstadt）和迪克施泰因教授（Flatiel Dikshtein），但那些在英国委任统治期间移居以色列并在大学、法院以及司法部担任职务的法学家，都是在欧洲接受法学教育，并无犹太法背景。④ 这些法学家带来的法律概念主要是在意大利和德国的大学习得，并将各自的法律背景输入新生的以色列法制。试举几例加以说明。

泰德斯基（Gad Tedeschi）本是意大利锡耶纳的教授，1938 年被迫离开意大利移居英国委任统治下的巴勒斯坦。⑤ 泰德斯基没有背离其大陆法系的研究

---

① See I. Englard, "Research on Jewish Law-Its Nature and Function", in B. Jackson, ed, *Modern Research in Jewish Law*, 1980, p. 27; F. Daikan, *The History of the Hebrew Justice of Peace*, T. Aviv, 1964, pp. 14-15（in Hebrew）. 但以语言设喻并不完全恰当，盖犹太法本质上是宗教法，而颁布犹太法的阻力并不来自俗世之人（laity），而是来自宗教领域和正统犹太教派（ultra-Orthodox）。

② 除完全拒绝的态度外，也有主张以犹太法为实证法的（主要基于宗教理由以及犹太复国主义）；还有替代方案，建议将犹太法当世俗法来发展。犹太法是宗教法，以世俗法来对待并不妥当，故最后的主张颇受反对。See A. M. Rabello, "Diritto Ebraico", in *Volume Aggiornamento IV della Enciclopedia Giuridica*, Roma, 1995, p. 13.

③ See H. Cohn, "The Law of The State of Israel and the Relevance of Legal Heritage", in E. Cuomo, ed., *Law in a Multicultural Society*, Jerusalem, 1989, p. 12.

④ See H. Cohn, *Supreme Court Judge-Dialogues with Michael Shashar*, Jerusalem, 1989, p. 140（Hebrew）.

⑤ See A. M. Rabello, "Professor Gad（Guido）Tedeschi: in Memoriam", in A. M. Rabello, ed., *European Legal Traditions and Israel*, Jerusalem, 1994, pp. 3-8; A. Likhovsly, "The Legal Education in Mandatory Palestine", *Iunei Mishpat*, vol. 25（2002）, p.316（in Hebrew）.

根底，除明显的意大利影响外，在其作品中还可以看到德国概念的印记。^① 自希伯来大学法学院成立，泰德斯基即全职教授，投身于私法尤其是债法的研究教学工作。泽尔特纳（Ze'ev Zeltner）早年在德国和法国学习法律，后为特拉维夫大学法学院教授、特拉维夫地方法院法官。柯林霍夫（Hans Klinghoffer）是汉斯·凯尔森的学生，当年凯尔森婉拒希伯来大学终身教职邀请，推荐柯林霍夫担任宪法学教授职位。国家理论与公法学权威阿克津（Benjamin Akzin）也是在德国受教育。^② 以色列首任司法部部长罗森（Pinhas Rozen）曾在德国从事律师工作，服膺德国法的博大精深。说到大陆法系的影响，尤其是德国法对以色列契约法制定的影响，怎么也绕不开乌里·也丁（Uri Yadin）。也丁生于德国，于以色列立国之后担任司法部立法委员会主任。还在德国时，也丁就已结识几位美国比较法学的奠基人，如莱因斯坦（M. Rheinstein）、沃尔夫（M. Wolff）和努斯鲍曼（A. Nussbaum）。^③ 也丁对以色列私法的"民法化"发挥了显著作用，^④ 尤其是在契约法和继承法领域；也丁为以色列财产法的法典编纂工作打好了基础，这个工作直到今天还在往前推进。^⑤

以色列的移民现象在德国法学家群体那里亦可见得到相比拟者（当然是在非常不同的文化和社会背景下），^⑥ 这些法学家迫于纳粹的压力而离开德国，

---

① 泰德斯基当然也懂得普通法之于以色列法制的重要意义。

② 阿克津逃离纳粹德国后，在法国和美国从事法学研究。

③ See I. Englard, "Uri Yadin-In Memoriam", *Israel Law Review*, vol. 20（1985），p. 442; M. Landau, "Uri Yadin-In Memoriam", in A. Barak, T. Spanic, eds., *In Memoriam Uri Yadin*, Jerusalem, 1990, pp. 11-14（in Hebrew）.

④ 就美国法的"民法化"（civilization），see P. Glenn, "The Civilization of the Common Law", in A. M. Rabello, ed., *Essays on European Law and Israel*, Jerusalem, 1996, pp. 65-87.

⑤ See Y. Schachar, "The Diary of Uri Yadin", *Tel Aviv Univ. Law Review*, vol. 16（1991），p. 556（in Hebrew）; P. Lerner, "Legal History of Israel: Its Place in Law Studies", in A. M. Rabello, ed., *Israeli Reports to the XV International Congress of Comparative Law*, Jerusalem, 1999, p. 38.

⑥ See M. Lutter, E. Stiefel & M.Hoeflich, eds., *Der Einfluß deutscher Emigranten auf die Rechtsenwiclung in den USA und in Deutschland*, Tübingen, 1993.

有力影响了美国比较法学的发展。[①] 比如拉贝尔（E. Rabel）、[②] 施莱辛格、[③] 莱因斯坦，还有几位并不局限于比较法学研究的，包括凯尔森、里森费尔德（S. Riesenfeld）、艾伦茨威格（A. Ehrenzweig）、凯斯勒（F. Kessler），[④] 都是美国比较法学毋庸置疑的奠基人。[⑤] 当然还有些学者同样出类拔萃只不过名声较小[⑥]；这些移民对美国法律思维的影响很有限，到底给美国大学留下了什么真正遗产也颇为可疑。事实上，欧洲大陆对美国法律发展的影响并不仅仅是移民的结果，还应归因于德国文化对美国私法的"传统"影响。[⑦]

就国族法的塑造来说，欧洲学者在以色列产生的影响显然远逾在美国的

[①] See V. Grosswald-Curran, Cultural Immersion, "Differences and Categories in Comparative Law", *American Journal of Comparative Law*, vol. 46（1998）, pp. 43-92.

[②] 拉贝尔是杰出的法学家，以比较法领域顶尖学者身份而卓然特出，逃离纳粹德国后，在密歇根大学谋得一份普通研究职位。

[③] See U. Mattei, "The Comparative Jurisprudence of Schlesinger and Sacco—A Study in Legal Influences", in A. Riles, ed., *Rethinking the Masters of Comparative Law*, Oxford, 2001, pp. 238-256.

[④] See C. Joerges, "History as non History: Points of Divergence and Time Lags Between Friedrich Kessler and German Jurisprudence", *American Journal of Comparative Law*, vol. 42（1994）, pp. 163-193.

[⑤] See P. Legrand, "John Henry Merryman and Comparative Legal Studies: a Dialogue", *American Journal of Comparative Law*, vol. 47（1999）, p. 6; J. Merryman, "The Loneliness of the Comparative Lawyer", in *The Loneliness of the Comparative Lawyer and other Essays*, The Hague, 1999, p. 7.

[⑥] See U. Mattei, "Why the Mind Changed: Intellectual Leadership in Western Law", *American Journal of Comparative Law*, vol. 42（1994）, p. 212. 诚然，不是所有移民都在美国法学院成功谋得教职，在以色列未能出头的欧洲法学家同样不少。

[⑦] 有些并非来自欧洲的美国法学家同样受到萨维尼影响，例如卢埃林（K. Llewellyn）。See S. Riesenfeld, "The Influence of German Legal Theory on American law: The Heritage of Savigny and his Disciples", *American Journal of Comparative Law*, vol. 37（1989）, p. 6. 卢埃林虽是美国人，但在欧洲研究授课，不管在知识层面还是情感层面，都和德国颇有关联。See P. Carrington, "Influences of Continental Law on American Legal Education and Legal Institutions", in Inst. of Comp. Law in Japan, ed., *Towards Comparative Law in the 21st. Century*, Tokio, 1998, p. 1050. 在 19 世纪美国有关法典化的争论中，萨维尼及其反法典化思路也是重要的参考点。关于纽约法典化项目的失利及萨维尼的影响，see M. Reinmann, "The Historical School against Codification and the Defeat of the New York Civil Code", *American Journal of Comparative Law*, vol. 37（1989）, pp. 95-119.

影响。这些"奠基人"在以色列的作用不限于法学教育，更及于立法活动。他们参与了契约法起草，推进了私法的"大陆化"（Continentalization），尤其显著的当是 1973 年《契约法（一般规则）》（参见下文），财产法和继承法亦颇受影响。① 那么以色列为何未成为大陆法系导向的法律体制，或者为何以色列法未受大陆法系更多影响？原因很多，得从希腊和以色列两国法律演化不同特质这个角度来考察。

以色列从奥斯曼帝国统治结束到独立建国，中间经历了普通法主导的英国委任统治时期。在这不太长的 30 年时间里，以色列继受了英国模式，运行到今天。希腊独立后，立即宣布废除土耳其法，复兴国族法；不同于希腊，以色列的法制改革是在较长时段里逐渐演进的。另外，以色列对欧陆法的继受局限于委任统治期间奥斯曼法仍在生效施行而未被废止的领域。而在英国法施行的领域，如公司法、侵权法和行政法，以色列法学家没有感受到改革的紧迫性，即便法律需要修订或者重新制定，也是依普通法的风格而为之。希腊是以整块方式受外国法影响（single block），径以大陆法系导向的法律传统为背景制定法典即可，以色列却是以不那么系统的方式同时采纳若干类似的大陆法系解决方案。

以色列保留了普通法，细节上有所增益，② 比如侵权法，即以"法典化"（Codification）途径明确继受普通法。③

---

① 继承法吸收了意大利和法国的规则，禁止临终赠与（Gift Mortis Causa）也是典型大陆法系立场，但认可遗嘱自由且没有必留份又使其接近普通法模式。

② 比如说，以色列《土地法》（1969）就回避了衡平权利。不过以色列最高法院倒是认可了以色列式的衡平权利。See *Civil App. 189/95 Bank Hotza'ar HaHa'ial v. Aharonov*, Sup. Court Reports 53（4）199（1999）.

③ 1947 年，普通法性质的侵权法以"法令"（Ordinance）形式实现"法典化"。决策者更倾向于全面的法令而不是援引英国法。I. Englard, "The Law of Torts in Israel: The Problems of Common Law in a Mixed Legal System", *Amer. Journal of Comp. Law*, vol. 22（1974）, p. 303; D. Friedmann, "Infusion of the Common Law into the Legal System of Israel", *Israel Law Review*, vol. 10（1975）, p. 342.

在以色列颁布自己的国家法后，有些英国式法律规则也从以色列法中消失。例如，英国法官将"对价"引入契约法，但 1973 年《契约法（一般规则）》并未采纳。[①] 大陆法系对以色列法的影响相对较小，还应归因于法学教育的方向。如同雅典大学对于希腊法制塑造起到的核心作用，希伯来大学在以色列立国早期亦有举足轻重的地位，尤其是当时以色列别无其他大学。但不同于希腊学者遵循德国路径并持续钻研德国法律文本，以色列的大陆法传统逐渐中断。如前面提到的，以色列法制的奠基人多在欧洲大陆接受法学教育，但从一开始，他们就不得不在自己的欧陆法背景与普通法导向的以色列法制之间保持平衡。而新生代学者与欧洲法律的联系渐告衰乏，在以色列已经很难谈到德国法学传统的连续性。[②] 有些学术著作以及以色列最高法院判决还是会援引德国文献，但多数学者不理解德国法，而美国法学对以色列学界的影响已将德国法及德国学说在以色列的存在压缩到最小。

四　对契约法的评论

德国法对以色列契约法有一定影响，故希腊与以色列两国契约法有颇多共性。但两国也都有一些无关德国法的特点，大概因为两国的法典编纂皆以比较法研究为基础。下面几个例子用以说明希腊以色列两国的相似点。

（1）首先，两国法制皆认可契约自由原则。这是举世奉行的原则，当然不能理解为只是德国法的遗产。[③] 在两国法制下，契约自由都不等于"彻底"自

---

① 这不合乎《权利法令》（Bill Ordinance）。

② 事实上，迁入以色列的移民在"大屠杀"后对德国的态度很矛盾，故并不情愿提及其德国渊源。

③ See G. Shalev, *The Law of Contract*, Jerusalem, 1995, 2ed., p. 34（in Hebrew）；M. Stathopoulos, *Contract Law in Hellas*, Hague, 1995, p. 39.

由。① 本文不打算涉及政府规制经济活动的干预程度（这样的工作超出本文主题），只讨论契约到底在多大程度上只是当事人自由意志的结果。在这里可以看到，两国法院皆倾向于利用法典写明的一般原则来勾勒契约自由的边界。尤其是"诚实信用"原则，给了法院干预当事人自由合意的法律工具。此外，在两国法制下，都可以看到有力的消费者保护制度，可以理解为是为了保护"弱势当事人"（Weak Side）而对契约自由的控制。对标准契约的规制即此类规范的适例。② 类似规制得见于众多国家，殊少差异，在这个主题上希腊、以色列两国与欧洲法的趋势保持一致。③

（2）如同《德国民法典》，《希腊民法典》于总则部分就法律行为（Rechtsgeschäft）设有专门规则。④ 以色列立法者在整个私法领域都没有起草总则，故而以色列法没有法律行为的专章，但这个概念出现在多部法律中⑤，尤其是 1973 年《契约法（一般规则）》，依该法，这些契约法规则亦得适用于其他法律行为。这样，以色列立法者得到了类似希腊法的方案。

（3）德国法对希腊法的影响可见于对待"原因"（Causa）的态度，这在法国法上是契约生效要件，希腊则以德国模式将之弃置。以色列立法者不仅舍弃了"原因"，还背离普通法模式而废除了"对价"。⑥ 关于这些要件的价值和必要

---

① 《希腊民法典》即因其过于自由、缺乏社会考虑而遭批评。See A. K. Georgiadi, *The Jubileum of the Civil Code*, Armenopoulos, 1996, p. 813（in Greek）.

② 希腊 1991 年颁布了消费者保护的专门法律，包含了对标准契约的规制，并受欧盟关于消费者契约不公平条款的第 93 /13 号指令约束。See M. Stathopoulos, *Contract Law in Hellas*, Hague, 1995, p. 43. 以色列于 1982 年制定《标准契约法》。

③ 就德国法而言，标准契约由《一般交易条款法》规制，2002 年债法改革后纳入《民法典》。

④ 参见《希腊民法典》第 127 条以下；M. Stathopoulos, *Contract Law in Hellas*, Hague, 1995, p. 30。

⑤ 例如《代理法》（1968）、《监护法》（1962）。

⑥ 这是《国际商事合同通则》采纳的方案。See A. M. Rabello, P. Lerner, "The UNIDROIT Principles of International Commercial Contracts and Israeli Contract Law", *Uniform Law Review*, vol. 8（2003）, p. 614.

性，以及这些要件如何解释，那众所周知的纷纭争议从此再不怕纠缠了。① 此外，以色列契约法全无形式主义风貌，原则上只要求当事人合意，契约即可生效。② 《希腊民法典》立场一致，只有法律明确要求的，才需要特别的形式要件。③ 不过希腊法对法律行为生效在形式上的要求多过以色列法。④

（4）前面提到，两国学说都强调法的原则。希腊民法的发展基础正是诸如"诚实信用"或者"权利不得滥用"这样的原则。⑤ 以色列法上同样有好多这样的原则。⑥ 将法律原则写进法律，不仅拓宽了司法裁量的空间，从而给了法律体制更多"灵活性"，⑦ 也方便了利用比较法来解释法律规则。法律原则帮助找到了不同法律体制的公分母，甚至在一定程度上将普通法和民法的进路差异减到最小。在法律趋同化的时代，此点的重要意义不能低估。诚然，即便基

---

① See A. M. Rabello, "Israele: Senza Causa e Senza Consideration", in L. Vacca (a cura di), *Causa e contratto nella prospettiva storico-comparitistica*, Torino, 1998, p.407.

② 仅在赠与允诺或者不动产转让情形，要求采书面形式。

③ 《希腊民法典》第 158 条。See M. Stathopoulos, *Contract Law in Hellas*, Hague, 1995, p. 77; S. Symeonides, "The General Principles of the Civil Law", in K. Kerameus & Ph. Kozyris, eds., *Introduction to Greek Law*, Deventer, 1993, 2ed., p. 66.

④ 例如，在希腊法上，有效赠与以契据经公证为要件（《希腊民法典》第 498 条），而在以色列法上，赠与允诺只要求采取书面形式即有拘束力（《赠与法》第 5 条）。依希腊法，未采取书面形式的，保证无效（《希腊民法典》第 849 条），以色列法上没有这样的一般规则，但银行贷款保证有形式要求。在希腊法上，契约涉及不动产物权的，应经公证（《希腊民法典》第 369 条），而依以色列法，移转不动产权利的允诺具备书面形式即有执行力（《土地法》第 8 条）。《希腊民法典》第 164 条规定，法律对交易完成的形式要求亦适用于任何变更（amendments）。以色列契约法上则无此类条款。

⑤ 《希腊民法典》第 178 条、第 179 条、第 200 条、第 281 条、第 288 条、第 388 条等。See K. Kerameus, "The Greek Law of Contract in a European Perspective", in *Aphieroma ston Andrea Gasi*, Athens, 1994, pp. 251-290; K. Papadiamentis, "Le Style de la Loi", *Revue Hellenique de Droit Comparé*, vol. 47 (1994), p. 27; K. Christakakou-Fotiadi, "Einfluss des Europäischen Rechts auf das Griechische Zivilrecht", *Revue Hellenique de Droit Comparé*, vol. 53 (2000), p. 280.

⑥ See M. Mautner, "Standards in the New Civil Legislation", *Mishpatim*, vol. 17 (1987), pp. 321-352 (in Hebrew).

⑦ See A. Giorgiadis, "The Contribution of the Civil Code to the Renewal of the Law", *Kritiki Epitheorisi*, vol. 1 (1996), p. 131 (in Greek).

于若干法律原则颁布统一的法律，只要由各国法院来解释法律，仍然无法保证法律的真正统一，但至少为不同法制的趋同提供了宽厚基础，同时方便了不同国家法学家对话。

（5）特别要谈到诚实信用原则。① 希腊立法者将这条原则写入民法典，不仅就债务履行，包括缔约磋商阶段，都有诚实信用的要求（《希腊民法典》第 197 条）。类似方案亦可见于以色列 1973 年《契约法（一般规则）》第 12 条、第 39 条。② 众所周知，耶林提出的先契约责任当年没有写进《德国民法典》，③ 但判例法予以认可。只是最近通过德国债法改革，缔约过失责任方才纳入民法典（参见《德国民法典》第 311 条）。

随着法律趋同化的推进，诚实信用原则愈发重要，盖其为控制司法裁量权的有用工具，而且从这个角度看，构成了沟通普通法与大陆法的桥梁。④ 就缔约磋商事宜而言，以色列法的立场迅速从买者自慎（Caveat Emptor）转向诚实信用。⑤ 以色列法接受了诚实信用之为公认法律原则的解释。⑥ 两国的学术界与司法界都曾讨论过是从主观还是客观角度来理解诚实信用的问题。以色列最高法院

---

① 就诚实信用原则之于司法自由裁量的作用，see M. Hesselink, "Good Faith", in A. Hartkamp et al., eds., *Towards a European Civil Code*, Hague, 1998, 2ed., pp 285-310。

② 此前见于 1968 年《买卖法》（Sales Law）。

③ R. Von J. hering, "Culpa in Contrahendo", *Jahrbucher fur die Dogmatik*, Jena, vol. 4（1861）, p. 16.

④ See the articles in L. Garofalo Ed., *Il Ruolo della Buona Fede Oggetiva nell' Esperienza Giuridica Storica e Contemporanea*, Milano, 2003, vol. 1-4.

⑤ See A. M. Rabello, "The theory concerning Culpa in Contrahendo（Pre-contractual Liability）: From Roman Law to Modern German Legal System. A Hundred Years after the Death of Jhering", in A. M. Rabello ed., *European Legal Traditions and Israel*, Jerusalem, 1994, p. 69.

⑥ See A. M. Rabello, "Culpa in Contrahendo and Good Faith in the Formation of Contract: Pre-contractual Liability in Israeli Law", in A. M. Rabello, ed., *Essays on European Law and Israel*, Jerusalem, 1996, p. 245; G. Shalev, "The Pre-contractual Process under Israeli Law", in C. Wasserstein Fassberg, ed, *Israeli Reports to the XIII International Congress of Comparative Law*, Jerusalem, 1990, p.15.

后来发布判决遵从客观标准，^①使得以色列法与欧洲大陆更为接近。希腊法同样沿着客观诚实信用原则的脉络发展。^②

诚实信用概念又涵盖极广，将其他法制下明确认可的制度也都囊括进来。比如，以色列契约法就没有权利滥用概念。^③《希腊民法典》却明确承认权利不得滥用原则。^④要问以色列法是否方便采纳权利不得滥用原则，答案是否定的，盖诚实信用原则太过宽泛（已将权利不得滥用原则吞没）。

（6）就违约事宜而言，以色列法和希腊法都明确认可预期违约制度。^⑤若是与德国法比较，希腊方案更为简洁，盖其区分给付不能与给付迟延。事实上这个区分亦可见于以色列法。以色列法区分根本违约与非根本违约，非根本违约概念尚未为《希腊民法典》所接受。不过希腊学说认为，应考察违约的具体程度。^⑥另外，希腊法对主债务、附随债务（Collateral Obligations）的区分与根本违约、非根本违约的区分有一定关联。^⑦

（7）希腊法和以色列法都是以单方通知来解除契约，这是德国模式而不是法国模式。但和德国进路也有分歧，盖希腊法上的契约解除有溯及效力；希腊法走了德国法和拉丁法系的中间道路，给了解除契约的受损害一方当事人以权

---

① See A. Barak, *Judicial Discretion*, Tel Aviv, 1987, p. 465（in Hebrew）.
② See M. Stathopoulos, *Contract Law in Hellas*, Hague, 1995, p. 59.
③ 在以色列法上仅见于土地法。See J. Weisman, "Abuse of Right", *Mishpatim*, vol. 27（1996）, p. 71, 86（Hebrew）：该文探讨 1969 年《土地法》第 14 条（禁止权利滥用），作者指出，诚实信用原则在以色列法制下适用领域极为宽泛，使得权利不得滥用原则成为冗余。就魁北克、意大利、土耳其、瑞士、路易斯安那诸法域下权利不得滥用原则的地位，see A.M. Rabello, ed., *Aequitas and Equity: Equity in Civil Law and Mixed Jurisdiction*, Jerusalem, 1997, p. 583。
④ See S. Symeonides, "The General Principles of the Civil Law", in K. Kerameus & Ph. Kozyris, eds., *Introduction to Greek Law*, Deventer, 1993, 2ed., p. 60.
⑤ 比较《希腊民法典》第 377 条与《德国民法典》第 321 条。
⑥ See K. Kerameus, "The Greek Law of Contract in a European Perspective", in *Aphieroma ston Andrea Gasi*, Athens, 1994, pp. 271—272.
⑦ 《希腊民法典》第 382—383 条。K. Kerameus, "The Greek Law of Contract in a European Perspective", in *Aphieroma ston Andrea Gasi*, Athens, 1994, p. 279.

利，就其因不履行所受损害得寻求公允赔偿。①

（8）以色列法没有情事变更的专门条款，契约缔结的经济环境发生急剧动荡的，适用诚实信用原则来解决。《希腊民法典》就情事变更载有明文②，《德国民法典》最初回避了这个问题，最近债法改革方才将此规则纳入法典（《德国民法典》第 313 条）。

（9）值得注意的是，在《希腊民法典》背离德国风格的地方，在以色列法上往往可以看到类似的方案。比如，《希腊民法典》以语言明晰为特色，③　远不如《德国民法典》那般抽象。④　以色列法亦然，（尤其是契约法）并非决疑风格（Casuistic Nature）；事实上以色列法较欧陆国家那些法典，篇幅要简短得多。⑤

五　"比较法传统"的发展

本文试图勾勒出主要经由继受外国模式而构建本国法律传统的大体脉络，而且本文涉及的继受并非立足于本国当下法制或者与当下法制紧密挂钩的继

---

① See K. Kerameus, "The Greek Law of Contract in a European Perspective", in *Aphieroma ston Andrea Gasi*, Athens, 1994; p. 283. See also M. Stathopoulos, *Contract Law in Hellas*, Hague, 1995, p. 196.

② 不过是以诚实信用为基础，参见《希腊民法典》第 388 条。See A. K. Georgiadi, *The Jubileum of the Civil Code*, Armenopoulos, 1996, p. 815（in Greek）.

③ See P. Agallopoulou & Ch. Deliyanni-Dimitrakou, "L' Utilisation du Droit Comparé par les Tribunaux Helleniques", *Revue Hellenique de Droit Comparé*, vol. 47（1994）, p. 79; P. Zepos, "Twenty Years of Civil Code Achievements and Objectives", *Revue Hellenique de Droit Comparé*, vol. 20（1967）, p. 17.

④ 多少有些接近瑞士法典的风格，只是并没有那么简洁通俗。See K. Zweigert & H. Kötz, *Introduction to Comparative Law*（trans. By T. Weir）, 1998, 3ed., p. 156.

⑤ 比如 1968 年《赠与法》，即遭谑称为立法者"电报"。See G. Tedeschi, "About the Gift Law", *Mishpatim*, vol. 1（1969）, p. 639（Hebrew）; A. M. Rabello, "Gift Law, 5728-1968", *Commentary on Laws Relating to Contracts*, founded by G. Tedeschi, Jerusalem, 1996, 2ed（in Hebrew）. 这未必是件好事，盖以色列缺乏普通法的司法文化背景，这就意味着当时的法律共同体在理解和解释法律规范方面没有统一的基础。

受。希腊对德国民法的移植是宏观的，而以色列的移植则表现在微观上。另外，希腊移植德国法不限于特定规则或者章节，而是将德国法学理论一并搬迁过来。以色列却是将德国法移植入受普通法模式影响的法律文化，故而并没有发育出德国风格的法律传统。

先要明确，希腊和以色列两国都是由于本国法制受外国法影响的方式而利用比较法。我们可能会发问，这样的比较法传统到底在多大程度上影响了两国法制的演化？对此，立法者和法官与外国法上的互动方式不同。立法者以工具理性的态度利用比较法，立法者会参考比较法，并可能将之当作制定或者修改本国法的基础。立法者始于外国法，望向本国法。而对法官的工作来说，首要的就是立足于本国法，至于对比较法资源的利用只能当作本国法的应变量（Function）。比较法的重要性，不能只是依据继受了多少外国规则来判断。故应将注意力转向判例法和学说。

关于比较法在希腊、以色列两国判例法中的位置，德罗布尼希（Drobnig）和范厄普（Van Erp）编辑的文集中有论文专门分析，① 这里只略加评论。外国法当然不是填补"漏洞"的法律渊源。依《希腊民法典》，司法裁判的法律渊源，② 只能是法律和习惯。③ 依以色列1980年《法律基本原则》，就应予裁决之法律问题，法院于制定法、判例法中找不到依据或者不能依类推得出结论者，得依以色列传统所保有之自由、正义、公平以及和平原则而为裁判，④ 并

① 希腊的报告由 P. Agallopoulou & Ch. Delyianni-Dimitrakou 撰写；以色列的报告作者是 R. Sanilevici。
② 不同于其他欧陆体制，《希腊民法典》未写明法的一般原则。
③ 在以色列，《麦加拉》还生效的时期，承认习惯法的渊源地位。法律虽未明确写及习惯，但并不意味着排除习惯。习惯通过判例法发挥作用，尤其是以色列法制中大量法律原则为此提供了方便。
④ 有人预言，如此宽泛的表述或会改变犹太法在判例法中的地位，事实表明未免过于远虑。See S. Deutsch, "Jewish Law in Israeli Courts", *Bar Ilan Law Studies*, vol. 6（1989），p. 16（in Hebrew）。

未提及外国法。外国法可能为法官提供灵感，当然这不等于比较法。

以色列最高法院成立早期颇受德国法律思维模式的影响。那些拥有德国背景的法官格外倾向于利用德国法学资源；近些年，以色列法官坐满了最高法院，引用德国文献反而更多，公法与宪法领域尤其如此。① 虽说如此，以色列法院一般仍遵循英美法风格，故更接近英美国家法官，而不是欧洲法官。

法院利用比较法路径，会注意那些接近本国法律背景的资源。希腊法官更多受欧洲大陆法国和德国学说的影响，以色列法官更倾向于利用普通法资源。就对比较法的利用而言，希腊最高法院除了自己的先例，不会援引任何资源。② 希腊最高法院不会使用外部资源，当然也不会援引外国文献。地方法院倒是可以使用外部资源，故有可能援引外国文献。从比较法的角度看，希腊法院判决风格更接近欧陆，以色列法院判决则遵循普通法模式。

从以色列最高法院判决援引的资料可见，即便在契约法领域，法院也遵循普通法传统。以色列法院尤其是最高法院的判决，说理甚为充分，大量引经据典，包括援引众多外国资源。援引比较法资源在相当程度上是为了夯牢判决的学理基础，而不是为了决定本身。③ 不同于其希腊同侪，以色列法官往往会关注外国方案，当然，刚才说了，对外国资源的利用并不真正具有比较法用途。最高法院在不少判决中都会提供比较法的背景，但这些比较法工作只是为了为决定提供学理支持，并非学术性质的比较法分析；这当然可以理解，盖法官无

---

① See E. Salzberg & F. Oz-Salzberg, "The German Tradition of the Israeli Supreme Court", *Tel Aviv Univ. Law Review*, vol. 21（1998）, p. 276（Hebrew）.

② See P. Agallopoulou & Ch. Deliyanni-Dimitrakou, "L' Utilisation du Droit Comparé par les Tribunaux Helleniques", *Revue Hellenique de Droit Comparé*, vol. 47（1994）, p. 81.

③ 法院利用比较法的方式也不能免于批评, P. Agallopoulou & Ch. Deliyanni-Dimitrakou, "L' Utilisation du Droit Comparé par les Tribunaux Helleniques", *Revue Hellenique de Droit Comparé*, vol. 47（1994）, p. 54. 这些批评亦适用于其他国家。若干报告, see U. Drobnig & S. van Erp eds., *The Use of Comparative Law by Courts*, The Hague, 1999.

意成为理论家。[①]

诚然，构建比较法路径的工作非属法官或者立法者职责，而是学者的任务。但希腊和以色列的例子都表明，在朝向私法趋同化而发展新的法律文化的过程中，法学教育至关重要。不过可以看到两国的差别：《希腊民法典》从德国法那里汲取了灵感，希腊德国学界联络密切，这些都使得希腊的法学教育与法律学说体系俨然，这在以色列法上相对缺乏。如前所述，希腊法学围绕学说汇纂体系研究而成长起来，以色列学界则断绝了与德国及欧陆法律传统的联系。事实上，德国法的影响并没有减弱以色列法学教育对普通法的偏爱，故而，以色列法律的混合特征远不是若干法律传统的平均融合。[②]

将来以色列民法典的颁布是否会改变目前的局面？以色列设立了"民法典编纂委员会"，由法学教授、最高法院法官以及来自司法部的高级文官组成，以最高法院阿哈隆·巴拉克（Aharon Barak）院长领衔，已经完成了民法典草案第一稿。委员会立场明确，不改变任何现行法，而是将现行法编入成体系的法典中。这个项目的目标是促进法律稳定，充分利用围绕现行法律条款生长起来的法律文献和判例法。有理由认为，将来的以色列民法典至少在相当程度上还会延续当下的法律风格。[③]

委员会认为折中主义更适合国家的迫切情况，故不愿继受外国法典，哪怕部分地继受也不愿意；是以，委员会的成果必定是"比较法"的成果。但在本

---

① 不过以色列最高法院确实有好几位法官是法学教授。

② "以色列法正如以色列社会一样充满矛盾。古老与现代，本土与外来，部族与普世，错杂陈列。既类普通法亦似民法，根本上又异于两者。以色列法自认为抽象，却没有真正的法典。推崇法官，却又希望法官阐发学理。赞美判例，却又允许最高法院不断变化的三法官特别法庭（ever-changing three-judge ad hoc panels）创造先例。以希伯来语向不能读英语的学生讲授复杂的德国式法律概念。生机勃发，勇往直前，坚执独立又混乱不清，这些就是以色列法的特点。"（Y. Shachar, "History and Sources of Israeli Law", in A. Shapira & K. DeWitt-Arar, eds., *Introduction to the Law of Israel*, Hague, 1995, p. 1）

③ See M. Deutch, "The Structure of the New Israeli Civil Code Proposal", *Mishpatim*, vol. 29（1998）, pp. 587-621（in Hebrew）.

文看来，以色列法制以及以色列的法律概念体系都不太可能发生急剧变革。以色列的法律风格，尤其是私法领域，仍将为多种趋势和观念的混合体，而大陆法系的概念仍将被吸入以色列的普通法体系。混合法域的头衔仍然适合以色列。不过，民法典若是颁布，就有了更好的比较框架，倒是可能激发以色列法学家对大陆法体系的兴趣。

结　论

行文至此，聊表数语，既可理解为结论，亦可看作将来深入讨论的基础。

（1）以色列和希腊的例子表明，在比较法进路的框架下继受外国模式更为容易。若是接受输出型法制和输入型法制的区分（或有争议），那么比较法研究当可缩短两者间的距离。在希腊和以色列，学者确实起到了核心作用，在比较法研究的基础上构建法律理论。相当程度上，欧洲法律也在从事此类工作，欧洲法的一体化即学者努力的结果。①

（2）在希腊和以色列，现代化和传统之间的紧张关系都是以取向现代化的思路来解决。面对法律现代化的必要性，两国皆乞援于外国模式（纵然这外国模式也未必百分百现代）。借助比较法，旧传统遂为继受的外国模式所取代。国族法的创造遂得界定为对外国法律传统的继受，这个继受工作强化了国族法与比较法的关系。

（3）新欧洲法的发展使得比较法工作对于欧洲法律大厦的建设至关重要。从法律趋同的角度看，以色列和希腊的经验极富意义。两国法制皆继受了外国法律思想并将之吸收进本国法制。不过比较法不等于对外国法的研究，②

---

① See K., "Christakakou-Fotiadi, Einfluss des Europäischen Rechts auf das Griechische Zivilrecht", *Revue Hellenique de Droit Comparé*, vol. 53（2000）, p. 289.

② 萨科教授表达过这个立场。关于萨科对比较法的态度，see P. Legrand, "Questions à Rodolfo Sacco", *Revue International de Droit Comparé*, 1995, p. 965。

某国法制吸收了外国传统的法律思想这个事实本身也并不能确保比较法路径的发展。如克莱默斯教授（Kerameus）警告的，应避免将外国资源纯粹用于"美容"。

（4）将两国模式相比较可以看到，法制发展的过程得以连续和断裂来理解。只有对各法制的演化历程、各法制的渗透性（Permeability）以及本国法制吸收外国思想和制度的方式给予恰当注意，只有对不同法律传统间的关系给予充分理解，才能提升比较法学这个理解法律现象的灵活工具的重要地位。从希腊和以色列的经验中若是能学到些什么，那就是继受外国法律传统与伴随继受过程的法学教育，两者有着紧密联系。若是学理的发展盖过了传统，继受会更为成功，而比较法进路也能有助于民族传统的成长。

（5）若是追求法律趋同（连带着关于欧洲民法典的讨论），发展立足于比较法的法律文化就格外重要。法律趋同的过程以及不同法律体制间的相互影响，应以整个世界范围内法学家的对话为基础。只有相信共同框架确有益处，这样的对话方为可能。不同法制间的比较工作给了我们必要的视角，使我们得以跨越不同法律文化展开有建设性的对话。

（责任编辑：冯煜清）

姓氏与名称变更法[*]

李成浩^{**} 译

引　言

帝国政府通过了以下法律，特此公告。^①

---

* 德国姓名权分散于各种不同的法律文件中。在《德国民法典》中，姓名与出生、婚姻或是收养联系在一起。唯一的例外即姓名的变更，它的生效并非来源于姓名持有人的意思表示或家庭法的要求，而是来自于国家的行政行为。关于家庭法的要求见《德国民法典》第1355条第1款之规定，配偶双方应该确定共同的家族姓氏（婚姻姓氏，Familiennamen，Ehenamen）。

** 李成浩，中国政法大学中德法学院研究生。

① 本法颁行时处于纳粹德国统治时期，即所谓德意志第三帝国（Deutsches Reich），立法旨在严格限制甚至禁止非雅利安人的姓名变更申请，为进一步清洗作准备。二战结束后，《姓名变更法》的部分配套法规亦失去效力，但这并未影响到《姓名变更法》本身。1948年，同盟国对德管制委员会停止活动，将该法的审查任务留给了西德。在1954年，德国联邦行政法院根据《德国基本法》第125条，宣布1938年《姓名变更法》为联邦立法，继续适用。在该法是否符合民主法治国原则的问题上，行政法院认定该法在宏观和微观层面都不具有纳粹思想。行政法院认为，该法律主要总结了魏玛共和国时期各州立法规定，其间诸如"德意志帝国"或"帝国内政部长"等提法，皆无关宏旨，故该法在其适用范围内仍然有效。2012年，德国绿党（Bündnis 90/Die Grünen，GRÜNE）发起请愿，建议用新的现代法律取代现行《姓名变更法》，基于相同理由，这一请愿也被否决。详见 BVerwG Urteil vom 07.05.1954，BVerwGE 1，138，https://www.jurion.de/urteile/bverwg/1954-05-07/bverwg-ii-c-206_53/; Beschluss des Petitionsausschuss des Deutschen Bundestags，https://www.openpetition.de/petition/blog/namensrecht-novellierung-des-namensaenderungsgesetzes。

第 1 条　适用范围

住所或经常居住地位于德国境内的德国公民或无国籍人的姓氏，经申请可予以更改。①

第 2 条　监护

（1）对于限制民事行为能力人和无民事行为能力人应当由其法定代理人提出申请；监护人或保佐人应当得到家事法院的批准，照管人应当得到照管法院的批准。② 对于在该情况下需要照管人的完全民事行为能力人，并且根据《民法典》第 1903 条的规定允许保留的，由照管人提出申请③；照管人应当得到照管法院的批准。

（2）在第 1 款第一句和第 1 款第二句的情况下，若申请人为年满 16 周岁的限制民事行为能力人，法院应当受理。

第 3 条　重要事由

（1）只有具备正当的重要事由，才能变更姓氏。④

---

①　德国的姓名变更主要经历了三个阶段：一是由罗马法时代到中世纪晚期的自由变更；二是近代民族国家形成时期的基本禁止变更；三是自魏玛共和国以降经申请予以更改。

②　监护人（Vormund）：《德国民法典》第 1773 条第 1 款规定，未成年人不在父母照顾之下或父母在有关未成年人的事务中和在有关未成年人的财产的事务中都无权代理该未成年人的，该未成年人获得监护人；第 1773 条第 2 款规定，即使未成年人的家庭状况有待查明的，也获得监护人。

保佐人（Pfleger）：《德国民法典》第 1909 条第 1 款第一句规定，在父母照顾或监护之下的人，就父母或监护人所不能处理的事务而获得保佐人。

照管人（Betreuer）：《德国民法典》第 1896 条第 1 款第一句规定，成年人因心理疾患、身体上或心灵上的残疾而完全或部分地不能处理其事务的，监护法院根据该成年人的申请为其选任一个照管人。德国法上关于监督义务人的规定，可见周友军《德国法监督义务人责任制度及其借鉴》，中国民商法律网，http://old.civillaw.com.cn/Article/default.asp?id=48999。

③　允许之保留（Einwilligungsvorbehalt），即事前同意的保留，见《德国民法典》第 1903 条第 1 款第一句，为避免被照管人或其财产遭受显著危险而有必要时，照管法院命令：对于涉及照管人的职责范围的意思表示，被照管人必须得到照管人的允许（允许之保留）。

④　本条为《姓名变更法》的核心条款，申请者的理由必须有相当重要性，以至于保留其原有姓名不具有期待可能性。重要事由一般分为两类：一类是名字本身存在问题，（转下页注）

（2）与姓名变更决定有关的重要事由依职权确定；除直接参与人之外，尤其应当听取负责的当地警局和受到该姓名变更影响的相关权利人的意见。

第 3a 条　入籍国民 [①]

（1）在 1919 年 1 月 1 日后获得德国国籍的德国公民，基于入籍前原国籍国的法律或行政措施被禁止变更姓名的，若该法律或行政措施涉及原国籍国德意志民族，适用第 3 条第 1 款关于重要事由的规定。

（2）第 1 款同样适用于姓名由之前的姓名派生的德国公民。

第 4 条　对子女的延伸 [②]

除决定另有规定外，姓氏的变更同样适用于申请人的子女，前提是子女使用申请人的姓氏且申请人承担了抚养义务。

第 5 条　申请机关

（1）姓氏变更的申请应书面提交州基层行政机关或由申请人住所或无住所时的经常居住地所在区域的州基层行政机关予以登记。[③] 申请人在德国境内没有住所或经常居住地的，由帝国内政部长指定相应的负责机关。

（2）多个家庭成员提出的相同姓氏变更申请，可被任一机关接收，且该机关仅可接收一份申请。

第 6 条　决定机关

姓氏的变更由州高级行政机关负责。帝国内政部长保留决定权。

（接上页注④）如令人反感、惹人嘲笑、难以拼写发音或宗教原因；另一类是儿童的家庭状况改变所引起的，如父母离异或被领养。

① 本条补充于 1961 年，目的是帮助原居于东欧的德国贵族在入籍后重新获得他们的贵族称号。通过本条，德国贵族就获得了《姓名变更法》第 3 条所规定的重要事由，见《德国联邦法律公报》29.8.1961（BGBl. I S. 1621）。

② 本条于 1997 年经历一次修改，删去了"如果申请人为女性，则适用于其非婚生子女"的字样，以消除婚生子女与非婚生子女间的法律差异，见《德国联邦法律公报》16.12.1997（BGBl. I S. 2942）。

③ 德国联邦州行政机关按照层级划分，最高包括州最高行政机关和州高级行政机关，最低为州基层行政机关，在较大的州还包括州中级行政机关。各州根据自身情况有所不同。

第7条（已废止）①

第8条　姓氏的确认

（1）当住所或经常居住地位于德国境内的德国公民或无国籍人的姓氏存在合法性争议时，帝国内政部长可依申请或依职权，*以普遍约束力原则*对该姓氏作出确认。本法第2条、第3条第2款、第4条、第5条规定相应适用。

（2）若该决定的启动程序取决于家庭法上的前置问题，则帝国内政部长可依申请或依职权中断该程序，并将申请人移交法院就此前置问题作出决定。

（3）在司法程序中涉及姓氏的确认时，应当*根据帝国内政部长的要求予以中断*，直到姓氏根据第1款得到确认。

原文脚注

第8条第1款第一句：斜体"以普遍……"参见《德国基本法》第19条第4款（法律途径合法性）。

第8条第3款：斜体 参见《德国基本法》第20条第2款第二句和第3款（权力的分离与独立）。

第9条　注册登记②

州基层行政机关负责出生登记、婚姻登记或生活伴侣登记中姓名变更或姓名确认的后续证明。该机关负责通知居住地相应的登记机关关于姓名的变更或确认，在有多个居住地的情况下通知主要居住地的登记机关。本条第一句和第二句中的通知需采用书面形式。

第10条　适用范围

---

① 本条原文规定，1933年以前批准的姓名变更在1940年之前可以被撤销，如果这些更名被认为是"不可取"的话。本条立法目的在于重新识别并标记已经变更为德国姓名的犹太人。本条于1940年后自动失效。

② 本条因德国《公民身份法》的修改经历了三次修订，最近一次于2007年增加了同性生活伴侣的规定，见《德国联邦法律公报》19.2.2007（BGBl. I S. 122）。

《民法典》第 1355、1577、1706、1719、1736、1758 和 1772 条不受影响。[①]

第 11 条　名字的变更

第 1 条至第 3 条，第 5 条……和第 9 条在名字的变更上有条件适用[②]，州基层行政机关享有决定权；*申诉应至州高级行政机关，该决定为最终决定。*

原文脚注

第 11 条后半句：斜体（申诉程序）《行政法院法》第 77 条第 1 款由《行政法院法》第 68 条及以下所代替；参见《德国基本法》第 19 条第 4 款（法律途径合法性）。

第 12 条　（已废止）

第 13 条　授权立法

帝国内政部长颁布实施本法案所必需的法律和行政规章。

第 13a 条　授权立法

州政府依据法规授权，可背离第 5 条第 1 款第一句、第 6 条、第 8 条和第 9 条的规定指定相应的负责机关。州政府可将该授权移交给州最高机关。

第 14 条　生效

本法自 1938 年 1 月 1 日起生效。

（责任编辑：叶　泉）

[①]　§ 1355 BGB，关于婚姻姓氏的规定；§ 1577 BGB，离婚受抚养权中关于贫困的规定；§ § 1706、1719、1736 BGB 已废止；§ 1758 BGB，未成年人收养中禁止公开或探问的规定；§ 1772 BGB，具有未成年人的收养的效力的规定。

[②]　第 7 条于 1940 年后自动失效。

图书在版编目（CIP）数据

东南法学. 2019 年. 秋季卷：总第 16 卷 / 刘艳红主
编. -- 北京：社会科学文献出版社，2020.1
ISBN 978 - 7 - 5201 - 5936 - 4

Ⅰ.①东…　Ⅱ.①刘…　Ⅲ.①法学 - 文集　Ⅳ.
①D90 - 53

中国版本图书馆 CIP 数据核字（2020）第 004754 号

东南法学　2019 年秋季卷（总第 16 卷）

主　　编 / 刘艳红

出 版 人 / 谢寿光
组稿编辑 / 刘骁军
责任编辑 / 关晶焱
文稿编辑 / 张春玲

出　　版 / 社会科学文献出版社·集刊分社（010）59367161
　　　　　地址：北京市北三环中路甲 29 号院华龙大厦　邮编：100029
　　　　　网址：www. ssap. com. cn
发　　行 / 市场营销中心（010）59367081　59367083
印　　装 / 三河市龙林印务有限公司

规　　格 / 开　本：787mm × 1092mm　1/16
　　　　　印　张：19.75　字　数：275 千字
版　　次 / 2020 年 1 月第 1 版　2020 年 1 月第 1 次印刷
书　　号 / ISBN 978 - 7 - 5201 - 5936 - 4
定　　价 / 98.00 元

本书如有印装质量问题，请与读者服务中心（010 - 59367028）联系